KB044364

생명과 리듬

자연철학으로 본 생명의 기원

생명과 리듬

자연철학으로 본 생명의 기원

미키 시게오 지음 · 황소연 옮김

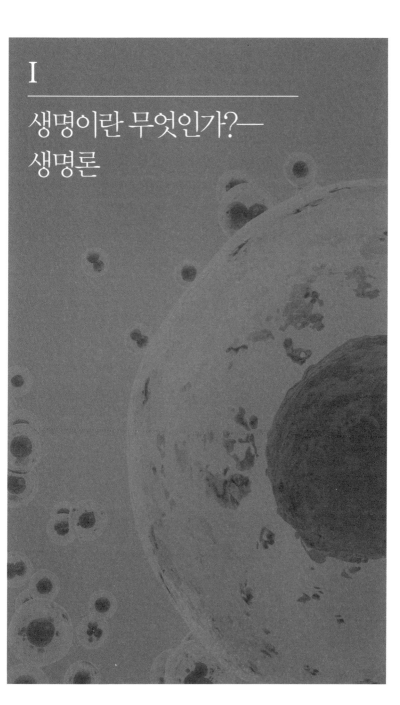

I

생명이란 무엇인가?—
생명론

누가 인간을 창조했을까?

수정 32일째, 태아는 변신을 시작한다!
어류에서 양서류, 그리고 파충류로

'태곳적 모습을 감추고 있는 인간의 몸'

양수에 젖어 지내는 열 달 동안, 태아는 신비로운 무언극을 연출한다.

아무도 보지 않는 그 작은 공간에서…….

이는 30억 년에 이르는 지구 생명 진화의 대하드라마다.

태아는 모태에서 자신의 몸을 시시각각 변신하며

마치 꿈에서 생명의 탄생과 진화의 줄거리를 달달 외듯이

옛 드라마를 찰나의 환영으로 몸소 보여준다.

수정 32일, 쌀알보다 작은 얼굴.

수줍은 듯 가슴에 파묻은 구부정한 머리를

가만히 일으켜 세우자, 바로 그 순간

"상어다!"

목덜미 양쪽으로 예리하게 새겨진 몇몇 균열.

이 갈라진 틈은 아가미틈이 아니고 무엇이랴!

이틀 뒤인 수정 34일째,

또 이틀 지난 수정 36일째, 얼굴은 순식간에 팥알 크기로,

그리고 그 모습은 놀랍게도 양서류에서 파충류의 생김새로 눈 깜짝할 사이에 변신한다.

이는 무엇을 의미할까?

고생대 1억 년을 공들인 척추동물의 상륙 역사를 생생하게 재현한 것이다.

어머니 배 속에서 지내는 열 달의 시간 가운데 가장 극적인 순간이다.

우리 몸에는 오랜 과거의 무수히 많은 '옛 모습'이 형형색색 또렷이 각인되어 있다.

때로 옛 자취는 우리를 무겁게 짓누르지만

우리는 생명의 역사를 질질 끌고서라도 걸음을 멈추지 않고 앞으로 나아간다.

단 하나의 생명 끈을 단단히 동여매고서…….

미키 시게오,《태아의 세계》참고.

생명에 대하여
간호의 참모습

'생명이란 무엇인가?' 이는 '죽음이란 무엇인가?'라는 물음과 함께 우리 인간이 가장 대답하기 어려운 질문이 아닐까 싶습니다. 하지만 의료 현장에 몸담고 있는 사람이라면 한순간도 이 문제를 소홀히 여길 수 없습니다. 어떤 간호, 또 어떤 치료도 이 물음에 대한 답의 테두리 안에 존재할 테니까요. 그래서 오늘은 삶과 죽음에 관해 함께 생각해보는 시간을 갖고자 합니다.

우리는 초등학교 때부터 구름이나 물은 '무생물'이고, 나무나 물고기는 인간과 같은 '생물'이라는 사실을 배우며 자랐습니다. 따라서 대자연은 생명을 지닌 식물, 동물, 인간의 세 모둠과 생명을 지니지 않은 땅, 물, 불, 바람의 네 모둠으로 크게 나뉘는 것이지요.

그런데 생물과 무생물의 구분과는 별개로, 저 사람 눈은 죽어 있다거나 내 마음이 썩어 문드러졌다는 표현을 쓰기도 하며, 해님이 방긋 미소 지었다거나 산들바람이 속삭인다는 표현을 구사하기도 합니다. 즉 생물이 죽어 있거나, 반대로 무생물이 살아 있다는 표현은 우리가 학교에서 배운 생물과 무생물의 구분과는 많이 다릅니다.

　오늘날의 과학 교육에서는 이런 의인화 표현을 지극히 주관적인 묘사라고 무시하며, 진리란 누가 보더라도 순수하게 객관적인 사실이어야 한다고 힘주어 말합니다. 그리고 이와 같은 과학적 사실에서 모든 현상을 수식으로 환원하는 '컴퓨터(인공두뇌)'라는 것이 등장해서 인간의 기계화에 한층 박차를 가하고 있습니다. 반면에 몇몇 사람은 이런 경향을 인간성 상실의 단적인 징후로 포착하며 탄식의 표적으로 삼기도 하는데, 결국 지금 이 세상에는 해결하기 힘든 악순환의 문제가 끊임없이 되풀이되고 있습니다. 그러고 보면 생(生)의 문제는 무수히 많은 모순을 내포한다고 말할 수 있지 않을까요? 이 문제는 다음 기회에 자세히 알아보기로 하고, 여기에서는 생명을 바라보는 가치관의 역사적인 변천을 되짚어 보려고 합니다.

　조금 전에 해님이 방긋 미소 지었다거나 산들바람이 속삭인다는 표현을 예로 들었는데, 전 세계 어떤 언어에서도 의인화 묘사는 쉽게 찾을 수 있습니다. 물론 해와 바람에 국한된 이야기도 아니고요. 평온하게 잠자는 대지, 미친 듯이 날뛰는 바다라는 말도 자주 들립니다. 말하자면 땅, 물, 불, 바람은 인간과 마찬가지로 생명을 품고 희로애락의 삶을 영위하고 있습니다. 달리 표현하면 대자연에서는 생물, 무생물을 구분 짓는 일이 중요하지 않다는 뜻이지요. '눈물이 (폭포수처럼) 떨어지다' '기쁨이 (용암처럼) 솟구치다' 등의 일상적인 표현은 이런 사실을 입증하는 명백한 증거입니다. 그러나 생물과 무생물이 함께하는 세계는 호랑이 담배 피우던 옛 시절의 케케묵은 이야기라고 많은 사람이 지적합니다. 하지만 오늘날에도 아이들의 언어 세계에서 옛 발자취를 또렷이 확인할 수 있습니다.

그렇다면 지금처럼 식물, 동물, 인간의 세 모둠에만 생명을 부여하게 된 것은 언제부터일까요?

유럽에서는 꽤 오래전부터 생물과 무생물을 구별하는 싹이 엿보였다고 합니다. '영양과 생식', 즉 '생활'을 영위하는 식물, 동물, 인간이 생활을 영위하지 않는 땅, 물, 불, 바람에서 확실히 갈라져 나왔다는 것이지요. 그렇지만 아무리 생활이라고 해도 이는 단순히 생명의 표출에 그치는 것으로, 생활의 끝이 바로 생명의 끝을 의미하지는 않았습니다. 요컨대 죽어서도 생은 여전히 이어집니다. 이는 '영원의 휴식'이라는 꼬리표가 붙은, 죽음 이후의 생활을 상징하는 세계 곳곳의 고분 풍경을 떠올리면 충분히 이해할 수 있겠지요.

그런데 죽음을 새로운 생의 시작으로 보는 세계관이 역사의 뒤안길로 조금씩 사라졌다는 사실은 굳이 말씀드릴 필요도 없겠습니다. 결과적으로 죽음은 모든 생, 곧 생활뿐 아니라 생명까지도 앗아가는 무시무시한 고통이라는 현대의 숙명적인 가치관이 들불처럼 번져서 순식간에 사람들의 머리를 옴짝달싹 못하게 지배하고 말았습니다. 다르게 표현하면 우리도 모르는 사이에 '생명'과 '생활'이 동의어로 받아들여진 셈이지요. 예컨대 〈라이프(LIFE)〉라는 미국 잡지 목록에 '생활 설계'와 '인명 구조'의 두 항목이 기묘하게 공존한다는 점을 보더라도 확실하게 알 수 있습니다. 'life'라는 단어를 번역해도 마찬가지입니다.

이렇게 해서 예전에는 삼라만상 모든 것에 충만하던 생명이 어느새 생활에 국한된 존재로 그 의미가 좁혀졌습니다. 우리 인간이 생명, 곧 생활에 얼마나 집착하는지는 두말하면 잔소리일 테지요.

하지만 우리는 다음과 같은 사실을 결코 간과해서는 안 됩니다. 즉 생활을 중시하는 삶에 지나치게 집착한 나머지, 우리 몸에 일어나는 모든 현상을 '죽음에 맞서기 위한 투쟁'으로 인식하는 현실을 진지하게 돌이켜 보아야 한다는 것이지요. 오늘날의 자연과학적인 사고법에 바탕을 둔 생물학은 투쟁의 '장치, 시스템'을 찾아내는 데 모든 힘을 쏟아붓고 있지만, 안타깝게도 이런 경향이 앞서 소개한 삼라만상의 기계화를 거세게 촉진한다는 점은 분명한 사실입니다.

지금은 모든 자연이 단순히 무생물인 물체로 받아들여지고 있습니다. 말하자면 인류사의 영향을 받은 생명의 가치관이 크게 달라진 탓에 우리는 좋든 싫든 생명의 문제를 재검토해야 하는 상황인데, 이 자리에서는 다음과 같은 사실을 더 강조해서 말씀드리고 싶습니다.

우리의 시선이 무심코 자연을 향했을 때 가장 먼저 눈에 들어오는 영상은 자연의 '모습, 형태'일 테지요. 이때 대자연은 저마다 생생하게 살아 있습니다. 길가에 구르는 돌멩이도, 처마 끝에 대롱대롱 매달린 빗방울도 모두 다양한 표정으로 우리에게 말을 걸어옵니다. 하지만 우리의 시선이 자연의 시스템, 장치에 머물렀다면 자연은 생각의 대상으로서 단순히 무생물인 물체에 그치겠지요. 따라서 살아 있다는 것은 장치나 시스템이 아니라 모습이나 형태를 말합니다. 실제로 우리 인간은 모습, 형태 안에서 '생명'을 발견할 수 있습니다. 죽어서도 누군가의 마음에 떠난 사람의 자취가 선명하게 남아 있다면 그 사람의 생명은 결코 사라진 것이 아닙니다. 생명의 참된 의미란 바로 이런 것이 아닐까 싶습니다.

한편 자연을 보는 인간의 눈은 크게 두 가지로 구별할 수 있습니다. 하나는 '모습, 형태'를 차분히 바라보는 눈이고, 또 하나는 '기능, 장치'를 추출해내는 눈입니다. 이른바 좌우 눈의 구분에 따라 하나의 존재가 생명으로 가득 차게 보일 때도 있고, 생명과 전혀 무관하게 보일 때도 있습니다. 이렇게 우리는 두 종류의 안목, 즉 '마음'의 눈과 '머리'의 눈을 저마다의 모습으로 누구나 갖고 있는 셈이지요. 결국 생명의 문제는 개개인 관점의 문제로 귀결한다는 사실을 충분히 짐작할 수 있습니다.

인간은 대체로 처음에는 그저 순수하게 모양과 형태를 바라보지만, 어느새 장치와 기능을 추출하는 쪽으로 시선의 중심이 옮겨갑니다. 조금 전에 소개한 생명 의미의 역사적인 전환은 이런 사실에서 유래되었는데, 역사적인 사건을 떠나서 우리와 밀접한 예를 들어보지요. 환자를 앞에 두고 우리 의료인도 '아파하는 모습'을 지켜보는 '간호'에 그치지 않고, 다음 단계에서는 '질병의 구조'를 하루라도 빨리 고치는 '치료' 쪽으로 생각을 전환

합니다. 요컨대 의료 현장에서도 '마음'에서 '머리'의 문제로, 재빠르게 모드 전환이 이루어지고 있습니다. 사람들이 항상 화제로 삼는 '간호와 치료'의 문제가 궁극적으로는 인간이 지닌 대립적인 두 가지 기능에서 비롯된, 떼려야 뗄 수 없는 '숙명적인 한 쌍'이라는 사실을 이제 충분히 이해할 수 있을 테지요.

이렇게 해서 생명의 문제는 간호의 밑바탕을 지탱하는 핵심이 될 수밖에 없는데, '간호의 본질'이든 '치료의 근본'이든 결국 생명의 원점으로 다시 돌아와서 새롭게 출발해야 합니다. 그럼 마지막 한마디를 덧붙이며 이야기를 마무리 지으려 합니다.

간호의 참모습은 '모습, 형태', 즉 '생명'을 바라보는 눈에서 시작됩니다.

1972년 가을, 도쿄 데이신(逓信)병원
고등간호학원 단풍축제에서의 강연 요지.

인간의 정신과 자연 파괴

우리 인간은 풀을 잡초와 약초로, 곤충을 해충과 익충으로 구분
짓는 하나의 관점을 갖고 있습니다. 또 한편으로는 길가에 구르
는 돌멩이 하나에도 생명의 약동을 느끼거나, 만물에 나타나는
자연의 마음에 공감하려는 관점도 동시에 품고 있습니다. 이처
럼 전혀 다른 두 가지 측면을 모든 인간이 많은 적든 지니고 있
습니다.

전자의 관점에서 보자면 인간이 사고의 중심에 서 있습니다.
자연 하나하나가 모두 개인의 욕망을 충족시키는 마지막 수단으
로 평가되어 자원 개발에서부터 품종 개량까지 온갖 '이용'의 대
상이 되는 셈이지요. 여기에서 '자연 정복'이라고 하는, 서양 사
상의 밑바탕을 이루는 뿌리 깊은 기질의 발로를 엿볼 수 있을지
도 모릅니다.

반면 후자의 관점에서는 자연이 사고의 중심에 항상 놓입니
다. 인간을 포함한 삼라만상이 생명으로 충만하고, 우주 전체를
하나의 커다란 생활공동체로 인식합니다. 이는 분명 '자연 경외'

라는 동양 사상의 발로라고 말할 수 있지 않을까요? 전자와 후자의 관점 차이는 자연을 단순히 인물의 배경으로 소홀히 여기는 서양 유화의 세계와 인간을 풍경의 한 점으로 살짝 덧붙이는 동양 수묵화의 세계를 비교하면 절로 고개가 끄덕여질 테지요.

서구의 땅에서 태어나 일찍이 동방의 지혜에 눈을 뜬 20세기 대표 석학인 루트비히 클라게스[1]의 표현을 빌리자면, 인간 중심의 관점은 '정신'의 잠입에 따른 자아의 발생에서, 자연 중심의 관점은 '심정'의 각성에 따른 우주 생명과의 교류에서 각각 유래하는 인간의 독자적인 성향으로, 이는 앞서 소개했듯 두 가지 시각이 물과 기름처럼 서로 어울리지 못하면서도 한 사람의 인격 형성에 모두 빠질 수 없는 양대 기둥이 된다고 합니다. 그리고 이 양대 기둥은 우리의 '머리'와 '마음', 즉 '뇌'와 '심장'에 해당한다고 클라게스는 힘주어 말합니다. 또한 전자인 인간 중심의 사고가 머리 곧 정신에, 후자인 자연 중심의 사고가 마음 곧 심정에 각각 의존한다[2]는 사실을 충분히 이해할 수 있습니다.

이런 사실에 주목하면, 지금 우리에게 닥친 공업화 문제의 의미가 선명하게 드러납니다. 요컨대 이 영역은 자연과학인 머리

---

1   루트비히 클라게스(Ludwig Klages, 1872~1956), 독일의 철학자로 생명철학을 제창했다. 주요 저서로는《성격학의 기초(Die Grundlagen der Charakterkunde)》《표현학의 기초 이론 (Grundlegung der Wissenschaft vom Ausdruck)》《리듬의 본질(Vom Wesen des Rhythmus)》《마음의 항쟁자로서의 정신(Der Geist als Widersacher der Seele)》 등이 있다. 특히 루트비히 클라게스의 리듬 개념, 인간론 등의 학설은 미키 시게오의 사상에 지대한 영향을 끼쳤다.

2   クラーゲス,《生命と精神—ルートヴィヒ・クラーゲスの面影(생명과 정신—루트비히 클라게스의 모습)》, 千谷七郞 編譯, 勁草書房, 1968.

의 세계, 말하자면 전자에 속합니다. 특히 공업화의 문제는 후자, 즉 마음의 세계를 말살할 때 비로소 성립하는 '수(數)'의 세계에 근거를 둡니다. 결국 '마음'의 버팀목을 상실한 '머리'의 독주, 즉 인간 기능의 심각한 실조 증상이 일상생활을 짓누르고 있다는 뜻이지요.

본래 머리는 칼날처럼 예리하기 마련입니다. 머리가 문명의 '이기(利器)'가 될지, 자연을 훼손하는 '흉기'가 될지는 이를 매일 사용하는 국가원수에서부터 국민에 이르는, 한 사람 한 사람의 지혜와 안목에 달려 있다는 사실을 재차 말씀드리며 이야기를 맺을까 합니다.

1970년 6월 13일, 도쿄교육대학교 농학부에서 개최된
'제1회 자연보호 심포지엄―환경 파괴와 자연 보호'에서의 강연 요지.

인간 생명의 탄생

들어가며

이 글에는 인체발생학의 첫 페이지를 장식하는, 인간 수정란이 자궁내막에 착상하고 발생하는, 이른바 생물의 개체 발생과정이 소개되지 않는다. 그도 그럴 것이 발생 단계에서는 아직 인간이 원숭이와 질적으로 다른 그 무엇도 밝혀진 바가 없기 때문이다. 여기에서 '인간 생명'이라고 제목을 붙인 이상, 인간이 지닌 독특한 생명 형태, 즉 일반 동물의 생명 형태와는 본질적으로 다른 생(生)의 모습을 예상할 수밖에 없으리라.

하지만 가만히 생각해보면 인간 생명과 관련된 문제는 학문의 궁극적인 과제가 되는 영역으로, 그렇기에 이 글은 그저 보잘것없는 필자의 중간보고라고 말해두고 싶다.

생명이란 무엇인가?─생명, 그 두 가지 의미에 대하여

최근 '인간 생명 존중'이라는 말을 심심찮게 들을 수 있는데, 오늘날 말하는 인간의 '생명'이란 과연 무엇을 의미할까? 이는 보통 법의학에서 정의하는 생활 반응이 나타나는 상태, 즉 인간의 생활을 밑바탕에서부터 지탱하는 원동력과 같다고 말할 수 있다. 따라서 생명과 생활은 표리일체의 관계를 이루며 생명이 사라지면 생활도 끝나고, 생활이 끝나면 동시에 생명도 상실된다. 사람들은 이를 '죽음'이라고 부르고, 반대로 생명이 생활을 지탱하는 상태를 '삶'이라고 부른다.

"생명이란 죽음에 맞서는 기능의 총체를 말한다(La vie est l'ensemble des fonctions qui résistent à la mort)."[1]

이는 서양을 대표하는 젊은 의학도[2]가 《생명과 죽음에 관한 생리학적 연구》라는 저서 첫머리에 밝힌 말인데, 죽음에 대항하는 삶, 생명을 서구에서는 'life(영어), leben(독일어), vie(프랑스어)' 등의 단어로 표현한다. 예컨대 'life'라는 단어를 영어사전에서 찾아보면 '생명'과 '생활'이라는 두 가지 의미가 공존하는 식이

---

1   Xavier Bichat, *Recherches physiologiques sur la vie et la mort*, 1800. 미키 시게오는 이 구절을 '생명이란 죽음에 맞서는 여러 기능의 양상블이다.'라고 옮기기도 했다. 三木成夫, 《生命形態の自然誌(생명 형태의 자연사)》第1巻, うぶすな書院, 1989, p.21.

2   사비에르 비샤(Xavier Bichat, 1771~1802), 프랑스의 해부학자이자 생리학자로 근대 조직학과 조직병리학을 확립했다. 주요 저서로는 《생명과 죽음에 관한 생리학적 연구(Recherches physiologiques sur la vie et la mort)》《일반 해부학(Anatomie générale appliquée à la physiologie et à la médecine)》 등이 있다.

다. 또한 〈라이프〉라는 같은 이름의 미국 잡지에 인명 구조 사진과 생활 설계 기사가 나란히 등장하는 사실에서도 이를 확인할 수 있다. 이런 사실에서 알 수 있듯이 서양인의 '생활'에는 '생명'이 밀착되어 있다.

하지만 '삶'이 생명과 생활의 양면만을 뜻할까? 죽음은 생명과 생활을 모두 앗아갈까? 이는 아무리 생각해도 그리 간단하게 정리될 문제가 아니다.

우리는 일상생활에서 저 사람 눈은 죽어 있다, 내 마음이 썩어 문드러졌다는 표현을 쓰면서 한편으로는 해님이 방긋 미소 짓는다, 산들바람이 속삭인다는 표현을 구사하기도 한다. 이런 의인화 묘사는 사람들의 소박한 생활 감정이 순수하게 드러나는 대목으로, 아주 먼 옛날부터 모든 민족의 언어에 면면히 전해 내려오는 인류 공통의 표현이다. 이에 따르면 생활을 영위하는 생물에 생명이 없다거나 반대로 생활을 영위하지 않는 무생물에 생명이 있다는 것으로, 말하자면 생명의 유무와 생활의 유무가 반드시 일치하지는 않는다. 요컨대 생명의 본질적인 의미는 초등학교 과학 시간에 배운 정의와는 상당히 동떨어져 있음을 알 수 있다. 과연 이것은 무엇을 의미할까? 이와 관련한 구체적인 설명은 다음으로 미루고 여기에서는 결론만 서술하고자 한다.

우리가 무심코 자연을 바라보았을 때 우리의 오감에 전해지는 것은 수많은 형상과 갖가지 형태다. 길가에 구르는 돌멩이를 보아도, 개울가의 시냇물 흐르는 소리를 들어도, 가을 정취를 피부로 느낄 때도 모든 자연은 예외 없이 모양과 모습으로, 살아 있는 표정으로 우리에게 말을 걸어온다. 반면에 우리가 욕심을 갖고 자연을 본다면 무생물의 장치와 기능만 눈에 들어오기 마련이다. 이를테면 해부학적으로 눈물을 생각하면 분비의 전도 통로로 머릿속이 가득 차게 되는 것처럼 말이다.

모양과 모습으로 이해한 '형상'은 살아 있지만, 장치와 기능으로 파악한 '물체'는 모두 죽어 있다고 표현해도 무방하다. 전자의 관점에서는 시간이나 공간에도 생명이 깃들지만, 후자의 관점에서는 인간조차 단순히 역학적으로 운동하는 수많은 원자의 결합에 지나지 않는다.

자연을 바라보는 인간의 눈은 두 가지로 나눌 수 있다. 하나는 '형태'를 보는 눈이고, 다른 하나는 '기능'을 보는 눈이다. 이처럼 좌우 눈의 구분에 따라 하나의 존재가 살아 있는 것으로 보일 때도 있고, 반대로 죽은 것으로 보일 때도 있다. 전자를 '마음의 눈'이라고 부르고, 후자를 '머리의 눈'이라고 부른다. 결과적으로 '생명'이란 생활 속에 존재하는 것이 아니라, 삼라만상의 자태 속에 깃들어 있음이 분명해졌다. 따라서 인간이 갖춘 '형태'의 강렬한 인상이 마음에 깊이 새겨졌을 때, 그 생명은 생활이 끝난 후에도 누군가의 마음에 또렷이 퍼지고 사라지지 않는다. 요컨대 죽어도 생명이 존재하는 것이다.

이와 같은 사실에서 '인간 생명'이라는 이 글의 제목이 담은 의미를 확실하게 이해했으리라. 요컨대 생명의 의미는 인간의 생활을 지탱하는 원동력이 아니라, 인간이 품고 있는 형태, 그 자체여야 한다.

한편 '형태'라는 학문 체계가 요한 볼프강 폰 괴테[3]의 형태학 (Morphologie)에서 확립되었다는 사실을 아는 사람은 드물다. 괴테는 인간의 독자적인 형태를 인간의 '원형(Urtypus)'이라고 부르고, 이 원형을 규명하는 일에 평생을 바쳤다. 더 정확한 의미에서 '인간형태학(Anthropologie)'이란 인간의 원형 탐구에 관한 학문이라고 말할 수 있으리라. 이 학문이 인문학에 속하든, 자연학에 속하든…….

인간의 원형, 곧 '인간다움'이란 무엇일까? 괴테는 원숭이와 뚜렷하게 구별되는, 비장의 무기로 여겨지는 '이성' 때문에 인간이 "그 어떤 짐승보다 더 짐승다워졌다."[4]고 말한다. 그리고 지금은 인간다움을 상실한, 살아 있는 시체가 온 세상에 가득하다고 말할 수 있지 않을까?

인간의 생명 형태—식물, 동물과 인간의 비교

인간 고유의 모습, 즉 인간의 원형은 동물의 원형, 나아가 식물

3　요한 볼프강 폰 괴테(Johann Wolfgang von Goethe, 1749~1832), 독일 고전주의를 대표하는 시인이자 소설가, 극작가이면서 형태학을 제창한 자연과학자로도 위대한 업적을 남겼다. 주요 저서로는 《파우스트(Faust)》《식물 변태론(Versuch die Metamorphose der Pflanzen zu erklären)》《색채론(Zur Farbenlehre)》 등이 있다.

4　괴테의 희곡 《파우스트》 가운데 〈천상의 서곡〉에서 메피스토펠레스(Mephistopheles)의 대사, "인간들은 그것을 이성이라고 부르며 그 이성만 휘두르는데, 결과는 그 어떤 짐승보다 더 짐승다워졌을 따름이지요." 참고.

의 원형과 비교함으로써 더욱 선명하게 드러난다. 달리 표현하면 인간, 동물, 식물의 공통된 생명 과정의 원형을 찾고 그 원형에서 인간의 변용(Metamorphose)을 찾아내면 된다. 이것이 괴테 형태학의 바탕을 이루는 방법론이다.

생명 과정이란 '성장'과 '생식'의 위상 교체가 끊임없이 이어지는 하나의 파형(波形)으로 묘사할 수 있다. 그 본보기로 홀씨체인 무성 세대와 배우체인 유성 세대가 교체되어 나타나는 양치식물의 멋진 생명 파동이 자주 인용되는데, 이처럼 영양과 생식의 활동이 식물과 동물 사이에서 뚜렷하게 다른 형태를 취해 이루어지고 있다는 사실은 말할 것도 없다. 요컨대 합성 능력을 갖춘 식물은 흙 속에 파묻힌 채 생명 활동을 영위하지만, 합성 능력을 갖추지 못한 동물은 나무 열매를 찾으러 쉴 새 없이 돌아다닌다. 말 그대로 욕동(欲動)을 좇는 동물에게 '운동과 감각'이라는 두 가지 주요 기능이 광합성 능력의 보상으로 마련되었다는 사실은 자연의 섭리임에 분명하다.

따라서 식물은 완전히 감각이 없고 운동 능력이 없는, 말하자면 각성하지 않는 숙면 상태의 생애를 영원히 되풀이하는 존재다. 그런데 이렇듯 한여름의 태양도 눈으로 볼 수 없고 살랑살랑 봄바람도 피부로 느낄 수 없는 생물이 과연 어떻게 계절의 변화를 또렷이 감지할까? 그 이유는 식물을 이루는 하나하나의 세포 원형질에 '머나먼 곳'과 공진하는 성능이 갖추어져 있기 때문이라고 대답할 수밖에 없으리라. 거시적으로 보면 이 원형질의 모태는 지구이고, 나아가 지구의 모태는 태양이다. 여기까지 생각이 미친다면 식물 세포의 생명 리듬이 태양흑점의 생명 리듬과 공진하더라도 신기한 일은 아닐 것이다. 그도 그럴 것이 심장에서 따로 떼어낸 하나의 심근세포가 배양액 속에서 원래의 심장 박동 리듬을 훌륭하게 부활시키는 일과 전혀 다르지 않을 테니까. 식물의 세포 원형질에는 먼 곳을 볼 수 있는 눈동자가 없는 대신, 원격 수용 장치 성능이 완비되어 있다. 이처럼 확실하게 이해하는 능력을 생물의 '관득(觀得)' 성능이라고 부른다. 이러한 능력 덕분에 식물은 우주의 생명 리듬과 함께할 수 있다. 우리는 식물의 생장 번성과 개화 결실이라는 두 가지 위상의 전환이 해와 달, 그리고 별의 파동과 서로 공진하면서 한 치의 흐트러짐 없이 공명한다는 사실을 눈으로 확인하게 된다. 결국 식물의 생명 형태는 대자연을 물들이는 선명한 수채화로 변신을 거듭하는 셈이다.

그렇다면 동물의 생명은 어떤 형태를 이룰까? 마찬가지로 동물의 세포 원형질도 우주의 리듬을 타고 자신의 영양과 생식을 영위할 테지만, 동물의 경우 때때로 원형질의 결핍을 충족시키는 식량을, 설령 그것이 오감의 범위를 벗어난 머나먼 곳에 있더라도 먹잇감의 위치를 정확히 파악하고 먹잇감을 향해 운동을 시작한다. 즉 생장 번성, 개화 결실이라는 생명 과정과 결합된 식물의 '관득' 성능이, 동물에 이르러서는 먹잇감과 이성을 향한 개체 운동(locomotion)까지 아우르는 셈이다. 해와 달, 그리고 별의 리듬을 타고 어떤 때는 하늘을 건너고, 또 어떤 때는 급류를 거스르며, 저 멀리 보이지 않는 영양과 생식의 목표를 향해 마치 생자기(生磁氣)에 끌리듯이 앞으로 나아가는, 이른바 철새나 물고기의 산란에서 볼 수 있는 동물의 본능이 관득 성능에 의존한다는 사실은 이렇게 해서 분명해졌다.

　동물의 파악 능력은 여기에서 그치지 않는다. 운동기와 함께 개발된 감각기의 창을 통해 동물은 영양과 생식의 목표를 직접 보고 확인할 수 있게 되었고, 이런 감각과 운동을 영위하는 이른바 '육체'의 출현으로 동물계에서는 하나의 의미를 지닌 '외계'가 생물 종마다 형성되었는데, 특히 인간의 경우 순식간에 그 외계가 무한의 세계로 확대되었다. 인간의 오감을 통해 전해진 것은 먹잇감과 이성만이 아니다. 삼라만상이 저마다의 모습을 나타내며 사람의 '심정'을 요동치게 했는데, 실은 이때 오감에 꽂힌 다양한 형상 가운데 우리는 식물의 원형질이 또렷하게 파악한 머나먼 옛 모습을 현실에서 볼 수 있게 되었다.

　이 세상에 존재하는 온갖 만물은 지구 탄생의 시작을 알리는 머나먼 옛날과 이어진다. 바꿔 말하면 삼라만상은 50억 년의 역사를 자랑한다. 시야에 비친 모습에서 우리 마음의 눈은 그 먼 옛날을 보고 있다. 수정 1개월 남짓한 태아의 얼굴은 현존하는 고대어의 얼굴 모습을 하고 사람의 마음을 고생대 너머까지 데려간다. 그리고 지상의 모든 생물을 낳고 품어 키워준 태초의 해수가 오늘날에도 옛 모습을 모태 양수에 담아서 인간의 요람주머니를 구석구석 채우고 있는 멋진 광경을 우리는 관람하게 된다([그림 I-1] 참고).

　식물에서 잠들어 있던 육체와 심정은 먼저 육체가 동물에 이

그림 I-1 〈환향(幻鄉)〉
구도 후지오(工藤不二男), 1973.

르러 눈뜨고, 이어서 심정이 인간에 이르러 눈뜬다. 결과적으로 온갖 형상 가운데 옛 모습, 달리 말하면 성립 과정을 파악하는 인간의 독자적인 성능이 탄생하게 되는데, 인간의 생명이란 바로 이 같은 사실에서 기틀을 다져가야 한다.

나오며

심정의 각성으로 오롯이 알게 된 삼라만상의 '형태'는 마침내 인류가 정신의 번개를 맞았을 때, 이른바 환상이 하나의 선명한 영상으로 시시각각 고정된다. 사람들은 그 영상을 다양한 방법으로 드러내고 그 이미지에 풍부한 조형의 세계를 널리 만들어갔는데, 인간의 관심이 형태의 법칙성, 말하자면 '장치와 기능'에 집중되면서 자연과학의 세계가 개척되기 시작했다. 이는 앞에서 언급한 대로 정신의 발달에 보조를 맞추어 진행된 과정일 테지만, 언제부터인가 정신이 인간의 내면에 강력한 자아를 확립시켰고, 자아는 무상무념의 흐름을 바꾸어서 자신을 부동의 존재로 고정했다. 바로 여기에서 세상은 인간을 중심으로 움직인다는 착각이 생겨났고, 이때부터 자연의 구조를 역이용하여 인간의 끝없는 욕망 충족을 위해 활용하려는 오늘날의 세태가 성립되었다. 이는 심정의 버팀목을 상실하고 정신에 홀린 자아의 집단이 지구의 자연을 말 그대로 '원형(原形)'이 사라질 때까지 송두리째 파헤치고 끊임없이 훼손하는 현실의 상황을 여실히 상징하는 것이리라. 이는 경작(culture)의 종말을 의미한다.

그렇다면 본래 인류의 모습은 도대체 어디에 있을까? 우리는 그 참모습을 오늘날과 정반대로, 정신이 심정에 봉사하던 옛날 옛적 인간상에서 찾을 수 있다. 우리의 조상들은 자연의 모습, 이른바 자연 고유의 멋을 살려서 실생활에 이용하고, 사람들은 천연 자연 속에서 생활을 영위했다. 바로 '에덴동산' 혹은 '무릉도원'이라고 부르던 수만 년 선사시대의 한때가 아니었을까? 우리는 그때 그 시절의 옛 모습을 어린아이의 무아경에서 또렷이 볼 수 있으리라(그림 I-2). 양막의 구슬에 둘러싸여 태곳적 해

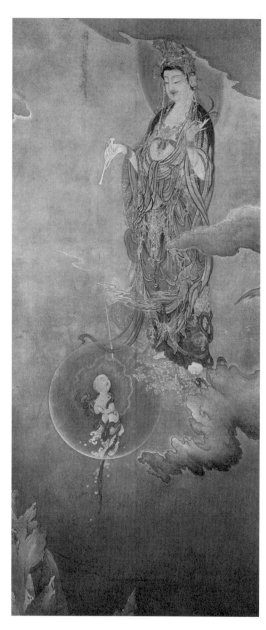

그림 Ⅰ-2
〈비모관음(悲母觀音)〉
가노 호가이(狩野芳
崖), 1888.

수에 떠 있는 그림의 풍경은 '인간 탄생-결말'의 순간을 나타낸, 그 유례를 찾기 힘든 작품인 듯하다.

 인간 형성이란 인간의 원형 완성의 근거가 된다. 이는 앞서 소개한 '인간다움'의 완성이다. 그리고 인간의 생명은 인간다움의 완성에서 탄생한다.

| 1974년 1월, 〈몸의 과학〉(55호) 잡지의 특별 기획인
| '삶과 죽음'에 실린 글.

태아의 세계와 '생명의 파동'

배냇저고리와 수의

먼저 '생명의 파동'에 대해서 생각해보려고 하는데, 그 전에 수수께끼 하나 내볼까요?

우리는 평생 셀 수 없을 만큼 많은 옷을 입습니다. 그런데 수많은 옷 가운데 딱 두 벌은 스스로 입고 벗지 못하는 옷이 있습니다. 바로 이것이 수수께끼인데요. 힌트를 드리자면, 하나는 울면서 만들고 울면서 입히는 옷이고, 또 하나는 웃으면서 만들고 웃으면서 입히는 옷입니다. 이미 정답을 아시는 분도 많을 테지요. 전자는 자식이 부모를 관에 넣을 때 입히는 수의(壽衣)고, 후자는 부모가 갓 태어난 자식에게 입히는 배냇저고리입니다. 그렇지요. 수의도 배냇저고리도 모두 스스로 입고 벗을 수 없는 옷입니다. 그리고 이 두 가지 옷에는 공통점이 있습니다. 아시다시피 수의에는 주머니가 없습니다. 관에 손수건이나 지갑 같은 소지품을 가지고 들어가지 않으니까요. 그리고 배냇저고리에도 주머니가 없습니다. 역시 갓난아기에게 주머니는 필요 없을 테니까요.

이런 수수께끼를 갑작스럽게 던진 이유는 일반적으로 우리가 삶과 죽음을 생각할 때 한쪽은 좋은 일, 또 다른 한쪽은 나쁜 일, 즉 둘을 아군과 적으로 구분 짓기 때문입니다. 달리 표현하면 삶과 죽음을 길흉화복, 옳고 그름, 선악의 맞고 틀림으로 편 가르기를 하지만, 자세히 살펴보면 생(生)과 사(死)에는 묘하게도 비슷한 부분이 많습니다. 그 예로 수의와 배냇저고리를 소개한 것이고요.

그렇다면 삶과 죽음에는 어떤 공통점이 있을까요? 요즘에는 태어날 때나 죽을 때 모두 병원에서 지내기 마련입니다. 병원에서 아기를 낳고, 병원에서 마지막 숨을 거두는 것이지요. 옛날에는 집 방바닥에서 생사가 치러졌지만, 오늘날에는 병원의 철제 침대 위에서 삶과 죽음을 맞이합니다. 그리고 구청에 출생신고 혹은 사망신고를 해야 하고요. 심지어 아이가 태어난 지 7일이 되는 초칠일(初七日)과 사람이 죽은 지 7일이 되는 날에 올리는 칠일재(七日齋)라는 생리적인 경과 시간도 일치합니다.

또 다른 공통분모를 찾아보면, 삶과 죽음은 섹스와 관련 있습니다. 아이의 탄생은 부모의 생식 활동의 결과이므로 출산 이전에 반드시 성행위가 앞섭니다. 한편 죽음과 성(性)이 관련 있다고 하면 고개를 갸우뚱하는 분도 많겠지만, 조금 속된 예로 복상사는 어느 시대나 존재하는 사인 가운데 하나입니다. 특히 생물의 세계에서는 복상사가 드물지 않습니다. 널리 알려진 대로 사

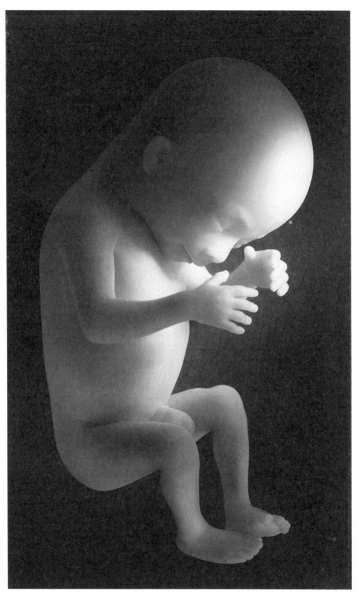

그림 I-3 수정 120일째 태아

마귀 암컷 위에 수컷이 올라타서 교미할 때, 절정에 이르면 암컷이 머리를 180도로 돌려서 위에 있는 수컷의 삼각형 머리를 맛있게 질근질근 씹어 먹기 시작합니다. 이 상황에서 수컷은 고통도 없이 그야말로 황홀경에서 암컷에게 먹히고요. 남자분들은 이런 이야기를 들으면 움찔할 테지만, 사마귀의 복상사와 관련된 다양한 해석이 있습니다. 한 가지 예를 들어보면, 곧 태어날 알에게 영양분을 제공한다는 가설입니다. 하지만 이미 정자가 난자 속에 들어가서 난막이 생성된 단계이므로 알 자체에는 별로 도움이 안 될지도 모릅니다. 사마귀의 머리는 자세히 보면 알 수 있듯이 대부분 눈알로 이루어져 있지요. 도미도 요리를 해보면 눈알이 제일 맛나다고 합니다. 눈은 뇌의 연장선으로, 특수한 단백질이 있어서 맛있다고 하는데, 이런 사실을 사마귀도 잘 아는 듯합니다. 여하튼 사마귀의 복상사는 일종의 세리머니(ceremony)라고 말할 수 있겠지요.

그렇다면 왜 이런 의식을 치를까요? 솔직히 우리 인간은 20년, 30년이라는 오랜 시간에 걸쳐 아주 조금씩 빚을 갚아나가듯이, 먹고 먹히는 의식을 치르고 있는지도 모릅니다. 요컨대 한 번에 먹히느냐 조금씩 먹히느냐의 차이는 있겠지만, 본질적인 의식은 동일하지 않을까 싶습니다. 물론 이런 이야기는 책에도 적혀 있지 않고, 감히 입 밖으로 꺼내는 사람도 없지만, 부모가 자식의 거름이 되는 일은 생물학의 철칙입니다. 의식으로 거행한다는 것은 그만큼 시간을 거듭해왔다는 증거 아닐까요?

교단에 서는 직업 덕에 저는 졸업생의 결혼식에 자주 초대를 받습니다. 결혼식 피로연에서 신랑신부를 가만히 보고 있으면, 그 얼굴이 점점 삼각형으로 보이기 시작합니다. 결혼식 축사를 부탁받았을 때, 사실 사마귀 이야기는 꺼린다는 사실을 잘 알면서도 저도 모르게 내뱉곤 합니다. 그런데 눈치 없는 제 이야기에 결혼식장에 모인 많은 사람이 얼굴을 찌푸리지 않고 고개를 끄덕이며 듣습니다. 예식장 분위기가 한결 부드러워지는 것은 그저 신기할 따름이지요.

'영양'과 '생식'의 두 가지 위상

생식 활동 측면에서 인간과 동물의 공통점은 많습니다. 예컨대 매년 가을이 깊어지면 연어는 생식을 위해 고향인 강으로 귀향합니다. 그리고 강에서 태어난 연어는 이듬해 봄부터 가을에 걸쳐 태평양을 건너서 동쪽으로 이동해 캘리포니아 앞바다까지 진출하는데, 바다에서 먹이를 충분히 잡아먹고 쑥쑥 자란 후 자신이 태어난 강으로 다시 돌아와서 알을 낳습니다. 마찬가지로 인간의 경우에도 여자가 아이를 낳으면 대체로 친정을 찾습니다. 시댁으로는 가지 않지요. 이런 상황도 연어와 비슷한 듯합니다.

　다만 물고기는 산란과 정자 방출이 동시에 진행되지만, 인간은 배란과 사정의 성행위에서부터 출산까지 꼬박 열 달이 걸립니다. 이처럼 시간 차이는 다소 있더라도 어류에서부터 인간에 이르기까지 생물은 자신의 고향에서 생식 활동을 하고 싶어 한다는 점에서 유사점을 찾을 수 있겠지요.

특히 여기에서 주목해야 할 점은 알을 낳고 정자를 배출하는 생명 활동 이후에는 바로 죽음이 시작된다는 것입니다. 예를 들어 연어의 경우 산란 이후 곰팡이가 빠른 속도로 번식해서 거의 48시간 만에 백골이 될 정도입니다. 연어의 급속한 노화 현상은 생물학자도 깜짝 놀랄만한 일로, 최근 노화 연구에 빠질 수 없는 연구 주제가 되었지요.

이는 우리 인간도 마찬가지입니다. 요즘은 초경이 너무 빨라져서 조금 다를 수도 있겠지만, 대체로 첫 생리를 정점으로 여성의 노화는 서서히 첫걸음을 내딛게 된다고 합니다. 말하자면 연어가 이틀 만에 끝내는 현상을 인간은 40년이라는 꽤 긴 시간 동안 진행하는 셈이지요. 20대 때부터 동맥경화가 나타나는 것도 노화 현상의 발로입니다. 이처럼 동물이든 인간이든 생식 활동 이후에는 죽음이 기다리고 있습니다. 포유동물은 새끼를 키워야 하기 때문에 새끼가 자라는 동안 살아 있어야 하지만, 연어는 강물이 어미가 되고, 바다에서 산란하는 물고기는 바다가 부모가 되므로 진짜 부모는 세상을 떠나도 상관없습니다.

이를테면 일본 홋카이도에 있는 이시카리(石狩) 강 상류의 산란장에는 연어가 죽은 뒤 남긴 골층(骨層)이 매년 한 층씩 생긴다고 합니다. 이것이 1만 년 넘게 쌓이면 나이테처럼 1만 층이 되겠지요. 이를 보고 놀라운 역사의 퇴적이라고 입을 쩍 벌릴지도 모르지만, 조상 대대로 전해 내려오는 인간의 선산에도 역시 조상의 뼈가 빼곡하게 묻혀 있습니다.

이렇게 보면 인간 역시 고향 땅에 뼈를 묻는데, 그런 인간이 고향을 떠나 이향한다는 것은 신천지를 찾아서 생활의 장을 옮기는 일이겠지요. 애초 태어나서 자란 곳이 풍요롭다면 굳이 이향할 필요는 없을 테지만, 그렇지 못하니까 먹을거리를 찾아서 먼 길을 나섭니다. 타향살이가 시작되는 셈이지요.

이는 무엇을 의미할까요? 식물의 경우 '생장 번성'과 '개화 결실'이라는 두 가지 생활상이 있듯, 연어에게도 인간에게도 먹고 자라는 시기와 생식 활동으로 자손을 늘려가는 시기, 즉 '영양'과 '생식'의 두 가지 위상이 있음을 뜻합니다. 물론 오늘날의 인간을 보면 식욕과 성욕이 뒤죽박죽 섞여서 두 가지 위상을 구분짓기 힘들지만, 춘정(春情)의 봄마음과 천고마비의 가을처럼 본래 인간도 식(食) 생활과 성(性) 생활이 뚜렷하게 나타납니다.

결과적으로 영양과 생식의 생활상이 서로 교체하면서 끊임없이 이어지는 것을 '생명의 파동'이라고 부릅니다. 위상 교체가 이루어질 때마다 '천명[命]이 바뀌면서[革]' 세계가 영원히 되풀이되기에, 말 그대로 '혁명(革命)'의 연속이라고 표현할 수 있겠지요. 이때 연어는 태양계의 움직임에 발맞추어 지구를 두루 돌아다니는 거대한 진자 운동을 하고, 이 운동이 소규모로 이루어지면 타향살이가 되고, 규모가 더 작아지면 가정과 직장을 오가는 현대인의 출퇴근 생활이 되겠지요.

이처럼 식물, 동물, 인간은 모두 영양과 생식의 생활상을 반복하면서 하나하나의 개체는 죽어갑니다. 죽어서 흙으로 돌아갑니다. 앞서 연어의 사례를 말씀드렸듯이, 곰팡이가 번식해서 동물의 몸을 분해해줍니다. 이는 식물도 마찬가지로, 울창한 숲에서도 신진대사에 따라 노목이 쓰러지면 그 자리에서 버섯이 자랍니다. 그리고 버섯이 번식하기 시작하면 나무가 부패하는 데 시간을 많이 잡아먹어서, 결국 땅이 꽉 차고 그만큼 새로운 수목이 자라날 자리가 줄어듭니다. 따라서 곰팡이는 동물, 식물을 모두 흙으로 귀향시키는 데 매우 중요한 임무를 맡고 있는 셈이지요. 이렇게 우리는 죽으면 대지로, 지구로, 우주로 되돌아갑니다. 요컨대 죽음은 우주로의 귀향을 뜻하는데, 반대로 이 세상에 태어날 때 첫 출발점은 우주에서, 지구에서, 대지에서 시작한다는 것은 두말하면 잔소리겠지요.

혜성의 꼬리와 아미노산

우리가 사는 지구는 다양한 원소로 이루어져 있습니다. 이 원소 중에는 육가크로뮴이나 비소, 수은 같은 독성 물질도 들어 있는데, 인체를 구성하는 세포를 분석하면 이런 맹독 원소도 모두 포함되어 있다고 합니다. 다시 말해 지구를 구성하는 원소가 우리 몸의 세포 속에도 존재하는 셈이지요. 다만 이들 맹독 성분은 극히 미량이라서 인체에는 아무런 영향을 끼치지 않는다는 점에서, 마치 잘게 뜯어낸 찹쌀떡과 같이 인간의 세포 하나하나가 아주 작게 조각난 지구라고 충분히 짐작할 수 있습니다.

러시아의 생화학자인 알렉산드르 오파린(Aleksandr Oparin,

1894~1980)은 원시 지구의 바다에서 동그란 드롭스(drops) 모양의 단백질 알갱이가 생겨났고, 그 단백질에서 최초의 세포가 탄생했다는 생명 기원에 관한 가설을 제시했습니다. 그리고 최근 연구에서는 생명물질인 단백질을 조성하는 아미노산은 지구뿐 아니라 은하계 우주 공간에도 가득 존재한다는 사실이 운석을 분석한 결과 드러나기도 했지요. 1910년에 이어 1986년에 지구를 다시 방문한 핼리혜성에는 꼬리 부분에 많은 양의 아미노산이 들어 있었는데, 이 아미노산이 지구를 스칠 때 안개처럼 지상으로 떨어져 여기에서 생명물질이 탄생했다고 추측하는 사람도 있습니다.

그렇다면 생명물질은 어디에 떨어졌을까요? 바로 지표의 점토층입니다. 다만 이 아미노산이 떨어진 점토층에서 생명물질의 발생 조건이 갖추어진 것은 얼마 되지 않은, 정말 최근의 일입니다. 이 시점은 지구가 불덩이처럼 뜨거운 상태에서 서서히 열기가 식기 시작하면서 대기 환경이 나아진, 지금으로부터 약 40억 년 전으로 일컬어지고 있습니다. 말하자면 지구의 생명물질이 하늘 저편에서 왔다는 말인데, 생명물질의 출처가 하늘 저편이든 지구 어디든 우주 그 자체임은 분명한 사실입니다. 이렇게 최초의 생명이 모습을 드러내고, 이 생명이 죽음으로 향할 때는 다시 우주로 돌아가는, 즉 우주에서 태어나 우주로 되돌아가는 것이 생명 현상의 참모습입니다.

그런데 현실에서 우리 인간의 삶과 죽음을 돌이켜보면, 매 순간 우주에서 태어나서 지구를 향한 머나먼 여정을 하지는 않습니다. 어디까지나 출발점이 되는 '생(生)'은 하나의 수정란, 즉 세포에서 비롯되지요. 따라서 지금 드리는 이야기에는 태초의 생명물질인 단백구(蛋白球)가 탄생하고 나서 최초의 세포가 만들어지기까지, 세포 이전의 과정이 모두 생략되어 있습니다. 요컨대 '생명의 파동'의 시작은 무생물이 아닌, 생물 즉 어머니가 낳은 하나의 세포에서 시작되었다고 말할 수 있겠지요.

어류 시대, 난생의 흔적

최초의 세포가 끊임없이 분열을 되풀이하면서 인체를 형성해 나가는데, 이 발생 과정이 오늘 이 자리에서 말씀드리려는 '태아의 세계'입니다. 바로 태아의 세계는 조금 전에 언급한 원시 세포가 생기고 난 이후부터 오늘날까지, 30억 년이라는 기나긴 진화 과정을 꿈처럼 재현하는 참으로 신비로운 세계이지요. 사마귀도, 연어도, 그리고 뱀도, 미꾸라지도 모두 마찬가지입니다. 물론 인간도 그렇고요. 아기가 세상에 나오기까지 열 달 동안 어머니 배속에서는 생명 진화의 대하드라마가 주마등처럼 스쳐갑니다. 마치 무대도, 의상도 한순간에 변신하는 무언극을 감상하는 듯하지요.

이 드라마는 말로 설명하기보다 눈으로 직접 확인하는 쪽이 훨씬 더 이해하기 쉬울 테니 사진을 보여드리고 해설을 곁들이겠습니다.

[그림 I-4]는 수정 후 23일째 된 인간의 태아입니다. 크기는 약 2밀리미터고요.

[그림 I-5]는 옥새송어의 발생 단계를 나타낸 그림입니다. 수정란의 크기가 연어나 송어의 알을 소금물에 절인 '이크라(ikra)'와 똑같지요. 그림에서 보면 닭의 노른자에 해당하는 것이 옥새송어의 배에도 붙어 있는데, 닭의 경우 이 부분이 굉장히 커집니다. 알의 노른자위, 즉 난황은 이른바 부모의 유산으로, 난황주머니에 들어 있는 영양물질을 야금거리면서 어엿한 생명체로 꼴을 갖추어갑니다.

한편 인간의 태아는 모체의 자궁과 연결된 태반이 일찍 형성되어 어머니에게 영양분을 직접 공급받기 때문에 굳이 난황주머니의 존재가 필요 없을 테지만, 어류 시대의 흔적으로 이렇게 번듯하게 남아 있습니다. [그림 I-4] 태아의 중심 부위에 심장이 있고, 심장 위쪽에 거대한 뇌가 있으며, 척추의 싹이 마치 지렁이처럼 보입니다.

어류에서 양서류의 모습으로

[그림 I-6]은 27일째의 태아 모습입니다. 이 날짜는 마지막 생리일을 기준으로 한 것이 아니라, 수정이 되고 나서 27일이 경과한 때입니다. 그림을 보면 난황주머니가 아래에 매달려 있고, 그 주머니에서 뻗어 나온 것이 탯줄입니다. 본문 그림에서는 아

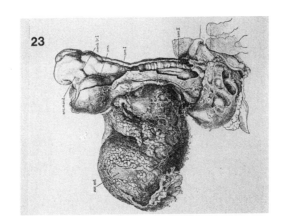

그림Ⅰ-4
수정 23일째 태아

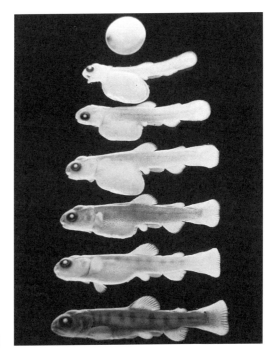

그림Ⅰ-5
옥새송어의 발생 단계

래쪽이 나오지 않았지만 탯줄은 길게 뻗어서 태반으로 이어집니다. 옆으로 펑퍼짐하게 퍼져 있는 손은 마치 가오리 생선처럼 붙어 있습니다. 탈리도마이드(Thalidomide)라는 약물을 잘못 복용하면 부작용으로 이 상태에서 성장이 멈춘 기형아를 낳기도 하지요. 그리고 물고기처럼 아가미가 선명하게 보입니다. 긴 꼬리에 다리가 아주 조금 나와 있습니다. 거대한 심장에는 심방과 심실이 있고, 간이 생기고, 머리에는 벌써 이마가 자리 잡기 시작했네요.

[그림 I-7]은 이후 5일이 지난 수정 32일에서 38일까지, 일주일 동안 태아의 변화를 찍은 사진입니다. 몸길이를 살펴보면, 처음 32일째 태아가 약 7밀리미터, 마지막 38일째 태아는 약 15밀리미터로 일주일 동안 두 배나 자라난 셈이지요.

그즈음 어머니 입장에서는 '이번 달에는 생리가 없네. 혹시……' 하며 고개를 갸우뚱하거나, '항상 생리가 불규칙하지만, 그래도 이번에는 2주 이상이나 소식이 없네.' 하며 아리송해할 것입니다. 따라서 눈치가 빠른 여성이라면 산부인과에 가서 임신 여부를 확인하겠지요. 임신중절 수술이 가장 빈번히 행해지는 시기이기도 하지요.

이때 일주일 동안의 변화는 그야말로 드라마틱합니다. 목 주위의 아가미구멍이 점차 사라지고 그 자리에 귓불이 생깁니다. 사실 귓구멍은 아가미구멍의 변신이었던 셈입니다. 지느러미 같았던 손에는 다섯 손가락이 보이기 시작합니다. 그런데 이 시기에 태아는 얼굴을 가슴에 파묻고 부끄러운 듯이 감추고서 자신

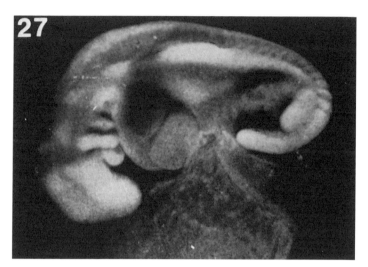

그림 Ⅰ-6 수정 27일째 태아

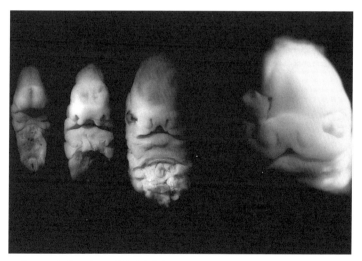

그림 Ⅰ-7 수정 32일~38일째 태아의 얼굴

의 옆모습만 보여줍니다. 그러니 태아의 얼굴을 보려면 목을 절단할 수밖에 없었는데, 이는 개인적으로 엄청난 용기가 필요한 일이기도 했습니다.

[그림 I-7]은 태아의 얼굴을 정면에서 찍은 사진입니다. 먼저 수정 32일째 얼굴은 가로로 반듯하게 갈라진 입과, 목에 또렷이 새겨진 아가미구멍의 틈이 인상적입니다. 물고기의 옛 모습이 어렴풋하게 떠오르지요.

그다음 수정 34일째 태아의 얼굴은 콧구멍이 좌우로 나타나고, 입가는 입술갈림증을 앓고 있는 모습입니다. 흔히 언청이라고 낮잡아 부를 정도로, 많은 사람이 입술갈림증을 심각한 기형이라고 생각하지만, 발생학적으로 보면 누구나 언청이로 지냈다는 사실을 알 수 있습니다. 단지 언청이로 태어나지 않은 사람은 세로로 갈라져 있던 윗입술이 우연히 달라붙었을 따름이지요. 눈동자에는 색소가 비치고, 코를 향해 엷은 홈이 팝니다. 이 홈은 눈물이 통과하는 코눈물관으로, 눈물이 밖으로 나가지 않을 때는 코로 나옵니다. 바로 이것이 콧물을 훌쩍거리며 흐느껴 우는 상태와 일맥상통하지요. 이 시기에는 아직 코눈물관이 열려 있습니다. 얼굴의 폭은 대략 1.5밀리미터에서 2밀리미터쯤 되는데, 이 작은 얼굴에서 어류를 거쳐 서서히 양서류인 개구리의 형상을 볼 수 있습니다.

데본기 상륙극의 재현

드디어 수정 36일째의 태아 모습입니다. 여기에서는 이미 파충류의 얼굴로 변신한 것으로 봐서 어류에서 양서류를 거쳐 태아는 상륙에 성공한 듯합니다. 바로 36일째 되는 날, 어류의 심장은 내부에 칸막이가 생기면서 오른쪽과 왼쪽으로 나뉩니다. 이 시기에 심장 발생이 순조롭게 진행되지 않으면 '사이막 결손'이라는, 양서류에서 파충류에 걸쳐 있는 심장을 가진 아기가 태어납니다.

그렇다면 이즈음 어머니의 얼굴은 어떤 모습일까요? 눈의 초점이 흐릿해지면서 저 멀리 어딘가를 멍하니 바라보고 있는 듯합니다. 이 시선은 3억 년 전 고생대 말의 상륙 드라마를 향한 눈빛이 아닐까요? 신기하게도 이 시기에 입덧을 시작합니다. 물론 본인은 배 속에서 어떤 드라마가 연출되는지 전혀 알지 못합니다. 단지 입덧만 자각할 따름이지요. 제2차 세계대전 당시, 전쟁의 승패에 결정적인 영향을 준 노르망디상륙작전이라는 작전이 있었는데, 이처럼 어마어마한 상륙의 세계가 입덧으로 변신했다고 생각하면 될 것 같습니다. 입덧을 시작하는 이 중요한 시기는 유산이 가장 빈번하게 일어나는 때이기도 합니다.

이번에는 [그림 I-9]에서 먼저 위의 사진을 보시지요. 이 사진은 보통 투아타라(tuatara)라고 불리는 옛도마뱀(학명: Sphenodon punctatus)의 정면상입니다. 최고(最古)의 가문을 자랑하는 고대 파충류의 '살아 있는 화석'으로, 뉴질랜드 인근 섬에서 아주 드물게 모습을 드러내며 생활하고 있습니다. 투아타라의 얼굴과 36일째 인간 태아의 얼굴을 비교해보세요. 어디가 다르냐 하면, 파충류에는 이마가 없습니다. 이마가 없으니 머리에 두건을 쓸 수 없겠지요. 될성부른 나무는 떡잎부터 알아본다는 속담이 있듯이, 이미 이때부터 인류를 상징하는 이마엽인 앞이마가 발달해 있습니다. 동물의 태아에서는 이런 인간의 이마를 볼 수 없지요. 따라서 36일째 태아는 인간의 이마와 파충류의 얼굴을 가진 반인반룡, 즉 반은 사람이고 반은 공룡이라고 말할 수 있겠네요.

[그림 I-8]은 수정 38일째의 태아 얼굴 사진입니다. 그야말로 사자의 콧등이지요. 사진을 보면 알 수 있듯이, 이미 포유류의 모습이 은은하게 감돌고 있습니다. 하지만 입천장을 보면 도마뱀처럼 입천장갈림 상태입니다. 입천장이 아직 제대로 자리 잡지 않아서 코안과 입안이 하나로 이어져 있습니다. 따라서 이 시기는 이마는 인류, 코는 포유류, 입천장은 파충류로, 반인반수반룡, 즉 사람과 짐승, 공룡이 서로 어우러진 모습이지요. 수정 38일째를 맞이한 태아의 얼굴 사진에서는 포유류로 진화하는, 말하자면 짐승 모양을 한 수형(獸形) 파충류의 그림자를 볼 수 있지 않을까요?

다음 [그림 I-9]의 아래 사진은 아마존 '밀림의 성자'로 일컬어지는 세발가락나무늘보(학명: Bradypus tridactylus)의 아기 얼굴입니다. 바로 이 모습이 포유류 근원의 얼굴 생김새인데, 38일째 인간의 태아와 쏙 빼닮았지요.

이렇게 해서 수정 32일부터 38일까지의 얼굴 사진을 살펴보

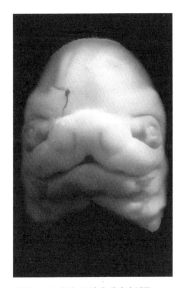

그림 I-8 수정 38일째 태아의 얼굴

그림 I-9 옛도마뱀(위),
세발가락나무늘보(아래)

았습니다. 이들 모습에서 고생대 데본기의 어류 시대부터 중생대 초기의 수형 파충류 시대에 이르는, 1억 년이 넘는 '꿈의 상륙극'을 재현한 모습을 감상할 수 있었을 것입니다. 1억 년이 훨씬넘는 기나긴 세월이 일주일 만에 휙 지나가는 셈이지요.

닭의 상륙 드라마

상륙의 모습을 가장 또렷하게 관찰할 수 있는 것이 바로 닭입니다. 닭도 알 속에서 상륙 드라마를 재현하고 있었던 것이지요.

닭의 발생 과정에서 아가미가 사라지고 허파가 생기는 시기, 즉 닭이 알을 품은 지 나흘째 되는 날입니다.

양계장을 하는 분들은 잘 아시겠지만 나흘째, 정확하게 말하면 95시간부터 100시간 사이에는 알을 조금만 건드려도 알이 죽고 맙니다. 암탉을 자세히 관찰하면 문제의 시간이 되기 전에는 자주 알을 움직여서 공기를 바꿔주는데, 이 순간만큼은 전혀 건드리지 않습니다. 마치 상륙극을 훤히 꿰뚫고 있는 것처럼 말이지요.

[그림 I-10]은 나흘째 사건 전후 닭의 배아 사진입니다. 검은 그물망이 많이 보이지요. 이 검은색은 배아의 심장에 먹물을 주입한 모습입니다. 먹물은 온몸의 혈관 속으로 퍼져서 변화의 모습을 확실하게 알려주지요. 먹물 주입을 통해 아가미 혈관이 사라지고, 허파 혈관이 만들어지는 시기를 뚜렷이 확인할 수 있습니다. 앞에서는 인간 태아의 얼굴 생김새에서 상륙의 형상을 감지했지만, 더 세밀하게 분석하고 싶다면 이처럼 혈관 변화를 관찰하는 쪽이 정확하겠지요.

그림에 나와 있는 것은 80시간인 나흘째 아침 8시, 90시간인 나흘째 저녁 6시, 110시간인 닷새째 오후 2시에 각각 촬영한 사진들인데, 특이하게도 100시간째 촬영한 사진은 찾아볼 수 없지요. 100시간째 닭의 배아를 촬영하지 못한 이유는 먹물이 깨끗하게 주입된 표본을 구하지 못했기 때문입니다. 이 시기에는 먹물이 제대로 들어가지 않았을 뿐 아니라, 알껍데기 자체도 색깔이 칙칙했고, 알을 깰 때부터 이미 생기를 잃고 시름시름 앓는

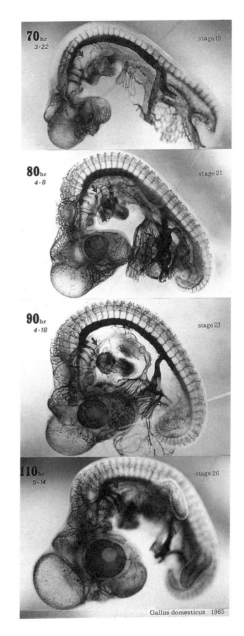

그림 I-10 70∼110시간째
닭의 배아

상태였습니다. 바로 이 순간이 상륙의 절정기라는 사실을 처음에는 전혀 몰랐습니다. 그러니 실험 당시에는 완전히 체념하고 풀이 죽어 있었는데, 신기하게도 다음 날 보니까 언제 그랬냐는 듯이 알은 되살아났습니다. 부활과 동시에 앞다리는 날개가 되고, 얼굴은 분명 병아리 꼴을 하고 있었지요. 요컨대 100시간째가 바로 상륙극의 클라이맥스였던 셈입니다.

닭은 21일째 되는 날에 알을 깨고 나오는데, 21일 주기에서 요막을 떼어내는 마지막 시기를 제외하면, 나흘째부터 닷새째가 가장 위험한 때입니다. 양계업자에게는 이 나흘째 사건이 오랫동안 수수께끼로 남아 있었습니다. 그런데 이 의문점에 시원하게 해답을 제시한 인물이 바로 작년에 일본을 방문한 조셉 니덤(Joseph Needham, 1900~1995, 영국의 생화학자이자 과학사학자)입니다. 그는 1930년대에 이미 닭의 배(胚)를 으깨서 건조 분말로 만든 질소화합물을 저울에 달아보고 암모니아, 요소, 요산의 변화량을 그래프로 표시했습니다. 암모니아는 어류, 요소는 양서류, 요산은 파충류의 오줌을 각각 의미합니다. 실험 결과, 나흘째를 경계로 어류에서 양서류의 오줌으로 바뀌었습니다. 즉 나흘째에 상륙했다고 추론한 것이지요. 저는 이 사실을 알게 되었을 때 니덤을 향한 질투와 선망으로 큰 충격을 받았지만, 한편으로는 장엄한 감동을 경험한 사람이 나 말고도 또 있다는 사실에 말할 수 없는 마음의 평온을 느꼈습니다. [그림 I-11]은 니덤의 연구 결과를 나타낸 그래프입니다.

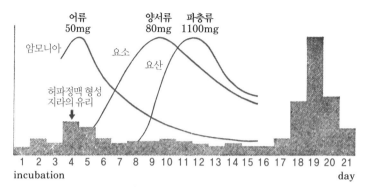

어류
50mg

양서류
80mg

파충류
1100mg

암모니아

요소

요산

허파정맥 형성
지라의 유리

1 2 3 4 5 6 7 8 9 10 11 12 13 14 15 16 17 18 19 20 21
incubation
day

그림 Ⅰ-11 조셉 니덤의 연구

도롱뇽의 상륙 순간

반면 양서류에 속하는 도롱뇽은 우리 눈앞에서 직접 육상생물로 변신합니다. 먼저 목에서부터 밖으로 나뭇가지처럼 삐죽 나왔던 아가미는 상륙할 때가 가까워지면 조금씩 작아집니다. 이 무렵 상륙의 무대를 미리 만들어두지 않으면 도롱뇽은 수조 안에서 물에 빠져 죽습니다. 수조 안에 모래를 수북하게 덮어주면, 어느 날 아침 아기 도롱뇽이 기어 나와 모래 위에서 배밀이를 하며 힘껏 목을 쳐들어 공기를 들이마시는 장면을 볼 수 있습니다. 그야말로 상륙의 순간이지요.

그런데 상륙하는 데 필요한 시간은 도롱뇽의 종류에 따라 차이가 많이 납니다. 논의 괸 물에 서식하는, 진화된 도롱뇽은 이틀이나 사흘째 되는 날에 뭍으로 후다닥 올라옵니다. 한편 흐르는 물에 사는, 진화되지 않은 도롱뇽은 유구한 가문의 전통을 지키기라도 하듯이 아주 천천히 시간을 들여서 육지로 이동합니다. 실제 일본검은도롱뇽(학명: *Hynobius nigrescens*)은 2주 만에 육지형으로 변신하지만, '양서류의 살아 있는 화석'으로 일컬어지는 일본왕도롱뇽(학명: *Andrias japonicus*)의 경우 짧게는 50일, 길게는 500일, 즉 2년 가까이에 걸쳐 아주 느릿느릿 상륙합니다.

앞서 소개했듯이 인간의 태아는 32일째부터 38일째까지 일주일 동안 상륙작전을 마무리 짓습니다. 닭은 사흘째 중반부터 나흘째 중반까지, 붉은바다거북은 12일째부터 16일째까지, 이런 식으로 상륙의 시간은 종에 따라 크게 차이가 납니다. 그런데 도롱뇽이 이들 육상생물과 두드러지게 다른 점이 있습니다. 그 차이점이란 닭이나 붉은바다거북은 알 속에서, 그리고 인간은 자궁 안에서, 말하자면 모두 태아 상태에서 상륙 드라마가 펼쳐지지만, 도롱뇽은 알을 까고 나온 후 실제 생활을 하는 도중에 육지로 올라옵니다. 그런 의미에서 도롱뇽의 생태는 머나먼 고생대 상륙극의 환상적인 재현을 직접적으로 보여주는 셈입니다. 상륙의 살아 있는 화석이라고도 말할 수 있겠지요.

이와 같은 종족발생과 개체발생의 관계는 [그림 IV-3](본문 273쪽)의 그래프에서 더 자세히 알아볼 수 있습니다. 잠시 그림을 소개하면, 수정란을 나타내는 시작점 0에서부터 현존하는 동물을 나타낸 계통수 각각의 정점을 향해 그래프의 곡선이 뻗어 나갑니다. 지질 시대를 나타내는 왼쪽 축 가운데 고생대 1억 년을 공들인, 상륙의 시간이 각각의 곡선에 투영된 셈이지요.

원시 포유류로 출발할 때

[그림 I-12]는 다시 인간의 태아 사진입니다. 가까스로 상륙을 마친 뒤 아가미 혈관이 허파 혈관으로 바뀌고, 심장이 좌우로 나뉘었지요. '이제부터는 인간을 향해!' 하며, 원시 포유류 혹은 원시 영장류로서 출발하는 기념할만한 순간입니다. 대략 수정 40일에서 45일쯤에 해당하며, 몸길이는 벌써 2센티미터나 됩니다. 발가락도 갈라져 있고, 탯줄 안에 장이 휘감겨 있습니다. 이는 생리적 탈장인데, 장이 먼저 발달하므로 밖으로 나온 것이지요. 눈꺼풀도 생기기 시작하고, 귀는 또렷하게 제 모양을 갖춰갑니다.

[그림 I-13]은 이 시기의 태아 얼굴입니다. 인간의 모습에 성큼 다가갔지요. 이런 얼굴 생김새는 길을 걷다 보면 흔히 마주칠 수 있습니다. 아직은 코와 눈이 거의 나란히 붙어 있지만, 태아의 그림에서 형용할 수 없는 먼 옛날의 그리움을 느끼는 것은 비단 저만의 감상은 아닐 테지요.

[그림 I-14]는 수정 60일부터 90일까지 한 달 동안의 태아 얼굴 모습입니다. 60일까지는 눈꺼풀이 닫혀 있습니다. 뱀은 눈꺼풀 대신 투명한 막이 생기는데, 포유류는 이렇게 닫힌 상태로 지내다가 태어나자마자 바로 눈을 뜨게 됩니다. 엄숙하면서도 위엄을 갖춘 얼굴을 자세히 살펴보세요. 이 기간 동안 태아의 몸길이는 약 3센티미터에서 10센티미터 가까이까지 훌쩍 자랍니다.

앞서 소개한 [그림 I-3]은 인간의 갓난아기 느낌이 충만한 120일 된 태아의 모습입니다. 일본에서 매장 혹은 화장 절차를

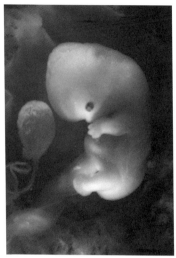

그림 I-12 수정 36일째 태아

그림 I-13 수정 40일째 태아의 얼굴

고츠 하루히코(郷津晴彦) 그림.

밟으려면 관련 서류인 매장허가증, 화장허가증을 반드시 구비해야 합니다. 즉 일본에서는 이 시기부터 배 속의 태아를 법적 인간으로 인정한다는 뜻이지요. 임신 5개월에 접어든 때이지요.

　이 시기의 근엄한 표정은 대체로 한 달 정도 이어지는데, 그렇다면 이 엄숙한 얼굴은 어떤 시대를 대변할까요? 그것은 파충류가 비극적인 최후를 맞이한 알프스 조산운동[1]의 시대가 아닐까요? 이때는 인류 또한 혹독한 시기를 보냈습니다. 그 아련한 추

1　알프스 조산운동은 중생대 중기부터 신생대에 걸쳐, 지중해 지역에서부터 히말라야, 환태평양 지역에 일어난 조산운동을 일컫는다. 최근 연구에서는 판(plate)의 충돌에 따라 융기한 것으로 보고 있다.

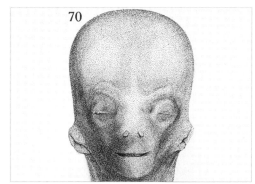

그림 Ⅰ-14 수정 60일~90일째 태아

억이 태아의 엄한 표정을 만든 것은 아닌지……. 남몰래 생각에
잠깁니다.

30억 년이 넘는 생명 진화의 압축과 '태아의 세계'

이렇게 태아의 세계는 대단원의 막을 내립니다. 이는 상상을 초
월할 정도로 기나긴 시간의 흐름이 엄청나게 압축된 세계입니
다. 어떤 생물이나 예외 없이 '생명의 파동'의 영원한 리듬을 타
고, 매순간 수정란의 발생과 동시에 생명 진화의 드라마를 주마
등처럼 반드시 재현합니다. 우리 인간도 모두 이런 발생 과정을
거쳐 왔습니다. 열 달 동안 어머니 배 속에서 머나먼 조상의 유
구한 발자취를 온몸으로 덧그리고, 끊임없이 복습했습니다. 이
는 한 사람 한 사람의 '생명 기억'이 되어, 말 그대로 뼈 속까지
그 기억을 아로새긴, 신비로운 자연의 섭리라고 할 수 있겠지요.
　저는 문외한이라서 잘 모르지만, 고대 인도의 유식론(唯識論)
에서부터 현대의 칼 구스타브 융(Carl Gustav Jung, 1875~1961, 스위스
의 정신의학자이자 심리학자)에 이르는, 이른바 '의식 아래'라고 일컬
어지는 세계의 생물학적 기반이, 바로 이 '태아의 세계'를 추구
하는 데 있지는 않은지, 조용히 상상의 나래를 펼쳐봅니다.

1986년 7월 25일.
천리교에서 주최한 강연회의 기록.

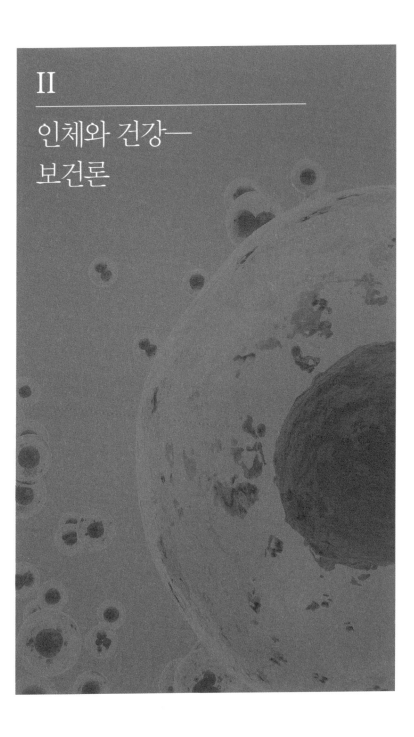

II

인체와 건강—
보건론

생활을 좌우하는 생체시계, 첫 번째 이야기

—동물도, 인간도 빛과 바닷물의 회중시계를 품고 있다

대학교 때, 기나긴 방학이 시작되면 밤이 즐거워지기 마련이다.

조금씩 저녁형 인간으로 지내다 보면 어느새 잠자리에 드는 시간은 새벽을 향하고…….

이건 아니다 싶어서 '일찍 자고, 아침 일찍 일어나야지.' 하고 마음을 다잡지만,

여전히 밤에는 잠을 이루지 못하고, 아침은 아침대로 눈을 뜰 수 없다.

아침에 억지로 몸을 움직여 자리에서 일어나도 몸은 여전히 잠에 취해 있다.

'그러고 보니 고3 수험생 시절에도 밤낮이 뒤바뀐 적이 있었지.'

그때는 꼬박 밤샘하고 그다음 날 밤까지 버티면서 낮과 밤의 리듬을 원래대로 되돌렸다.

왠지 전혀 힘들지 않았다. 능률도 꽤 높았던 것으로 기억한다.

수면 실험, 지하실 원룸에서 시계 없이 매일 기상과 취침을 반

복하면서 2주 후 지상으로 올라왔더니,

'뭐야, 밤이다! 이건 아니잖아.'

다시 지하로 내려가서 2주 만에 지상으로 올라왔단다.

'야호, 이번에는 무사히 낮이다, 낮!'

그런데 하루가 모자랐다. 계산해보았더니, 매일 50분씩 어긋나 있었다.

신기한 실험이네! 그럼 나도 한번 해볼까. 결과는 마찬가지다.

하루가 25시간이었다. 바로 이것이었을까, 고3 수험생 시절 밤낮의 거꾸로 리듬은!

바다에 사는 생물은 조수 간만의 차이로 일어나거나 잠자리에 든다.

천천히 자전하는 지구의 해수면이 달에 빨려들었다가 다시 풀려났다가…….

아침저녁으로 되풀이되는 밀물과 썰물을 '조수의 리듬'이라고 부른다.

조수의 리듬에서 달은 지구 주위를 공전하고, 또 지구는 자전하는 데 시간이 걸리기에 하루 50분씩 어긋나는 것이다.

도대체 이 시간 차이는……. 학창 시절 흐리터분한 올빼미형, 아니 수면 실험의 시간 차이와 관계있지는 않을까?

그런데 바다 생물이 육지에 가까워지면,

아침과 저녁에 기상과 취침하는 24시간의 '낮과 밤의 리듬'이 바닷물의 리듬을 조금씩 간섭하기 시작한다.

수조에 사는 짱뚱어는 고향 바다의 만조 시각을 알고 있다.

하지만 짱뚱어가 인공 둥지에서 퍼뜩 얼굴을 내미는 일은

같은 만조라도 밤이 훨씬 많다. 캄캄한 밤을 좋아하는 걸까?

그러니 그들은 2주마다 '야행족'이 된다.

'빛'과 '바닷물'이 알리는 생체시계가 그렇게 공진한다.

척추동물의 머나먼 조상은 옛날 옛적 고생대 시절 육지로 올라왔다.[1]

눈부시게 빛나는 햇빛에 쪼그라들어 '바닷물 시계'가 몸을 숨기고 있었을까?

갑작스럽게 울려 퍼지는 '빛 시계' 소리가 째깍째깍!

그럼에도 빛의 그늘에서 지금도 쩌렁쩌렁 퍼지는 소리,

먼 바다의 넘실대는 너울, 바다가 품은 생명 기억의 소리가 철썩철썩!

가이도코[2]

---

1 본문 9~10쪽, 〈누가 인간을 창조했을까?〉 참고.

2 가이도코(海棠子)는 이 책 저자인 미키 시게오의 필명이다. '가이도(海棠)'는 '해당화'라는 뜻으로, 가이도코라는 필명은 미키 시게오가 사랑한, 일본 에도 시대의 하이쿠 시인인 다카라이 기카쿠(宝井其角, 1661~1707)가 읊은 '해당화 꽃이 / 코고는 소리 깨닫자 / 열반하도다'라는 시 구절에서 유래한 것으로 보인다. 三木成夫,《生命形態の自然誌(생명 형태의 자연사)》第1卷, うぶすな書院, 1989, pp.178~179.

급소의 비교해부학적 고찰

동양과 서양 의학의 기원에 대하여

들어가며

'급소의 비교해부학적 고찰'이라는 이 글의 제목을 보면, 인간의 급소가 비교해부학적으로 여러 동물과 비교했을 때 어디에 해당하는지를 살펴본다는 의미로 파악할 수도 있겠지만, 여기에서는 그와 관련된 구체적인 사실은 언급하지 않겠다.

이보다 더 기초적인 문제, 즉 동물의 몸을 두 갈래로 구분하는 동물성 기관[1]과 식물성 기관[2] 사이에서 드러나는 절묘한 관련성이 실은 동양적 인체 표면 자극의 생물학적 기반이 될 수 있다는 하나의 문제 제기에 논제의 초점을 맞추려고 한다.

---

1 동물성 기관(동물 기관)
동물에만 존재하는 '감각-운동'을 관장하는 기관. 체표를 뒤덮는 외피층, 외피층과 근육층을 연결하는 신경층, 수축하며 운동을 담당하는 근육층의 3층 구조로 구성되고, 몸 전체에서 바깥쪽을 이루는 '체벽계'를 형성한다. 동물의 진화에 따라 외피층에서 눈, 코, 귀 등의 감각기관이, 신경층에서는 뇌, 척수의 중추 신경계와 중추 신경계에서 온몸으로 뻗어나가는 말초 신경계가, 근육층에서는 배와 등의 체간근(體幹筋)과 팔다리의 체지근(體肢筋)이 각각 형성된다.

통증의 본모습

일상생활에서 치명적인 문제를 초래하는 고통이라고 하면, 생리학의 과제인 피부의 통각점(痛覺點)에서 유래하는 통증 단계에 머무르지 않는다. 감각점의 하나인 통각점의 자극에서 생긴 통증은 말 그대로 바늘로 콕콕 찌르는 아픔이지만, 생명을 위협할 정도의 고통은 아니다.

인류의 역사에서 의술의 세계를 낳은 '진정한 통증'은 겉으로 드러나는 불편한 느낌이 아닌, 더 근원적인 아픔이어야 할 것이다. 일반 생리학 교과서에서는 원초적인 통증을 '내장 혹은 심부(深部) 감각'에 속하는 정체불명의 통증이라고 정의하는데, 사실상 서양 의학의 맹점이라고도 할 수 있는 심부 통증이 '근육'에서 유래하는 통증이라고 여겨진다. 그런 의미에서 인간의 몸에서 근육을 모두 제거한다면, 애초 의학은 탄생하지 않았을지도 모른다.

근육의 강렬한 수축이 참기 어려운 통증을 초래한다는 사실은 골격근에 쥐가 났을 때를 떠올려보면 바로 알 수 있다. 또한

---

2   식물성 기관(식물 기관)
식물과 동물을 모두 아우르며, 생물 본래의 활동인 '영양-생식'을 관장하는 기관. '영양계'와 '생식계'로 크게 나누어진다. 영양계는 몸의 정중앙을 관통하며 입과 항문의 양끝을 연결하는 장관(腸管), 배와 등에 위치하며 장관에서 흡수한 영양분과 산소를 온몸으로 운반하는 혈관, 체내에서 생성된 배설물을 모으는 체강과 체강에서 체외로 배출하는 신관(腎管) 등 세 종류의 관으로 이루어진다. 진화함에 따라 장관에서는 소화기와 호흡기의 여러 기관이, 혈관에서는 심장을 중심으로 한 동맥계와 정맥계가, 신관에서는 비뇨기관이 발달한다. 한편 생식계는 개체의 성(性) 성숙과 함께 발달하는데, 체강의 끄트머리에 정소와 난소가 자라나고, 신관이 정관과 난관으로 쓰인다. 생식계도 진화하면 남성과 여성의 다양한 생식기관이 형성된다.

위경련, 장폐색, 결석 통증, 산통은 내장근의 이상 수축으로 생기는 통증이고, 박동성의 두통, 치통, 화농성 통증 등은 해당 부위의 혈관근이 심하게 수축함으로써 일어나는 통증이다.

한겨울 새벽녘 차가운 물에 손을 넣었을 때, 혹은 뜨거운 열탕에 한쪽 다리를 담갔을 때, 피부가 감지하는 순간의 냉온 감각보다 조금 더디게 찾아오는, 손발이 떨어져 나갈 것 같은 격통은 자극 부위의 근육성 동맥이 한꺼번에 반사를 일으킨 것이다.

요컨대 혈관 순환계통의 흐름을 타고 피부 안쪽 곳곳에 분포하는 근육 조직은 체내에 퍼져 있는 더 정밀하면서도 고감도의 '통각 발생 장치'가 되는 셈이다.

근육 수축의 조건

앞에서 언급했듯이, '근육'이라는 이름이 붙은 것이라면 그것이 가로무늬근의 골격근이든 민무늬근의 내장근이든, 나아가 혈관근이든 모든 근육의 수축은 예외 없이 통증을 유발한다. 여기에서는 근육 수축이 어떻게 이루어지는지를 알아보려고 하는데, 먼저 두 가지 방법으로 근육 수축을 식별할 수 있다는 사실을 알아두어야 한다.

첫 번째 방법은 오늘날의 자연과학에서 중시하는 '원인과 결과'에 근거하지 않아서 대개 간과하는 부분인데, 모든 근육은 '우주 리듬'의 일환으로 수축과 이완의 위상 교체를 되풀이한다는 관점이다. 그 대표적인 예로 낮의 수축과 밤의 이완을 들 수 있다. 낮의 수축은 우리에게 기분 좋은 긴장감이나 가뿐한 몸가짐을 선사하며 상쾌함의 생리적 기반이 된다. 반면 밤의 이완이 대낮까지 이어진다면 기분 나쁜 권태감이나 나른한 몸과 더부룩한 속을 초래하며 심신 부조화의 기반이 된다. 이렇게 해서 계절의 변화와도 밀접한 관련을 맺고 있는 24시간 리듬의 세기는 온몸의 근육에 영향을 주게 된다.

근육 수축의 두 번째 식별 방법은 자연과학의 연구과제로 안성맞춤이다. 이 방법은 다섯 가지 감각기관인 눈, 귀, 코, 혀, 피부와 접촉하는 자극에 따라 생겨나는 근육 수축을 일컫는다. 두 번째 관점에서는 어떤 종류의 자극도 모조리 이에 상응하는 근육 수축이라는 형태로 받아들여지고, 더욱이 자극의 증강은 그대로 수축의 증강으로 나타나는데, 마침내 최강의 감각은 근육 수축, 즉 통증을 동반하여 수용되는 셈이다. 그렇다면 통증이란 '근육이라는 저울에 매겨진 감각의 과체중'이라고 표현할 수 있지 않을까?

체벽근과 내장근

결과적으로 근육계는 감각계와 표리일체의 관계로 이어진다. 이 관계는 신경계를 매개로 해서 성립하는데, 이들 감각계, 신경계, 근육계는 식물의 몸에서는 볼 수 없는, 동물의 독자적인 기관으로 '동물성 기관'이라고 부르며, 개체의 위치적인 관점에서는 '체벽계'라고도 부른다.

'감각-운동'을 관장하는 기관계는 원래 '영양-생식'이라는 생물 본래의 기능을 영위하기 위해 자신의 몸을 먹이와 이성(異性)이라는 목표를 향해 움직이게 하는, 말하자면 '개체의 추진'이라는 운동을 위해 개발된 기관으로 일컬어진다. 반면에 엽록소를 갖춘 독립 영양계에 속하는 식물은 애써 움직이지 않고도 '영양-생식'의 기능을 충분히 운용할 수 있기 때문에 '감각-운동'의 기관계를 일부러 몸에 지닐 필요가 없다.

우리가 꽃이나 나뭇가지를 손으로 꺾을 때 식물이 저항한다는 느낌을 받지 않는 이유는 식물의 경우 통증의 발생 장치가 없기 때문이다. 동물의 팔다리를 꺾는 일과는 본질적으로 다르다.

한편 근육과 신경은 단순히 체벽계를 구성하는 것에 머무르지 않는다. 근육과 신경은 '영양-생식'을 관장하는 '내장계', 즉 장관계, 혈관계, 신관계가 형성하는 이른바 '식물성 기관'에까지 영향력을 행사하고 이들 내장관을 에워싸며 감각과 운동을 관장한다.

마침내 '내장의 꿈틀운동'이라는 새로운 운동을 개발하여 앞에서 소개한 '개체의 추진'이라는 본래의 운동에 더한다. 이들 '밖과 안'으로 향하는 두 가지 운동에 관여하는 근육을 각각 '체벽근' 및 '내장근' 또는 '동물성 근육' '식물성 근육'이라고 부르고, 이를 지배하는 신경계를 각각 '동물성 신경계' 및 '식물성 신경계'라고 일컫는 까닭이다.

피부와 근육의 연관성

내장근은 장관근, 혈관근, 신관근으로 크게 나뉜다. 이 가운데 장관(腸管)과 신관(腎管)의 근육은 해당 부위의 근육층 내 신경세포의 지배를 받고, 혈관근의 경우 처음에는 내분비세포의 지배를 받다가 나중에는 신경세포의 지배를 받는데, 이때 전자인 장관, 신관의 신경계와 후자인 혈관 신경계는 서로 판이하다. 이 두 신경계의 차이가 단적으로 나타나는 것이 이들 근육이 중추 신경계의 통제를 받을 때다. 중추 신경계가 작동하는 상황에서 장관근과 신관근은 숨뇌(연수)와 엉치척수의 부교감신경을 매개로, 혈관근은 가슴척수와 허리척수의 교감신경을 매개로 각각 전혀 다른 지배를 받는다. 특히 혈관근의 경우 적어도 체벽성과 내장성의 두 혈관 사이에서 신경 지배가 크게 달라진다는 사실을 덧붙여 알아두어야 한다.

이렇게 해서 내장근은 중추 신경계와 긴밀한 연락을 통해 체벽근과 함께 체표의 피부와 이어진다. 달리 표현하면 중추 신경계를 매개로 피부, 체벽근, 내장근은 서로 밀접한 연관을 맺는 셈이다. 인체 표면을 자극함으로써 심부 고통, 즉 근육의 이상 수축과 어떤 방법으로든 손을 잡으려는, 동양 의학의 '수기(手技)'가 발달한 것은 척추동물의 개체 체제에서 볼 수 있는 영험한 조화를 닮은 것이리라.

인간의 몸을 관찰하면 지렁이와 같은 몸마디의 규칙적인 배열이 뒤죽박죽 엉켜 있고, 가까스로 갈비뼈가 지탱하는 가슴 부위를 제외하면 특히 머리와 팔다리에서 뚜렷한 변형을 확인할 수 있다. 우리는 이런 몸마디에서 나타나는 신비로운 변신을 인체의 급소가 그리는 하나의 도형 안에서 찾을 수 있지 않을까?

나오며

손을 사용하는 '수기 치료'는 인류 의술의 근원을 상징하는 행위다. 현대에 이르러 밝혀진 '피부–근육'의 해부학적 관계를 옛날 옛적 사람들이 알았을 리 없다. 또 몸마디 구조의 변용이라는 괴테 형태학의 이론 또한 들어보지도 못했을 것이다. 하지만 그들은 곁에서 아파하는 친구의 가장 정확한 혈(穴) 자리를 자신도 모르게 손으로 살살 어루만져 주었다.

어쩌면 머나먼 조상들은 이미 태어나면서부터 인체의 급소를 체득하고 있었는지도 모른다. 그렇다면 동양과 서양 의학의 기원은 이런 '고대의 앎'에서 찾아야 하지 않을까?

1975년 3월 20일,
제102회 '동서의학을 이어주는 모임'에서의 강연 요지.

'상허'의 의학적 고찰에 관하여

오늘 주제는 '상허(上虛)'의 의학적 고찰이지만, 이 단어에는 논제의 절반이 빠져 있습니다. 그도 그럴 것이 '상체는 가볍게, 하체는 튼튼하게'를 뜻하는 '상허와 하실(下實)'은 분명 쌍극의 관계에서 논해야 할 주제이니까요. 하지만 오늘 이 자리에서는 상허하실 가운데 상허의 문제를 서양 의학 관점에서 살펴보려고 합니다.

얼마 전에 무라키 히로마사[1] 선생의 배를 만져본 적이 있습니다. 명치 부위가 부드러워서 가슴을 누르면 마치 등뼈까지 그대로 빨려 들어갈 것 같은 몰랑몰랑한 촉감이 전해졌습니다. 선생의 배야말로 힘을 뺀 상체, 즉 '상허'의 본보기였지요. 그런데 제 배는 부드럽기는커녕 아주 딱딱했습니다. 그 이유가 무엇인지 나름 생각해보았습니다. 그러다 어쩌면 이 문제를 풀 열쇠는 단

---

1   무라키 히로마사(村木弘昌, 1912~1991), 의학박사이자 사단법인 조화도협회(調和道協会) 제2대 회장으로 단전호흡 활성화에 힘썼다. 주요 저서로는 《단전호흡 건강법(丹田呼吸健康法)》이 있다.

전호흡[2]에 있을지도 모른다는 생각이 스쳤습니다.

제가 몸담고 있는 보건센터[3]를 찾는 학생들이 호소하는 불편한 증상은 참으로 다양합니다. 그 가운데 서양 의학에서는 전혀 나쁜 데가 없다고 푸대접을 받기 쉬운 질병, 말하자면 화병, 심신증 등 원인 불명의 통증이나 불편함을 호소하는 환자 아닌 환자가 많습니다. 이처럼 뚜렷한 원인을 모르는 여러 갈래의 불쾌감이 보건센터에서는 가장 중요한 상담 대상입니다.

우선 [그림 II-1]을 볼까요. 통증을 호소하는 학생 가운데 등에 점을 찍은 부분, 즉 제7등뼈, 제8등뼈, 제9등뼈에 해당하며, 주로 등 왼쪽으로 근육이 붙은 부위에 멍울이 생긴 사례가 많았습니다. 멍울의 위치는 왼쪽이 훨씬 많지만, 오른쪽에도 나타납니다. 그리고 이 부위가 뭉쳐 있는 사람은 상복부(上腹部), 즉 윗배가 빵빵하게 부어올라 있었고요. 요컨대 '상허'가 아니지요. 윗배에 손을 얹고 힘을 가하면 반사적으로 방어 반응이 일어나는데, 부풀어 오른 부위를 손바닥으로 지그시 눌러주면 편안해진다고 했습니다.

그런데 상복부에 통증을 호소하는 학생들은 위의 활동이 좋

---

2   단전호흡 건강법. 석가모니의 호흡을 현대에 응용한 건강법. 후지타 레이사이(藤田靈採, 1868~1957)가 창시한 호흡법으로 조화도협회를 통해 널리 보급되었다. 단전이란 도가(道家)에서 말하는 상, 중, 하의 세 단전을 이르는 신체 부위로, 상단전(上丹田)은 뇌를, 중단전(中丹田)은 심장 아래를, 하단전(下丹田)은 배꼽 아래를 말하며, 이 가운데 배꼽 아래 한 치 다섯 푼 되는 하단전을 가장 중시하며, 예로부터 장생불사의 영험한 약이 열매를 맺는 부위로 일컬어졌다.

3   도쿄예술대학교 보건관리센터. 미키 시게오는 1973년 6월부터 1987년 8월 세상을 떠날 때까지 14년 동안 보건관리센터에 근무하며 센터 소장을 역임했다.

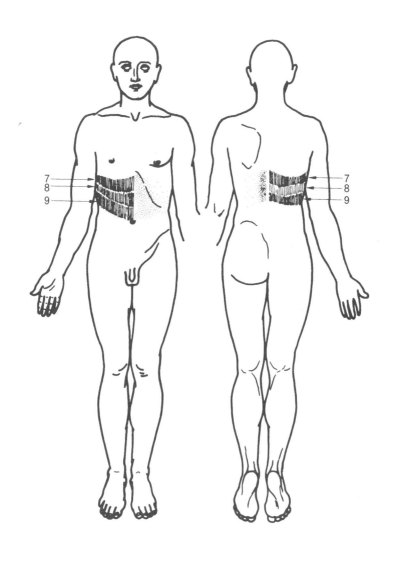

그림 Ⅱ-1 멍울의 위치

멍울은 제7등뼈, 제8등뼈, 제9등뼈 위치(7~9)에 주로 나타난다.

지 않다는 공통점이 있었습니다. 특히 속이 더부룩하며 소화가 잘 되지 않는다는 증상을 가장 많이 호소했는데, 이런 증상과 앞에서 소개한 배와 등의 결림은 밀접한 관련이 있는 듯합니다. 이처럼 내장과 몸 표면의 '표리일체' 관계는 이미 유럽에서도 헨리 헤드(Henry Head, 1861~1940)라는 영국의 의학자가 흥미진진하게 연구한 바 있고, 일본에서도 저명한 의학자이자 위장질환계의 명의인 오노데라 나오스케(小野寺直助, 1883~1968) 박사가 위궤양 환자를 진단할 때 환자의 등 부위에 나타나는 압통점(壓痛點)에 관해 발표하기도 했습니다. 의과대학 학생들은 진단 실습시간에 발견 의사의 이름을 딴 다양한 압통점을 배우는데, 이는 내장과 체표의 밀접한 관련성을 나타낸 진단법이라고 할 수 있겠지요.

인체의 상복부를 가로로 자른 [그림 II-2]에는 '내장과 체표'의 관계가 잘 나와 있습니다. 결론부터 말씀드리자면, 이들 관계는 동맥계와 밀접한 관련이 있는 '교감신경계'를 매개로 이루어지고 있습니다. 그림을 보면 알 수 있듯이, 등쪽대동맥(ad)에서 나온 동맥의 가지는 크게 두 갈래로 나뉩니다. 즉 내장으로 향하는 내장동맥과 몸의 외벽을 에워싸는 체벽으로 향하는 체벽동맥이 있습니다. 그림의 횡단면 위치는 명치 부위로, 내장 쪽을 보면 위의 몸통이 표시되어 있고, 체벽 쪽의 경우 등 근육과 옆구리에서 복부에 걸쳐 있는 근육이 보입니다. 등 근육을 등쪽 체간근, 옆구리와 복부 근육을 배쪽 체간근이라고 부르는데, 흔히 고깃집에서는 이 부위를 등심과 안심으로 나누지요. 여하튼 여기에서 가장 중요한 포인트는 순환계를 내장 쪽으로 분포하는 순

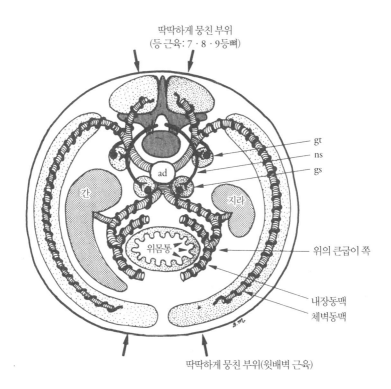

딱딱하게 뭉친 부위
(등 근육: 7 · 8 · 9등뼈)

gt
ns
gs

ad

간

지라

위몸통

위의 큰굽이 쪽

내장동맥
체벽동맥

딱딱하게 뭉친 부위(윗배벽 근육)

그림 II-2 인체의 윗배 횡단면
등쪽대동맥(ad)에서 나온 동맥은 내장으로 향하는 내장동맥과 체벽으로 향하는 체벽동맥
으로 나뉜다. 척수에서 나온 교감신경은 혈관계(체벽동맥)를 지배하는 체간신경절(gt)과
내장동맥을 지배하는 내장신경(ns)이 유입되는 복강신경절(gs)로 뻗어 나간다.

환계와 체벽 쪽으로 분포하는 순환계로 크게 두 갈래로 나눌 수 있다는 사실입니다. 그리고 이들 각각의 동맥을 내장동맥, 체벽동맥이라고 구별해서 부릅니다.

흔히 식사를 하고 난 뒤 바로 욕조에 들어가지 말라는 주의를 듣는 까닭은 식후에 혈액이 내장동맥으로 한꺼번에 쏠리기 때문입니다. 소화 흡수가 이루어지기 때문이지요. 그런데 따뜻한 욕조에 들어가면 체벽의 혈관이 확장하여 애써 내장으로 모인 혈액이 몸의 표면으로 되돌아갑니다. 이처럼 혈액을 내장계로 보낼지, 아니면 체벽계로 보낼지를 감독하는 것이 교감신경계입니다. 양쪽의 혈관에 균일하게 혈액을 보낼 수도 있지만, 실제 일상생활에서는 어느 한쪽으로 피가 쏠릴 때가 더 많습니다. 손이 찬 사람은 마음이 따뜻하다고들 말하곤 하는데, 이는 결코 문학적인 표현에 머무르지 않습니다. 그밖에도 발이 차면 혈액 대부분이 내장, 특히 콩팥동맥으로 유입되어 소변이 자주 마렵습니다. 한편 땀을 많이 흘릴 때는 혈액이 체벽계로 모여서 콩팥동맥 쪽으로는 거의 가지 않다 보니 자연스럽게 소변이 나오지 않는 것입니다.

요컨대 혈액 스위치의 모드 전환이 이루어져서 운동할 때는 피가 위나 콩팥(신장)으로 가지 않고 모두 체벽계로 쏠립니다. 특히 뇌에 혈액을 보내지 않으면 긴장이 필요한 난이도 높은 자세를 잡을 수 없습니다. 반면에 내장계의 흡수와 배설에 집중해야 할 때는 혈액이 체벽계를 떠나 내장계로 모입니다. 이처럼 내장동맥과 체벽동맥 중에서 어디에 얼마만큼의 혈액을 보낼지, 그

미묘한 운동을 책임지는 기관이 앞에서 말씀드린 교감신경계입니다. [그림 II-2]에 이런 흐름을 표시해두었는데, 이들 두 종류의 동맥에 덩굴처럼 휘감겨서 말초신경계가 분포합니다. 바로 이것이 교감신경계 분포의 특징입니다. 우리는 이와 같은 사실 때문에 교감신경계를 동맥신경계 또는 혈관신경계라고도 부르지요.

교감신경계의 스위치 전환을 시작한 척추동물은 지금으로부터 약 5억 년 전, 바다 밑바닥에서 처음으로 그 모습을 드러낸 칠성장어의 먼 조상입니다. 이 생명체에서 최초로 스위치 전환을 할 수 있는 내분비계가 생겼는데, 이는 교감신경계가 아닌 내분비계였습니다. 머나먼 옛날 내분비계에서 밤에서 낮으로의 전환, 즉 휴식에서 긴장 상태로의 전환 과정이 이루어졌습니다. 지금도 이런 내분비계의 흔적이 우리 몸 곳곳에 남아 있습니다. 이 가운데 유명한 것이 아드레날린(adrenaline)을 분비하는 부신속질(부신수질)인데, 내분비계의 흔적은 부신속질 이외에도 목동맥(경동맥)을 따라 곳곳에서 관찰할 수 있지요. 하지만 바다에서 육지로 상륙을 하고 양서류에 이르면, 내분비계는 점차 신경계로 교체됩니다. 이렇게 형성된 신경계를 교감신경계라고 부릅니다.

일반적으로 체벽계와 내장계에 혈액을 보내는 스위치 전환이 활발하게 이루어지는 사람일수록 건강한 사람입니다. 흔히 화이트칼라로 불리는 사무직 종사자들은 온종일 책상 앞에 앉아서 지내므로 혈액이 내장계에 머물러 있을 때가 많습니다. 혈액의 흐름을 원활하게 바꾸어주는 것이 건포마찰을 통한 교감신경계

단련인데, 지나치게 단련하면 혈관 반사가 과민해져서 심근경색이나 뇌출혈이 생길 수도 있으니 조심해야 합니다.

덧붙이자면 시체를 해부했을 때 교감신경계가 매우 발달한 사람이 있는가 하면 교감신경계의 존재조차 또렷하지 않은 사람도 있는데, 이 둘의 개인차는 아주 큰 것 같습니다.

[그림 II-2]를 다시 한 번 볼까요? 체벽동맥의 가지가 등심(등쪽 체간근)과 안심(배쪽 체간근)으로 갈라지는 곳에 혈관계를 지배하는 체간신경절(gt)이 찰싹 붙어 있습니다. 한편 내장동맥을 지배하는 복강신경절(gs)이 동맥의 가지 부위를 좌우에서 에워싸고 있습니다. 이를 복부 쪽에서 보면 [그림 II-3]이 됩니다.

먼저 등쪽대동맥(ad)을 따라 내장동맥의 가지가 나오는데, 가로막(횡격막) 바로 아래에 좌우로 갈라져 있는 ac가 복강동맥, 즉 위동맥이고, 복강동맥 바로 아래에서 위창자간막동맥(ams)이 나오고, ams는 작은창자(소장)로 가지가 나누어지며, 이보다 더 아래로 내려가면 아래창자간막동맥(ami)이 나와, ami가 큰창자(대장)에 혈액을 공급합니다. 위창자간막동맥(ams)과 아래창자간막동맥(ami) 사이에는 콩팥으로 향하는 콩팥동맥(ar)이 좌우대칭으로 나 있습니다. 이것이 복부 농맥계의 얼개인데, 동맥의 가지가 나누어지는 부위에 교감신경 덩어리가 겹겹이 모여 있습니다. 이 가운데 위로 가는 복강동맥을 좌우에서 커다란 덩어리가 에워싸고 있지요. [그림 II-3]에서 gs라고 표시했는데, 이것이 유명한 복강신경절로, 소화 흡수의 기능을 지탱하는, 혈액 흐름의 중요한 조절 중추입니다.

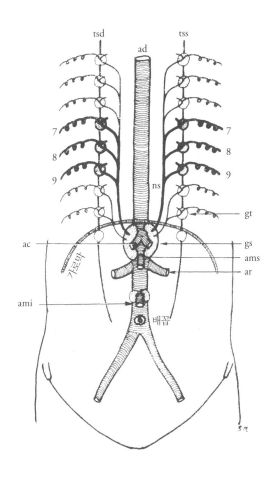

그림 II-3 앞에서 본 뒤쪽 배벽의 동맥과 교감신경계

등쪽대동맥(ad)에서 복강동맥(ac), 위창자간막동맥(ams), 좌우 콩팥동맥(ar), 아래창자간막
동맥(ami)이 갈라져 나온다. 좌우 교감신경줄기(tss, tsd)에서 나온 내장신경(ns)은 복강신
경절(gs)로 들어가서 내장동맥을 지배한다. 한편 체간신경절(gt)에서 나온 교감신경(7~9)
은 체벽동맥을 지배한다.

한편 그림 양쪽에 좌우대칭으로 마치 사다리처럼 이어져 있는 것이 체벽성의 교감신경계인데, 그림 가장 위에 tsd와 tss로 표시된 것이 좌우의 교감신경줄기입니다. 이 줄기는 갈비뼈와 일치하며 좌우에 하나씩 덩어리가 붙어 있습니다. 바로 gt라고 표시된 부위인데, 이는 교감신경줄기에 속한 체간신경절이지요. 흔히 체벽계의 교감신경절이라고 부르기도 합니다. 이 신경절이 내장계의 교감신경절과 협력해서 '감각-운동'이라는 동물적 기능과 '흡수-배설'이라는 식물적 기능을 조화롭게 꾸려갑니다. gt와 gs, 두 신경절의 적절한 균형이 바로 서양 의학에서 말하는 신체 조화의 기본 구조가 아닐까 싶습니다.

이런 관점에서 위로 가는 교감신경을 입체적으로 조망한 것이 [그림 II-4]입니다. [그림 II-2]에서는 좌우대칭으로 나누어 간략하게 나타냈지만, 이렇게 입체적으로 그려보면 굉장히 복잡해서, 오른쪽과 왼쪽을 구분하기도 어려울 정도로 심하게 변형되어 있습니다. 위의 생김새는 매끈한 관이 아닌 주머니가 크게 부풀어 있고, 게다가 정중앙에서 왼쪽으로 이동한 상태에서 전체 모양이 뒤틀려 있기 때문이지요. 요컨대 인체 기관 가운데 위와 창자 부위는 매우 복잡한 요인이 서로 얽혀 있어서 위주머니에 분포하는 혈관도 매우 복잡합니다. 실제로 의대생들은 위에 분포하는 혈관을 익히느라 아주 애를 먹습니다.

그런데 소화가 잘 되지 않아 속이 트릿하면, 위의 큰굽이 쪽이 아래로 처지면서 골반 선까지 내려갑니다. 위주머니가 깨어나는 시간은 사람마다 크게 다릅니다. 당연한 이야기지만, 시시각각

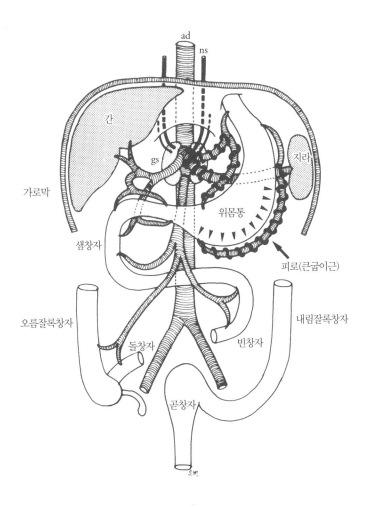

그림 II-4 복부 내장과 동맥계

등쪽대동맥(ad)에서 나온 복강동맥이 위, 지라, 위쪽 샘창자, 간에 분포하고, 그 아래 위창
자간막동맥이 아래쪽 샘창자, 빈창자, 돌창자, 오름잘록창자에 분포한다. 내장신경(ns)은
복강신경절(gs)을 거쳐, 위동맥을 지배한다.

달라지는 위주머니의 모양은 배 속에 있으니 알 수 없지요. 다만 확실한 것은 아침에 일어나서 위가 깨어나면 꿈틀운동이 시작됩니다. 꿈틀운동에 따라 기분 좋은 공복감을 느끼고 맛있게 아침 식사를 할 수 있습니다. 반대로 아침에 일어나서 세수를 해도 배가 고프지 않다면 위는 여전히 쿨쿨 자고 있다는 뜻입니다. 잠자고 있는 배 속에 음식이 들어오면, 반쯤 일어나서 '소화 작업을 좀 해볼까?' 하고 움직일 때도 있지만, 한낮까지 잠에 곯아떨어져서 소화 활동이 전혀 이루어지지 않을 때도 있습니다.

만약 일찍 일어나서 위가 말똥말똥 깨어 있다면, 음식물이 들어오는 순간 반사적으로 위주머니는 음식을 휘저어가며 뒤섞기 작업을 시작합니다. 대체로 오전 중에 두세 시간 동안 열심히 작업해서 음식을 조금씩 샘창자(십이지장)로 내려보냅니다. 그러니 점심때가 되면 배에서는 다시 꼬르륵 소리가 나고 우리는 식당으로 달려가게 되지요.

그런데 잠이 덜 깬 위주머니에는 음식이 가득 고인 채로 소화액이 흥건히 넘쳐서 이것이 골반 근처까지 내려갑니다. 이런 과소화 상태가 이어지면 반드시 만성 위염에 걸립니다. 그리고 곯아떨어진 위 속에 음식물이 가득 차서 이러지도 저러지도 못하는 상태가 바로 위처짐증입니다. [그림 II-4]는 위의 큰굽이에 분포하는 동맥의 교감신경을 거꾸로 이용해서 중추신경에 위처짐 증상을 전달하는 모양을 나타낸 그림입니다.

요컨대 위몸통에서 전달된 자극이 중추신경을 매개로, 이 자극이 체벽계의 교감신경을 통해 다시 등과 배의 근육으로 전해지는 셈이지요. 달리 말하면 위주머니의 근육 피로가 특정 체벽 근의 피로로 만천하에 드러난다고 볼 수 있습니다. 그 위치가 [그림 II-3]에 표시한 7, 8, 9에 해당합니다. 이는 처음에 소개한 [그림 II-1]의 제7등뼈, 제8등뼈, 제9등뼈 높이의 등과 배에서 나타나는 만성 근육 피로로 이어지는 것이고요.

평소 학생들을 진찰해보면, 명치 아래에 멍울이 있는, 즉 초대 회장님[4]께서 말씀하신 강아지 배처럼 축 늘어진 견복(犬腹) 유형은 어쩌면, 위주머니 안에 아침부터 밤까지 음식물이 가득 차서 언제 샘창자로 내려가는지 알 수 없는 이런 상태의 위를 가진, 요컨대 위가 약한 체질이 아닐까 싶습니다. 위에 항상 음식이 가득 차 있으면 단전호흡을 실천하는 데 방해가 되겠지요. 반대로 이른 아침부터 공복감을 느끼고, 점심식사와 저녁식사를 맛있게 하고 밤에는 충분히 휴식하는 건강한 식생활을 영위하는 사람의 배는 명치 부위가 몰랑몰랑해서 등쪽대동맥까지 잡힐 정도로 눌러보면 옴폭 들어가기 마련입니다. 단전호흡을 하기에 아주 이상적인 배라고 말할 수 있겠지요.

위가 약한 사람 가운데는 특히 늦게 자고 늦게 일어나는 올빼미족이 많은데, 아침에 가까스로 일어나더라도 몸은 여전히 잠에 취해서 눈이 흐리멍덩하고 학교에 지각하기 일쑤며, 더러 대낮까지도 몽롱한 상태로 지내다가 오후가 되면 점점 기운을 차리는 학생도 있습니다. 이런 유형의 학생들은 대체로 초등학교

---

4 조화도협회의 초대 회장인 후지타 레이사이.

에 다닐 때부터 아침 일찍 일어나는 일이 아주 힘들었다고 고백합니다. 최근 아침식사 거부나 등교 거부라는 단어를 심심찮게 듣는데, 어쩌면 이런 현상도 생체 리듬이 깨진 체질과 관련이 있지 않을까 싶습니다. 또 미국에서는 수면 시간이 몇 시간씩 늦어지는 증상을 'DSPS'[5]라고 부르고, 다양한 치료를 시도하고 있다고 합니다.

이야기가 조금 샛길로 빠졌는데요. 여하튼 제가 실감한 바에 따르면, 인간의 위주머니에 음식이 들어오면 바로 나가야 한다는 사실입니다. 즉 들문을 통해 들어온 음식은 바로 소화를 거친 다음 날문에서 샘창자로 나가야 한다는 것이지요. 들어온 것과 나가는 것은 마치 들숨과 날숨의 관계와 비슷합니다. 날숨이 제대로 작동하지 않을 때 어떻게 되느냐의 문제는 위로 들어온 음식이 샘창자로 내려가지 않을 때 생기는 문제와 동일합니다. 위주머니 안에 음식이 계속 고여 있는 상태는 기관지 천식으로 폐 안에 공기가 가득 차 있는 상태와 마찬가지입니다. 주야장천 들어오기만 하고, 제때 나가지 않으면 아무래도 우리 몸은 탈이 날 수밖에 없겠지요.

오늘 이야기는 호흡과는 직접적인 관계가 없는 소화기관의 문제였지만, 제 경험상 이런 주제도 한번쯤 논의해보고 싶어서 말씀을 드리게 되었고요.

마지막으로 인체의 참된 '조화'는 서양 의학의 창으로 보면

---

5   'DSPS'는 '지연성 수면 주기 증후군(delayed sleep phase syndrome)'의 약칭.

내장계와 체벽계, 이 두 기관계가 혈액을 주거니 받거니 서로 함께 나누면서, 혈액 스위치를 확실히 전환하는 데 있다고 말할 수 있습니다.

지금까지 경청해주셔서 감사합니다.

1980년 5월 25일.
도쿄문화회관에서 개최된 조화도협회 춘계대회에서의 강연 요지.

상복부의 구조와 기능에 대해서

1

지난 강연회[1]에서 '상허'를 살펴보면서 다음에는 '하실'에 관한 이야기를 하겠다고 예고 아닌 예고를 했는데, 그것은 거의 충동적으로 내뱉은 말에 지나지 않습니다. 오늘 강연 제목을 보면 알 수 있듯이, '하실'에 관해서는 지금 당장 머릿속에 떠오르는 참신한 이야깃거리가 없습니다.

    다만 제가 관심을 갖고 있는 상복부의 성립 과정과 관련하여, 다시 공부하는 동안에 하복부의 문제와도 비교가 되고, 또 후지타 레이사이[2] 선생이 강조한 '상허하실'과는 또 다른 의미에서 제 나름의 세계를 또렷이 새길 수 있었습니다. 오늘은 그 점을 말씀드리려고 합니다.

---

1   본문 71쪽에 실린 〈'상허'의 의학적 고찰에 관하여〉를 지칭.

2   후지타 레이사이: 본문 83쪽, 각주 4 참고.

인쇄물을 보면서 이야기를 들어주시길 바랍니다. 먼저 [그림 II-5]의 [A]를 보시지요. 시체를 해부하여 배를 가르면 대체로 그림과 같이 장기가 눈에 들어옵니다. [A]의 왼쪽 그림은 표면에 드러난 장기로, 중심에 위가 보이고, 위주머니의 오른쪽에 S라고 쓴 지라(비장)가 얼굴을 빼꼼 내밀고 있지요. 위주머니 왼쪽으로는 H라고 표시한 커다란 간이 있습니다. 실제로 간은 내장 가운데 가장 큰 장기입니다. 간 아래에는 쓸개가 배를 내밀고 있고, 간의 위쪽으로는 우산 덮개처럼 가로막이 덮여 있습니다. 위와 간 아래에 C라고 표시한 부위가 잘록창자(결장)인데, 큰창자(대장) 중에서도 특히 주름이 잡혀 있는 부위를 말합니다.

그림에 보이듯이 오름잘록창자(상행결장)에서 내림잘록창자(하행결장)를 잇는, 중간에 다리처럼 걸쳐진 부위가 가로잘록창자(횡행결장)로, 마치 위주머니를 떠받치듯이 가로놓여 있습니다.

이렇게 보면 상복부에 위치한 장기는 머리에 우산 모양의 덮개를 쓰고, 머리 아래 이마에 해당하는 가슴 뼈대에는 간, 위, 지라 그리고 그 아래에는 가로잘록창자가 얼굴을 내민 모양새임을 알 수 있습니다. 그런데 그림에서 가장 중요한 사실은 간, 위, 지라, 가로잘록창자의 공통점이 모두 '저장소'의 장기라는 점입니다. 이들 장기는 윗배, 즉 상복부에 빼곡히 모여 있습니다. 실제로 저는 이 그림을 그리면서 다시 한 번 그 공통점을 확인할 수 있었지요. '고인 물이 썩는다'는 속담이 있듯이, 흐르지 않고 고여 있으면 오염되기 쉽습니다. 요컨대 모여 있는 저장소에는 암이 잘 생깁니다. 다만 지라는 예외이지요. 이들 저장소 문제와

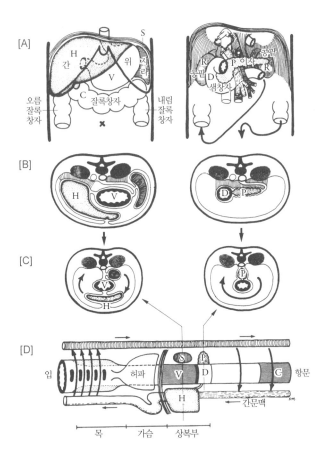

그림 II-5 상복부의 형태학

[A]는 상복부의 얕은 층(왼쪽)과 깊은 층(오른쪽)의 각 기관을 나타낸 그림이다. [B]는 위
몸통의 높이(왼쪽)와 샘창자의 높이(오른쪽)에서의 상복부 횡단면을 표시한 그림. 위(V)
오른쪽에 간(H), 왼쪽에 지라(S)가 위치하고, 샘창자(D), 이자(P), 콩팥(R)은 뒤쪽 배벽
에 위치한다. [C]는 본래 위 앞쪽에 간, 뒤쪽에 지라가 존재하고, 샘창자 뒤에 이자가 있었
던 모양을 나타낸 그림이다. [D]는 입에서 항문에 이르는 장관이 아가미장(허파는 아가미
장의 돌출), 위(V), 샘창자(D), 빈창자, 돌창자, 잘록창자(C)로 구성되고, 장관의 배쪽에 간
(H), 등쪽에 지라(S)와 이자(P)가 형성된 모양을 표시한 그림이다. 위주머니 위치에서의 횡
단면이 그림 [C]의 왼쪽, 샘창자 위치에서의 횡단면이 그림 [C]의 오른쪽 그림이다.

관련해서는 뒤에서 더 자세히 말씀드리기로 하겠습니다.

다시 그림으로 돌아와서 [A]의 오른쪽 그림은 간, 위, 지라, 가로잘록창자를 제외한 뒤쪽 배벽, 즉 후복벽(後腹壁)에 단단히 붙어 있는 장기를 나타낸 그림입니다. D라고 표시한 부위가 샘창자(십이지장)입니다. 샘창자에 머리를 처박고 있는 P가 이자(췌장)입니다. 말하자면 이자를 감싸 안은 샘창자 부위가 따로 떨어지지 않게 후복벽에 찰싹 붙어 있습니다. 다른 소화관, 예를 들어 위나 작은창자, 큰창자는 모두 '간막(間膜)'에 매달려 있어서, 이 간막을 떼어내면 쉽게 떨어집니다. 간막이라고 하는 것은 그림 [B]와 [C]에 나타냈듯이, 체강 속의 내장을 뒤쪽 체벽에 연결하는 막(膜)과 같은 모양의 부위를 말합니다. 이는 내장을 감싸는 얇은 장막(漿膜)이 체벽의 안쪽으로 이행하기까지의, 횡단면에서 말하면 지협에 해당하는 부분입니다. 포유동물에서는 체강이 가로막을 매개로 흉강과 복강으로 구분되는데, 소화기관이 있는 복강의 경우, 이 장막을 특히 '복막'이라고 부릅니다. 그리고 이 복막을 체벽 쪽은 벽쪽 복막, 내장 쪽은 장쪽 복막으로 구분하는데, 이렇게 해서 장쪽과 벽쪽 사이에 있는 장막이 간막을 형성하는 것이지요. 다만 조금 전에도 말씀드렸듯이 샘창자 부위는 뒤쪽 체벽에 찰싹 붙어 있어서 떨어지지 않습니다. 이와 같은 상황이 [B]의 오른쪽 그림에 표시되어 있습니다. 샘창자인 D 위에 가느다란 선이 빽빽하게 그어져 있는데, 이 부분이 바로 체벽에 붙어 있는 모습을 나타낸 표시입니다.

이 밖에도 [A] 오른쪽 그림의 양쪽에 R이라고 표시한 부분이 콩팥으로, 콩팥 바로 위에 고깔모자처럼 생긴 부위가 곁콩팥 즉 부신(副腎)입니다. [B]의 오른쪽 그림에서도 알 수 있듯이, 콩팥은 뒤쪽 배벽에 완전히 파묻혀 있습니다. 또한 콩팥이 간막을 만들어서 장관처럼 흔들흔들 움직일 때가 있는데, 이를 '콩팥처짐증'이라고 말합니다.

[A]의 오른쪽 그림을 보면, 양쪽 가장자리에 세로선이 촘촘하게 그어져 있는데, 이것이 가로막 근육입니다. 가로막 근육이 수축하면 윗부분이 내려가면서 흉강이 벌어집니다. 가로막 사이에서 들문이 살짝 얼굴을 내밀고 있고, 대동맥과 대정맥도 통과하고 있지요.

그런데 저는 소화관을 설명할 때 반드시 그림 [D]를 그립니다. [D]는 동물이 네발로 기는 모습을 옆에서 본 그림인데, 이 그림에서는 장관을 하나의 토관처럼 그립니다. 왼쪽 끝이 입이고, 오른쪽 끝이 항문입니다. 등쪽에서는 대동맥이 흐르고 있고요. 토관의 배쪽인 H는 간인데, 간으로 들어간 간문맥이 간을 빠져나온 다음, 가로막을 지나 심장이 되고 이 심장에서 한 번 모양을 비틀어서 앞으로 쭉쭉 나아가 어류의 경우 아가미의 혈관이 되어 등쪽의 대동맥으로 흘러들이 갑니다. 이처럼 혈액은 소화관 주위를 빙글빙글 맴돌면서 흘러갑니다. 소화관과 혈액은 떼려야 뗄 수 없는 관계이지요. [D]는 이런 끈적끈적한 관계를 나타낸 그림이고요.

먼저 [D] 그림 앞쪽에 아가미구멍이 그려져 있습니다. 아가미구멍이 나 있는 부위를 아가미장이라고 부르지요. 어류는 아가미를 통해 호흡하는데, 진화해서 육상으로 올라오면 아가미 구멍이 사라지고, 끝부분이 부풀어 올라서 허파가 생깁니다. 이 때 [D] 그림에서 아가미구멍 테두리의 점선 부분이 퇴화하여 가늘어지면 목이 생깁니다. 따라서 물고기는 목을 찾아볼 수 없지요. 목은 아가미가 퇴화해서 생긴 것이니까요. 이 아가미장에서 뒤로 이어지는 소화관이 가로막을 통과한 지점에 위가 자리 잡고, 그다음 D는 샘창자로 위와 샘창자 사이가 날문이지요. 지라 (S)는 위의 등쪽에 생긴 장기이고, 반면에 간(H)은 샘창자 배쪽에 생긴 장기로, 대개 위주머니 바로 아래에 위치하고 있습니다. 한편 이자(P)는 샘창자의 등쪽에 있는데, 결과적으로 위주머니에서부터 샘창자에 걸쳐 장관의 등쪽에는 지라와 이자가 만들어지고, 배쪽에는 간이 만들어지는 셈이지요.

그림 [C]는 바로 이런 원시적인 형태를 가로로 둥글게 자른 단면입니다. 왼쪽 그림을 보면 배쪽에 간(H)이 있고, 그 위에 위주머니가 있으며, 위주머니의 간막, 즉 위간막의 왼쪽이 부풀어 올라서 그 안에 지라가 에워싸여 있습니다. 오른쪽 그림에서는 샘창자가 보이지요. 이 샘창자의 등벽에서 이자가 부풀어 올라 있고, 이것이 전체적으로 간막에 둘러싸여 있습니다. 그림 [C]와 [D]에 그린 모양이 상복부 기관의 본래 배열인데, 실제로는 그림 [C]에서 화살표로 나타냈듯이, 위쪽에서 보면 관이 시계 방향으로 90도 회전하기 때문에 위주머니의 등쪽에 위치한 지라가 왼쪽으로, 위주머니의 배쪽에 위치한 간이 오른쪽으로 이동하게 됩니다. 그리고 샘창자의 등쪽에 위치한 이자가 가로로 드러누우면서 샘창자의 오른쪽에 달라붙어 뒤쪽 배벽에 밀착하는 것이지요.

보통 그림 [A]의 상태를 공부하는 것을 국소 해부학이라고 말합니다. 달리 표현하면, 있는 그대로의 현재 모습을 해부해서 각각의 장기가 어떠한지를 연구하는 것이지요.

반면에 본래의 모습, 즉 그림 [D]가 변형되면서 마지막 형태를 이루기까지의 과정을 좇아가는 학문이 제가 연구하는 형태학입니다. 요컨대 형태학은 인체 계통의 '성립 과정'을 연구하는 학문이지요.

현대 해부학에서는 그림 [A]를 달달 통째로 암기하는 일에 주안점을 두지만, 인체의 본질을 꿰뚫기 위해서는 역시 그림 [B]와 그림 [C]에서부터 마지막 그림 [D]까지 거슬러 올라갈 필요가 있지 않을까요?

지금까지 소화관이 꼬이면서 나타나는 변형 현상을 소개했는데, 처음에 말씀드린 상복부에 집중된 '저장소' 문제, 그중에서도 똥주머니의 대부분을 차지하는 가로잘록창자가 위주머니 바로 아래에 위치한다는 문제는 소화관의 뒤틀림 현상을 도외시한채 생각할 수 없습니다.

특히 단전호흡[3]에서는 저장소의 중심인 상복부의 리드미컬한 마사지가 단전호흡의 핵심을 이룬다고 보는데, 이와 같은 위와 큰창자의 접근 모양새와 관련해 여기에서는 비교해부([그림 II-6])

---

3   단전호흡 건강법: 본문 72쪽, 각주 2 참고.

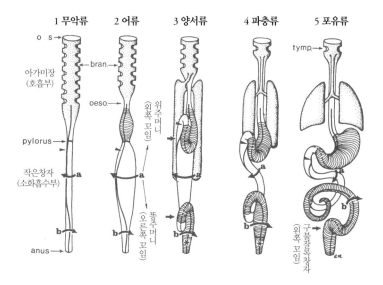

그림 II-6 장관의 비교해부

입(os)-항문(anus)의 양끝에서 고정시킨 하나의 관을 a, b 두 지점에서 걸레를 비틀어 짜듯이 축을 중심으로 비틀어 회전시켜 장관의 형성을 설명하고자 시도한 모식도. 이때 위주머니는 왼쪽 꼬임으로, 똥주머니인 큰창자는 오른쪽 꼬임으로 비틀어진다.

✱는 방광을 나타내고, 날문(pylorus) 아래의 화살표는 담관(膽管)이 열리는 각각의 부분을 나타낸 표시. 아가미구멍(bran.)의 앞부분이 귀관(tymp.)이 되어 남는다. 아가미장(인두)과 위를 연결하는 관을 식도(oeso.), 잘록창자 아래 부위를 구불잘록 창자라고 한다. 구불잘록 창자는 왼쪽 꼬임으로 비틀어진다.

만 제시하고, 구체적인 설명은 다음 2회에 이어서 하겠습니다. 아울러 생물의 몸에서 볼 수 있는 저장소의 의미도 함께 생각해 보려고 합니다.

2

그럼 이번에는 '저장소' 문제를 살펴보겠습니다. 일반적으로 생물이라는 존재는 외부로부터 흡수하고 내부에서 생긴 노폐물을 배설하는 특징이 있지요.

이는 식물이나 동물 모두 아메바 시절부터 공유해온 특징입니다. 이때 외부에서 유입된 물질이 세포의 원형질로 들어가 그 안에서 가공된 다음, 다시 밖으로 나가는 흐름이 시냇물의 흐름처럼 끊임없이 정체되지 않고 흘러가는 상태, 이것이 세포 생명의 필수 조건이지요. 여기에 조금이라도 정체되면 앞서 말씀드렸듯이, '고인 물이 썩는다'는 속담처럼 문제가 생깁니다. 그런데 동물의 몸에는 고여 있는 부분이 많습니다. 반면에 식물의 몸은 정체된 부분 없이 뻥 뚫려 있습니다. 이것이 식물과 동물의 근본적인 차이지요.

이 문제를 간단히 말씀드리면 식물은 우주와 한 몸을 이루고 있습니다. 식물 몸의 연장선이 바로 우주 그 자체이지요. 하지만 동물은 자신의 몸속에 우주를 숨겨놓고 있습니다. 이른바 소우주를 동물 몸속에 끌어안고 있기 때문에 우주로부터 약간 떨어져 있는 셈이지요. 달리 표현하면 자연에 대해서 자폐적이라고 할까요. 식물은 우주와 일심동체이므로 쌓아두거나 저장해둘 필요가 없습니다. 그런데 동물은 자연에서 독립했기 때문에 추운 겨울날을 대비해서 몸속에 식량을 비축해두어야 하는 것이고요. 잔뜩 쟁여 놓는 행동은 어쩌면 동물의 업보인지도 모릅니다.

그럼 이번에는 [그림 II-7]을 살펴볼까요? 가장 원시적인 저장 형태가 그림 [I]에 등장합니다. [I]은 히드라라는 동물을 가로누인 그림입니다. 몸 바닥이 해저에 붙어 있는 동물은 히드라이고, 반대로 몸 바닥이 위로 올라오고 입이 아래로 향하며 바닷속을 유유히 떠다니는 동물은 해파리입니다. 히드라와 해파리는 가장 원시적인 동물에 속하지요.

그림의 화살표에서도 알 수 있듯이 외부에서 들어와 역시 같은 장소로 나가는 쌍방통행입니다. 이처럼 잠시 동안 후미진 내부에 저장해둡니다. 이 후미진 내벽에는 소화 세포와 흡수 세포가 있습니다. 몸 안으로 들어온 먹이를 소화 세포가 소화액을 방출해서 소화시키고, 흡수 세포가 소화된 영양소를 흡수합니다. 즉 내부에 비축하는 동안 소화와 흡수의 작업이 진행되는 셈이지요.

이 과정이 그림 [II]로 가면 일방통행으로 바뀌는 모습을 볼 수 있습니다. [II]에 해당하는 생물은 무척추동물인 연체동물인데, 연체동물의 경우 몸 바닥이 뚫리면서 입과 항문이 생깁니다. 소화관이 개통할 때 그 중간에 샛길이 생기는데 이를 맹낭간(盲囊肝)이라고 부릅니다. 즉 입에서 항문으로 가는 도중에 맹낭이라는 간에 들렀다가 나가는 것이지요. 머무르는 동안 소화와 흡수를 마친 다음 밖으로 빠져나갑니다. 이것이 무척추동물의 간입니다.

다음 그림 [III]을 보면 가장 원시적인 척추동물인 창고기입니다. 그림을 보면 입에서 항문으로 가는 화살표의 연장선에 간문

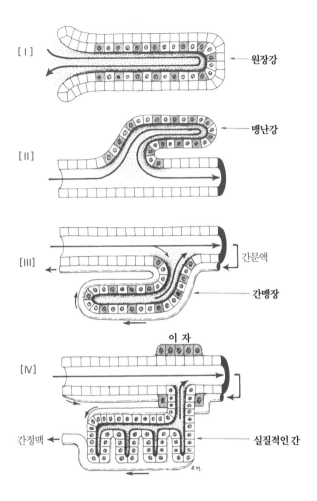

[I]   → 원장강

[II]   → 맹난강

[III] 간문액
         → 간맹장

이 자

[IV]

간정맥 ←   → 실질적인 간

B.M.

그림 II-7 간의 비교해부

원장동물이 몸 전체를 이용해 만든 영양의 '저장소'가 최종적으로 척추동물의 간으로 자리
잡아가는 과정을 헤아려볼 수 있다. '저장소'가 갖춘 소화와 흡수의 쌍극적인 기능이 점차
이자 세포와 간세포의 분화로 드러나고, 장관의 등쪽과 배쪽으로 각각 거처를 구분해서 응
집한다. 빗금 부분은 소화 세포를 나타낸다.

맥이라는 소화관 정맥이 있습니다. 결과적으로 장에서 흡수된 영양물이 간문맥으로 들어와서 간맹장(肝盲腸)을 뱅그르르 도는 동안 여기에서 영양물이 흡수되는 것이지요. 그림 [II]와 그림 [IV] 중간 형태를 띠고 있습니다.

마지막 [IV]가 일반적인 척추동물을 나타낸 그림입니다. 여기에서는 소화 전문 세포가 등쪽에 이자가 되어 옹기종기 모여 있습니다. 간은 흡수 전문으로 변신했지요. 즉 소화와 흡수의 분업 작업이 생겨났습니다. 그림에서도 알 수 있듯이, 샘창자를 사이에 두고 등쪽으로는 소화 담당인 이자, 배쪽으로는 흡수 담당인 간이 자리 잡았지요. 바로 이 간이 동물의 저장 장소에 해당합니다. 따라서 간은 그림 [I]에 등장했던 히드라의 후미진 내부에서 유래한, 저장소의 근원이라는 사실을 충분히 이해할 수 있으리라 여겨집니다.

그럼 [그림 II-8]로 넘어가 볼까요? 그림의 제목은 '머리로 향하는 저장소'입니다. 먼저 첫 번째 그림 [1]은 원구류(圓口類)인 칠성장어입니다. 이 칠성장어의 저장소는 간뿐이지요. 그러니까 칠성장어는 위주머니가 없는 동물입니다. 입으로 먹이가 들어오면 장관 속을 흘러 들어가 마지막에는 항문에서 배설물이 되어 밖으로 나갑니다. 간단하게 말하면 끊임없이 들어왔다가 쉴 새 없이 나가는 재미없는 상황이지요. 주로 식물적인 생활을 영위하는 가운데, 간이라는 저장소가 있어서 먹을 것이 있을 때는 저장하고, 먹을 것이 없을 때는 간에서 방출하는 최초의 동물적인 생활방식을 엿볼 수 있습니다.

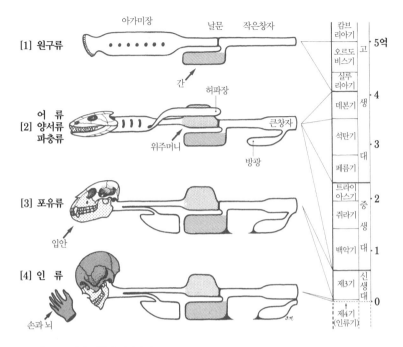

그림 II-8 머리로 향하는 '저장소'

영양분의 저장소를 하천의 댐에 비유하면, 종족발생의 흐름 속에서 댐의 제방이 간의 상류
에서 위, 입안, 손 등등 단계적으로 만들어지는 정황이 뚜렷해진다. 이들 과정에 지질 시대
의 장대한 규모를 포개면 인류의 손과 뇌를 통한 식량 저장 현상은 획기적인 대사건으로 떠
오른다.

    다음 두 번째 그림에는 어류, 양서류, 파충류가 이어집니다.
턱이 생기면서 입으로 통째로 삼켜 먹이를 잡아먹습니다. 가만
히 관찰해보면 물고기, 개구리, 비단뱀은 모두 한입에 먹잇감을
꿀꺽 삼키지요. 먹이를 통째로 삼키는 조류도 파충류의 친척입
니다. 커다란 비단뱀이 말 한 마리를 잡아먹으면 3개월 정도 몸
속에 비축해두고 위에서 소화를 시킵니다. 일차적으로 위주머니

에 저장하고, 조금씩 끄집어내면서 이차적으로 간에 쟁여두는 방식이지요.

한편 포유류에 이르면 입안에도 음식물을 저장해둘 수 있습니다. 아이들은 엄마 몰래 두 볼이 빵빵하게 부풀어 오를 정도로 사탕을 입에 쑤셔 넣기도 하지요. 입 다음은 위주머니에, 마지막은 간에 저장해둡니다. 이처럼 저장 장소가 조금씩 머리 쪽으로 나아가게 됩니다.

마침내 그림 [4]의 인류에 이르면, 발달한 뇌와 손을 이용해서 몸 밖에도 저장할 수 있게 되지요. 이것이 농경과 목축의 시작인데, 농사를 짓고 가축을 기르는 일이 곡물의 저장과 식육의 냉동 보존으로 이어집니다. 그리고 이것이 근대 사회에 이르면 더는 먹을거리가 아닌 지폐로 비축되고요. 오늘날 저장소의 종착지라고 하면 은행의 금고가 되지 않을까요?

그런데 쌓아두면 둘수록 부패합니다. 예컨대 간의 흐름이 나빠지면 결국 간경화에 걸리고 맙니다. 영양분을 간에 저장하더라도 항상 시냇물처럼 졸졸 흐르게 해야 하는 것이지요.

한밤중에 마치 걸신들린 듯이 먹어 치우고, 배 속에 음식물이 가득한 채 잠자리에 들면 밤새 위주머니에는 음식물이 쌓여 썩기 마련이지요. 이런 일상이 이어지면 만성 위염에 걸립니다. 위 점막의 연장선이 바로 혀입니다. 혀가 새하얗게 변했을 때는 점막의 신진대사가 정체되어 있다는 증거입니다. 입안에서는 아주 고약한 냄새가 나고요. 이때 진찰을 해보면 위벽이 빵빵하게 부풀어 있습니다. 한편 일주일에 배변 횟수가 단 한 번에 그친다면, 잘록창자 안에는 딱딱하고 오래된 변이 쌓이겠지요. 이렇듯 저장 장소에 지나치게 많은 것이 쌓이다 보면, 고인 물이 부패하는 자연의 이치에 따라 결국 암이 생길지도 모릅니다. 여하튼 저장 창고가 상복부에 오밀조밀 모여 있다는 것이 새삼 놀랍기도 합니다.

그런데 정체 부위를 마사지해주면 배벽을 매개로 장관이 바짝 정신을 차리고 꿈틀운동을 시작합니다. 따라서 상복부의 단전호흡 운동은 내장의 정체를 해소해주는 이상적인 방법이라고 말할 수 있겠지요.

그렇다면 배꼽 아래는 어떻게 될까요? 아랫배, 즉 하복부에는 빈창자와 돌창자가 있습니다. 이들 작은창자는 꽤 기나긴 여정을 펼칩니다. 실제 작은창자의 길이는 10미터에 가까운데, 쪼그라들면 길이가 반 정도 줄어듭니다. 빈창자와 돌창자 안에는 음식물이 쌓이지 않고 유유히 흘러갈 따름입니다. 앞으로 나아가는 동안 소화가 더욱 촉진되고, 조금씩 간문맥으로 흡수되어 영양분이 간까지 무사히 운반되지요. 이렇게 배꼽 아래 빈창자와 돌창자에서는 장관의 내용물이 항상 흘러가게 해야 합니다.

요컨대 음식물이 끊임없이 이동하는 작업이 바로 '하실(下實)'을 뜻하지 않을까요?

위와 큰창자가 모인 상복부는 항상 비어 있어야 하고, 대신 하복부에 속하는 빈창자와 돌창자는 일정한 흐름을 유지하는 것이 바람직합니다. 이런 상태가 소화관의 이상향으로 가장 바람직한 모습입니다. 결과적으로 '상허와 하실'의 쌍극을 이룬다고 여겨지는데, 이는 어디까지나 저만의 생각이니까 그저 편하게 들어주셨으면 합니다.

자, 그럼 정리해볼까요? 동물은 식물과 달리 먹을거리가 생겼을 때 음식물을 비축해둡니다. 입에서 항문에 이르는 곳곳이 저장 창고가 되지요. 그런데 저장소가 있는 곳에는 질병이 생기기 쉽습니다. 허파를 보더라도 기도(氣道)의 일부가 부풀어 올라 있으니까 여기에서도 정체되기 쉽습니다. 위에 음식물이 쌓이듯이, 허파에 쌓인 공기가 말끔하게 빠져나와야 합니다. 바로 날숨이 중요한 이유입니다. 요컨대 허파도 산소가 모이는 저장소인 셈이지요.

그리고 앞서 말씀드린 위와 잘록창자의 정체 문제인데, 이들 장기는 암이 빈번하게 생기는 부위입니다. 참 깜빡했는데, 입안에는 혀암과 위턱암이 있습니다.

말하자면 무엇인가가 고여 있는 곳에 암이 생기는 것은 식물과 다른 동물의 업보가 아닐까 싶습니다. 아울러 정체 부분이 상복부에 모여 있다는 사실은 오늘 강의의 결론입니다.

1981년 6월 14일,
도쿄문화회관에서 개최된 조화도협회 춘계대회에서의 강연 요지.

아가미 호흡에서 허파 호흡을 향한 역사

1

방금 소개해주신 대로, 도쿄예술대학교에서 학생들을 가르치고 있는 미키 시게오입니다. 얼마 전 아키하바라(秋葉原) 강연회에서 아가미 호흡과 허파 호흡에 관해 이야기했는데, 방대한 범위의 주제를 짧은 시간에 이것저것 말씀드리느라 별로 도움도 되지 못하고 귀한 실습 시간까지 뺏은 것 같아 죄송하기 그지없습니다.

그때 동물의 몸에는 두 종류의 근육이 있다는 사실을 말씀드렸지요. 하나는 동물성 근육이고, 또 하나는 식물성 근육입니다. 동물성 근육은 팔다리를 움직이거나 몸통을 움직이는 근육으로, 말하자면 먹잇감을 향해 돌진하거나 적을 피해서 도망칠 때 사용하는 근육이지요. 또한 개체 운동에 관여하는 근육으로, 마트의 정육 코너에서 흔히 볼 수 있는 고기 부위이기도 합니다. 반면 식물성 근육은 내장을 뜻하는데, 근육이 모두 관(管)으로 되어 있지요. 그 관의 꿈틀운동을 관장하는 힘줄을 식물성 근육이라고 합니다. 특히 발달한 부위가 심장 근육, 자궁 근육, 위 근육으로 이들 식물성 근육은 꼬치구이 집에서 내장 구이로 팔리고 있습니다. 음식점에서 이런 특수 부위를 드셔본 분은 아시겠지만, 등심이나 안심보다는 맛이 좀 떨어집니다. 하지만 성능 면에서 지칠 줄 모르는 지구력, 평생토록 쉬지 않고 줄곧 움직여도 전혀 약해지지 않는 특징을 갖고 있지요.

인간의 심장을 보더라도 임신 1, 2주차의 태아 때부터 엄마 배속에서 지내는 동안, 그리고 세상에 나온 뒤에는 100년 이상 움직이더라도 하루, 아니 한순간도 쉬지 않습니다. 대신 식물성 근육은 굉장히 둔하고 느려서 순발력이 한참 모자랍니다. 반대로 인체의 개체 운동을 담당하는 동물성 근육은 쉽게 지치지요. 정확한 24시간의 리듬으로 지구와 태양의 상보적 리듬, 휴식과 활동의 파동을 그립니다. 동물성 근육은 굉장히 민첩하고 순발력이 뛰어납니다. 민첩함은 식물성 근육과 비교도 되지 않지요.

당연한 이야기지만, 호흡 운동도 밤이나 낮이나 쉬지 않고 이어집니다. 심장처럼 평생 쉬지 않고 일해야 합니다. 따라서 호흡과 관련된 근육은 식물성 근육이어야겠지요. 만약 호흡 운동을 동물성 근육이 맡는다면 쉽게 지쳐버리니까 큰일 나겠지요.

그런 의미에서 물고기의 아가미 호흡은 소화관인 장관, 그 장관의 끝부분이 아가미로 만들어져 있습니다. 따라서 아가미 근육은 식물성 근육입니다.

아가미 호흡이 얼마나 끈기 있고 규칙적인 운동을 하느냐는,

우에노(上野) 동물원 수족관'에 가보면 바로 알 수 있습니다. 수족관 입구에 있는 커다란 수조에서 헤엄치는 상어를 자세히 관찰해보면, 목덜미 옆으로 아가미구멍이 다섯 개쯤 뚫려 있습니다. 상어의 아가미구멍은 매우 규칙적이고 힘차게 움직이지요. 마치 심장 박동이라고 착각할 정도로 휴식을 모릅니다. 아주 드물게 한 번 정도 움직임을 멈추면 긴급사태라도 발생한 것 같을 정도로 아가미 운동은 쉼 없이 정확하게 움직이고 있습니다.

그런데 지금으로부터 3억 년 전, 고생대 말에 동물이 상륙을 감행함으로써 호흡기관에 일대 혁명이 일어났습니다. 즉 아가미 호흡에서 허파 호흡으로 바뀐 것이지요. 그리고 허파 표면에는 식물성 근육이 완전히 사라집니다. 기관지 끄트머리에 희미하게 식물성 근육이 남아 있을 뿐, 허파를 조이는 운동은 더는 식물성 근육이 아닌, 우리의 몸을 만드는 가슴 근육이나 복부 근육, 즉 동물성 근육으로 탈바꿈해야 했지요.

이때부터 육상동물은 호흡을 위한 투쟁을 시작했다는 사실은 전에 말씀드린 그대로입니다. 말하자면 오늘날에도 인간이 아가미 호흡을 한다면, 건강한 호흡법을 위한 이런 모임 따위도 필요 없었겠지요.

---

1 예전에는 일본 우에노 동물원 수족관에 바닷물고기(해수어)도 전시되어 있었지만, 1989년 바닷물고기 전문 수족관인 가사이(葛西) 임해 수족관이 새로 개관하면서 현재 우에노 동물원 수족관에서는 민물고기(담수어)만 구경할 수 있다.

오늘은 단전호흡[2]을 순환기 계통 관점에서 생각해보려고 합니다. 한편으로는 허파의 호흡 운동을 하면서 또 한편으로는 복부 전체를 하나의 심장으로 움직이게 하는 단전호흡은 무라키 히로마사[3] 선생이 집필한 책에도 나오고, 또 시미즈 요조[4] 선생이 쓴 〈기계공학에서 본 인체 구조〉라는 논문에도 등장합니다.

인간의 몸에는 세 개의 심장이 있는데 하나는 장기로서의 심장, 또 하나는 가로막, 마지막 하나는 근육입니다. 보통 의대 생리학 수업에서 말하는 순환기관이란 심장과 동맥, 정맥에 그칩니다. 일차적인 심장 외에도 제2, 제3의 심장이 있다는 사실은 정통파 교과서에 실려 있지 않지요. 하지만 단전호흡의 세계에서 순환기 계통을 살펴보면, 세 가지 심장이라는 관점은 척추동물 형태학의 진수를 정확하게 꿰뚫는 표현이라고 말할 수 있습니다.

우리는 외부에서 영양분을 받아들이고 흡수한 다음, 몸속에 생긴 노폐물을 밖으로 배출합니다. 이렇게 들어가고 나가는 쌍의 관점도 이전 시간에 말씀드렸지요.

영국의 경제학자인 존 메이너드 케인스(John Maynard Keynes, 1883~1946)가 확립한 케인스 경제학에서는 어떻게 하면 저축을

---

2 단전호흡 건강법: 본문 72쪽, 각주 2 참고.

3 무라키 히로마사: 본문 71쪽, 각주 1 참고.

4 시즈미 요조(清水洋三), 당시 이스즈자동차 부사장이자 조화도협회 부회장.

늘릴 것인지가 주요 논점이 되는데, 경제학부에 다니는 4년 동안 이를 철저하게 배운다고 합니다. 그런데 저축 증대법은 가르쳐주어도 어떻게 지출할 것인지는 가르쳐주지 않는다고 해요. 탐욕에 사로잡힌 인간은 평생토록 비축을 모색하지만 지출은 생각하지 않습니다. 이는 유럽의 칼로리 학설, 즉 몇 칼로리를 섭취하느냐만 생각하고 몸속에 대변이나 소변이 넘쳐서 어떻게 되더라도 상관없다는 것과 같은 심보가 아닐까요. 우리 몸은 열 개가 들어오면, 열 개가 나가야 합니다. 그런데 유럽의 열량 학설에는 입출 관점에서 보자면 명명백백 절반이 빠져 있지요. 그만큼 유럽인과 동양인의 식사 조건은 많이 다른 듯합니다.

여하튼 들어가고 나가는 쌍방향의 세계에서 보자면, 또 하나의 경로, 즉 산소를 받아들이고 이산화탄소를 내뱉는 순환의 문제도 생각해볼 수 있습니다. 요컨대 영양, 호흡, 배출이라는 세 가지 기능을 효율적으로 결부함으로써 순환계가 존재합니다. 순환 시스템이 존재하지 않으면 아무런 기능도 작동하지 않습니다. 본래 심장이라는 것은 물고기의 아가미에 피를 보내기 위해 생겨난 부위입니다. 바로 아가미에 첫 번째 심장이 생겨난 셈이지요.

두 번째 심장은 호흡한 영양분을 몸 전체, 즉 아가미 심장의 도움을 빌려서 주로 뇌나 근육으로 보내기 위한 영양소의 심장, 단전호흡에서 말하는 배 심장이 생겨났습니다. 배 속을 하나의 스펀지로 가정하고, 그 스펀지를 꽉 짜내주지요. 단전호흡은 심장의 박동 운동에 비유할 수 있습니다. 요컨대 복강을 거대한 하나의 심장으로 삼은 박동 운동에 비유할 수도 있겠지요.

그럼 세 번째 심장인 근육을 알아볼까요? 이는 배설 운동과 관련된 것으로, 근육에서 질소 대사산물과 이산화탄소가 생겨납니다. 근육에서 생성된 부산물을 심장을 거쳐 콩팥으로 보내줍니다. 혹은 허파장으로 보내주지요. 즉 근육에서 심장까지 노폐물을 운반함으로써 모든 개체 운동이 가능해집니다. 마라톤을 하거나 체조를 하거나 또는 춤을 추거나 몸을 움직임으로써 근육에서 생겨난 노폐물을 심장까지 운반합니다. 이것이 세 번째 심장, 즉 펌프 활동이지요.

이처럼 몸을 움직이는 일과 복식호흡, 심장 활동, 이 세 가지의 움직임이 제구실을 한다면 인체는 막힘없이 돌아가기 마련입니다. 달리 표현하면 첫 번째 심장, 두 번째 심장, 세 번째 심장은 이렇듯 보기 좋게 생리학적으로 충분히 설명할 수 있습니다.

한편 어류는 굉장히 효율적으로 세 가지 활동을 척척 해냅니다. 구체적으로 설명하면 개체 운동으로써 꼬리를 움직이는 하나의 작업을 통해 이루어집니다. 하늘의 조합이라고 할까요. 훌륭한 개체의 기능이지요. 그러니 한쪽에서는 심장의 피를 아가미로 보내주기만 하면 됩니다. 아가미 운동은 식물성 근육으로 완벽하게 해내고 있고요. 어류의 개체 시스템을 살펴보면, 어디를 관찰하더라도 흠잡을 데 없이 완벽합니다. 살랑살랑 꼬리를 흔들며 헤엄만 치면 모든 일이 해결됩니다. 이런 물고기가 육지로 올라오면서 개체 운동과 호흡을 두루 해내야 했는데, 바로 여기에서 모든 문제가 생겨났다고 볼 수 있겠지요.

그럼 이번에는 [그림 II-9]를 보면서 첫 번째 심장, 두 번째 심장, 세 번째 심장에 관해 설명하겠습니다. 우선 그림에 등장하는 장관이란 소화관을 뜻합니다. 소화관 앞부분에 구멍이 쭉 나열된 부위가 물고기의 아가미 부분이지요. 이 아가미에서 먹이의 영양이 흡수됩니다. 그다음 장관 위에 동물성 기관을 대표하는 장소로 신경관(뇌, 척수)이 있습니다. 신경관과 그 주위의 근육에는 충분한 영양분이 필요합니다. 또한 산소도 많이 필요하겠지요. 그리고 이산화탄소와 요소를 대량으로 배출합니다. 그림을 보면 간과 콩팥도 있습니다. 간은 장관 아래를 흐르는 정맥을 매개로 장에서 흡수된 영양분을 모두 흡수합니다. 이 영양물질이 간이라는 관문을 통과하면 몸에 해로운 물질이 걸러져 비로소 피가 되고 살이 되는 알토란 같은 영양만 남는 셈이지요. 그리고 이 유효한 영양물질이 심장에 도착합니다. 심장은 호흡기인 아가미에 혈액을 보내는 하나의 펌프입니다. 이 펌프를 매개로 가스 교환이 이루어져 산소를 받아들이고, 산소와 영양을 가득 실은 동맥피가 대동맥으로 뿜어 나갑니다. 대동맥은 중요한 혈액의 원천으로, 동맥피가 동물성 기관을 토실토실 살찌웁니다. 즉 근육이나 뇌신경을 키우는 것이지요. 이렇게 해서 우리 몸을 움직이고 두뇌를 회전시킬 수 있는데, 여기에서 다시 정맥피가 되돌아옵니다. 정맥피는 노폐물과 이산화탄소, 말하자면 유해한 물질을 가득 싣고 다시 하나의 굵은 정맥으로 모입니다. 그리고

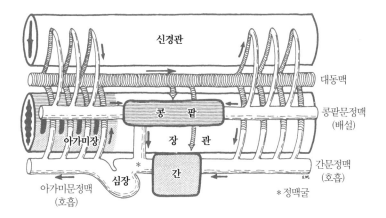

그림 II-9 세 가지의 문정맥

척추동물의 혈관계는 간으로 들어가는 흡수성 정맥, 콩팥으로 들어가는 배설성 정맥, 아가
미장으로 들어가는 호흡성 정맥, 이 세 가지의 기둥을 버팀목으로 삼는다. 세 가지 모두 문
정맥에 해당하는데, 심장이란 호흡성 정맥의 문맥심장이다.

이 정맥피가 콩팥의 정수장을 통과해서 깨끗해지고, 간을 통과
한 피와 합쳐져서 정맥굴에 모입니다. 심장의 입구인 정맥굴은
매우 중요한 장소이지요. 인간의 경우, 그림처럼 정맥피가 직접
콩팥으로 들어가지는 않습니다. 새로 콩팥동맥이라는 동맥이 생
겨나서 이 콩팥동맥이 대신 움직이는데, 원시 척추동물이나 태
아를 계통적으로 해부하면 콩팥으로 직접 유입되는 형태를 관찰
할 수 있습니다.

　그림을 통해 알 수 있듯이 간이 입구의 관문이라면, 콩팥은 출
구의 관문이지요. 요컨대 간과 콩팥이라는 출입 검문소가 우리
몸을 든든하게 지켜주는 것입니다.

여기에서 중요한 사실은 정맥의 경우, 심장의 펌프질에서 멀리 떨어져 있어서 율동적인 수축 운동인 박동이 없다는 점입니다. 즉 정맥에는 압력이 가해지지 않습니다. 게다가 이 압력이 걸리지 않는 정맥이 간, 콩팥이라는 굉장히 분화된 관문을 빠져 나가야 합니다. 따라서 정맥에는 필연적으로 엄청난 울혈이 생기기 마련이지요. 바로 이런 연유에서 제2, 제3의 심장이 생겨났고요. 말하자면 간으로 들어가는 간문정맥과 콩팥으로 들어가는 콩팥문정맥의 양쪽에 대한 '박동 장치'가 동물의 몸에는 자연스럽게 갖추어져 있습니다.

앞에서도 말씀드렸듯이, 물고기는 이 두 가지 문정맥에 압력을 가하기 위해 꼬리 운동을 합니다. 바꿔 말하면 어류는 헤엄치는 행동을 통해 제2, 제3의 심장을 박동시키는 셈이지요. 굉장히 편리한 구조입니다. 그런데 우리 인간은 체조를 하여 압력을 가할 수밖에 없습니다. 이런 점에서 복식호흡이 생겨났음을 짐작할 수 있습니다. 먼저 배 전체를 하나의 심장 펌프로 생각하고, 가로막과 배벽 근육을 장악하며 간에서 심장으로 피를 거꾸로 짜냅니다. 이때 온몸의 근육이 함께 움직여서 몸에 쌓인 노폐물을 심장까지 보내는 것이지요.

이번에는 [그림 II-10]을 보면서 복식호흡이나 단전호흡의 핵심이라고 할 수 있는 가로막의 문제를 다시 생각해보고자 합니다. 애초 가로막이란 어디에서 왔는지를 알아보기 위해 개구리의 목을 떠올려볼까요? 개구리의 목은 불룩 부풀어 올라 있지요. 개구리는 목 주위에 호흡을 저장해두고, 목 근육에서 허파

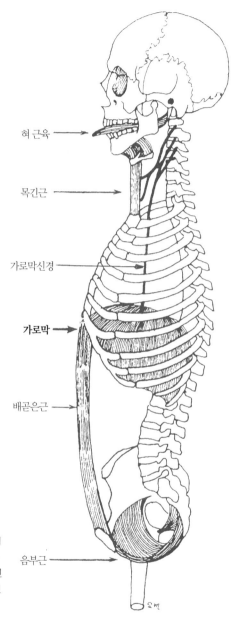

혀 근육 →

목긴근 →

가로막신경 →

가로막 →

배곧은근 →

음부근 →

그림 II-10 가로막의 유래
가로막 근육은 혀와 같은 목 앞부분의
목긴근에서 유래한다. 가로막 근육을
지배하는 신경인 '가로막신경'은 목긴
근이나 팔 근육의 신경과 동일한 목신
경의 가지다.

아가미 호흡에서 허파 호흡을 향한 역사   111

안으로 공기를 들여보냅니다. 즉 목 앞부분의 근육을 이용해서 허파로 공기를 넣거나 빼거나 하는 것이지요. 요컨대 개구리는 목으로 호흡합니다.

그렇다면 개구리의 목 근육이 인간에 이르러서는 어떻게 바뀔까요? 물론 개구리처럼 인간도 목 앞부분에 기다란 직사각형처럼 생긴 목긴근이 좌우 하나씩 평행으로 부착되어 있습니다. 그런데 인간의 경우 이 근육이 가슴 언저리에서 사라졌다가 다시 배곧은근(복직근)이 되어 배 한가운데를 따라 내려가고 마침내 골반의 출구 근육으로 변신합니다. 이렇듯 목에서 출발한 근육은 몸 앞부분의 중앙선을 따라 두 갈래로 나란히 이어져 있습니다.

인간 바깥생식기관(외음부)의 복잡한 근육이나 항문 근육은 목에서부터 배에 걸쳐 내려온 근육 가운데 가장 아랫부분에 해당합니다. 덧붙이면 혀를 움직이는 근육도 굉장히 복잡한데, 이 혀 근육은 반대로 가장 윗부분이 되겠지요. 요컨대 혀에서부터 목, 배를 거쳐 생식기까지 하나의 근육 집단이 끊임없이 연결되어 있습니다. 그리고 목 근육의 일부가 떨어져서 생긴 근육이 가로막입니다. 즉 가로막은 부풀어 오른 개구리의 목 근육과 친척인 셈이지요. 신경을 따라가다 보면 하나라는 사실을 알 수 있습니다. 태아를 보면 목 근육이 끊어져서 심장과 간 사이로 흘러들어가는 장면을 관찰할 수 있고요. 시체를 해부해서 목 주위를 살펴보면 가로막을 움직이는 신경과 팔을 움직이는 신경이 하나의 지점에서 나옵니다. 그러니 팔 운동과 가로막 운동은 근원이 같은 셈입니다. 또한 손과 발 모두 중추신경을 매개로 함께 연동해서 움직입니다. 단전호흡을 할 때, 올바른 자세나 혹은 다른 운동과의 연동이 중요하다는 사실은 바로 이 점에서 그 이유를 찾을 수 있겠지요.

일본 에도 시대의 훌륭한 선승이자 시인, 서예가로 널리 알려진 료칸(良寬, 1758~1831)의 작품을 보면, 손 운동과 호흡 운동이 함께 움직인다는 사실을 실감할 수 있습니다. 하나의 작업을 온전히 체득하면 그 비결을 깨쳤다는 의미에서 우리는 일의 호흡을 이해했다고 흔히 표현합니다. 결국 위대한 작품은 이런 연동 작업을 멋들어지게 완성한 작품이 아닐까 싶습니다.

4

그럼 이쯤에서 호흡 리듬의 역사를 되돌아보지요. 먼 옛날 고생대 시절 척추동물이 상륙을 시작합니다. 척추동물이 어떻게 육지로 올라왔느냐의 수수께끼는 고생물학의 문제인데, 지금부터 제가 드리는 말은 그저 재미난 이야기로 들어주셨으면 합니다. 이를테면 파도치는 바닷가에 있다고 가정해보지요. 거센 파도가 밀려와 일정한 시간 동안 물을 뒤집어쓰고, 다시 파도가 밀려나갑니다. 말하자면 바닷물과 공기의 상태가 리듬감 있게 교대하는데, 이때 우리는 파도가 밀려나갔을 때 숨을 들이마시고, 파도가 밀려와 물을 뒤집어쓰는 동안에는 숨을 토해냅니다. 추측건대 호흡의 리듬과 밀려왔다 밀려나가는 파도의 리듬은 척추동물의 상륙 사건과 관련이 있을 듯합니다. 파도의 리듬은 북극해나 남극해나 변함이 없습니다. 지금으로부터 10억, 20억 년 전의 파도 리듬과 오늘날 바닷가의 리듬은 다르지 않을 테지요. 일찍이 후지타 레이사이[5] 선생은 해변에서 파도 호흡을 터득했다고 하셨는데, 이 리듬은 동서고금을 막론하고 변함이 없습니다. 결과적으로 파도의 리듬과 척추동물이 획득한 공기 호흡의 리듬이 관련을 맺고 있다는 추측이 충분히 가능하지요.

그런데 파도의 리듬은 태양계 리듬 중 하나인데, 태양계의 수많은 리듬 가운데 우리에게 가장 친숙한 리듬은 하루의 리듬으로, 인간의 휴식-활동 리듬과 일치합니다. 또한 달의 리듬은 여성의 난소가 되지요. 여성의 난소는 28일마다 난자를 하나씩 방출합니다. 이런 주기적인 리듬은 어떤 메커니즘에서 생겨날까요? 도쿄 만(東京灣)의 갯지렁이가 보름달이 뜨는 일정한 시각에 바다 위로 떠올라 교미하거나, 연어가 정확한 장소로 회유하는 식으로 동물은 시간과 공간을 확실하게 분별하는 능력을 태어날 때부터 갖추고 있는 듯합니다.

현대 생리학자들은 동물의 신비한 능력을 신경계의 생리학, 즉 일정한 자극을 감각기관이 포착해서 뇌에 전달하는 공식으로 해석하려고 합니다. 그런데 말미잘은 바다와 멀리 떨어진 실험실로 데려와도 정확하게 바다의 간조와 만조 정보를 알고 있습

5   후지타 레이사이: 본문 83쪽, 각주 4 참고.

니다. 또한 자바 섬에서 채취한 대나무를 워싱턴에 심어도 대나무는 44년 주기로 꽃을 피우는데, 본국 자바에 있는 대나무가 꽃을 피울 때 워싱턴의 대나무도 꽃을 활짝 피운다고 합니다. 여기에는 어떤 정보 전달이 있는지, 생각하면 할수록 신비로울 따름입니다. 결국 우리 몸의 세포는 '하나의 별이 아닐까?'라는 해석에 이르게 됩니다.

옛날 옛적 바닷물에서 코아세르베이트(coacervate)라는 하나의 덩어리가 생겨났습니다. 이를 재현해서 분석하면, 지구를 구성하는 모든 원소가 들어 있지요. 육가크로뮴에서 비소에 이르는, 아주 조금씩이지만 맹독 성분 역시 모두 포함되어 있습니다. 바로 이것이 세포가 됩니다. 따라서 생명체를 구성하는 세포 하나하나가 살아 있는 위성이라는 생각을 하는 것이지요. 별이니까 굳이 명령을 받지 않아도 태양계의 운행 리듬을 정확하게 알고 있습니다. 즉 난소에서 난자가 주기적으로 떨어져 나오는 인체의 신비는 천체가 나누어져서 행성과 위성을 만들어가는 우주의 신비와 본질적으로 동일하지 않을까요?

여기까지 생각이 미친다면, 생물의 리듬과 우주의 리듬은 눈에 보이지 않는 끈으로 연결된 모습을 상상할 수 있습니다. 인체의 리듬과 천체의 리듬이 조화로울 때, 즉 춘하추동의 파동을 타고 봄에는 봄철의 먹을거리, 여름에는 여름철의 먹을거리를 먹고, 본인이 사는 땅에서 재배한 제철 농산물을 가까이 하며, 겨울이 오면 추위에 떨고 여름이 오면 땀을 흘리는 생활을 영위할 때, 이것이야말로 생의 리듬과 우주의 리듬이 조화로운 생물의 참모습이 아닐까 싶습니다.

컬처(culture), 즉 문화란 무엇이고 재배란 무엇일까요? 이는 1년 동안 먹을 수 있는 저장식품을 만드는 준비가 아닐까요? 제철 음식을 먹지 않고, 언제나 먹을 수 있도록 통조림에 담아두거나 인스턴트식품을 만드는 것이 그 예일 텐데, 결국 문화는 자연에서 멀어져가는 하나의 방법이라는 생각이 듭니다.

부처의 깨달음이 하늘의 리듬과 인간 리듬의 조화였으리라 추측합니다. 인도 최초의 통일 왕국을 세워서 불교를 보호한 아소카 왕은 '인천교접(人天交接)'이라는 단어로, 하늘과 인간의 조화를 구체적으로 표현했지요. 그리고 국민에게 널리 가르침을 주고, 이를 정치의 근본이념으로 삼았다고 합니다. 앞날을 걱정하면서 1년 동안 먹을 식량을 비축하는 일은 인간의 지혜임에 분명합니다. 하지만 이 지혜도 자칫 잘못 이용하면 인간의 욕심이 됩니다. 사람의 배를 가르면 욕심과 똥으로 가득하다는 말이 있듯이, 인간의 욕심은 사람들을 눈멀게 합니다. 또한 미래의 계획이라는 표현을 씁니다만, 이는 걱정을 사서 하는 '예기불안'인 경우가 많습니다. 우리는 이런 욕심과 불안에 휘둘려 자연에서 멀어지고, 또 자연을 파괴하고 있다는 진실을 석가모니는 우려한 것이 아닐까요?

잠시 이야기가 샛길로 빠졌는데, 호흡 리듬도 마찬가지로 욕심과 불안의 영향을 받기도 하지요. 일상생활을 돌이켜보면, 욕심과 불안에 휘둘렸을 때는 정상적인 호흡 리듬이 가능하지 않습니다. 대체로 공포와 불안감에 질려서 숨을 죽이지요. 반면에

평상심을 갖고 생활할 때는 호흡 리듬이 살아납니다. 이것이야 말로 머나먼 고생대 시절부터 면면히 이어져 내려온 리듬입니다. 이는 처음에 말씀드린 파도가 칠 때 철썩철썩 밀려오고, 쏴 하고 밀려나가는 파도의 리듬입니다. 바로 이것이 우주의 리듬 아닐까요? 부처가 설법하는 호흡의 가르침이란 파도의 리듬이 자 우주의 리듬이 아닐까 싶습니다.

1978년 11월 12일,
조화도협회 추계대회에서의 강연 요지.

수다의 기원

호흡의 의학에서

올 5월, 내가 존경하는 벗이자 해부학 동료인 아사미 이치요[1] 학형의 부탁을 받고 준텐도대학교 교단에 서게 되었다. 언뜻 보기에 얌전한 도련님 얼굴을 한 학생들이 앉아 있었는데, 중간쯤 앉은 수다쟁이 학생 한 명을 빼고는 전체적인 교실 분위기도 역시 차분하고 조용했다. 물론 그 학생도 한마디 주의를 듣고 바로 조용해졌지만 말이다.

간혹 강의시간에 수다를 떠는 학생을 만나면 그런대로 잘 참아내는 편이지만, 만약 대놓고 떠드는 학생이 있다면 나도 공황상태에 빠진다. 예전에 어느 여대의 의상 관련 학과에서 미술해부학 수업을 잠시 맡았는데, 그때 나는 공포의 최상급을 맛보았다. 교실 벽 근처, 맨 뒷줄에 여학생 몇 명이 옹기종기 모여앉아서 잡담을 시작하면 수업이 끝날 때까지 종알거림을 멈추지 않

---

1   아사미 이치요(淺見一羊, 1924~), 일본 준텐도대학교 의학부 해부학 명예교수. 미키 시게오와는 도쿄대학교 의학부 동창생으로, 미키 시게오보다 1년 먼저 도쿄대학교 해부학교실에 들어갔다.

았다. 심지어 선생의 따끔한 주의가 채 끝나기도 전에 대숲의 참새들처럼 재잘거림이 다시 시작되었으니까. 이쯤 되면 주위의 다른 학생들도 위기감을 느끼고 '쉬' 하며 집게손가락을 입에 대고 진지하게 신호를 보내는데, 정작 참새들은 아주 잠깐 동안 입을 떡 벌리고, 눈은 뻐끔거리며 도통 이해할 수 없다는 표정으로 나를 쳐다보았다. '아이고.' 하는 마음으로 한숨을 쉬면서 거의 체념에 가까운 심정으로 참새들의 얼굴을 바라보았던 순간을 나는 지금도 기억한다.

이렇게 나는 수다, 잡담과 관련된 문제를 생리학의 원점으로 돌아가서 다시 생각해봐야 할 중요한 논제로 어느새 받아들이게 되었다. 마침 이번 기회에 지금까지 내가 경험했던 공포의 수업 장면들을 떠올리며, '그래, 준텐도대 학생들과 이 문제를 더 깊이 논의해봐야겠다. 은사님이신 오가와 데이조[2] 선생님도 계시고……'라는 생각을 했는데, 바로 이것이 이 글을 쓰게 된 사정이다.

먼저 결론부터 말하자면, 인간의 경우 숨을 토해낼 때 많든 적든 '말하기'를 유발하며, 사람에 따라서는 실제 음성 언어로 그 소리를 드러내기도 한다. 달리 표현하면 이런 경향이 강한 사람은 과장해서 말하건대, 말소리 없이 호흡을 영위할 수 없다. 따

2　오가와 데이조(小川鼎三, 1901~1984), 일본의 해부학자이자 의학사학자로 뇌 해부와 의학사 발전에 공헌했다. 도쿄대학교 해부학 교수를 정년퇴임한 후, 준텐도대학교 의학사연구실을 창설했다. 주요 저서로는 《뇌의 해부학(脳の解剖学)》 《고래 이야기(鯨の話)》 《의학의 역사(医学の歴史)》 등이 있다. 미키 시게오의 학위논문 지도교수로, 두 사람은 강의하는 모습까지 닮았다고 한다.

라서 잡담을 금지하면 본인이 미처 자각하지 못하는 동안 '혹시 호흡 곤란이 일어나지 않을까?'라는 생각을 하게 되는 것이다.

현재 나는 우에노(上野)에 위치한 도쿄예대 보건센터[3]에 근무하며 의사라는 직업상 보건 관련 강의를 맡고 있다. 이 강의는 필수 과목으로 미술학부와 음악학부 학생들을 두루 만날 수 있다. 그러니 미대생과 음대생이 자연스럽게 비교될 터……. 우선 미술대학의 경우, 강당이 비좁고 냉방 시설도 마련되지 않은 탓에 9월의 늦더위가 기승을 부릴 때면 뜨거운 태양 아래 노예선의 바닥을 떠올릴 만큼 강의실 환경은 열악하다. 말하자면 수다의 조건이 완벽하게 갖추어진 셈이지만, 강의 시작과 함께 '조용히.' 하며 무게를 잡으면 수업이 끝날 때까지 학생들은 조용한 수업 분위기에 동참해준다. 반면에 음악대학의 경우 강의 초기에는 그 유명한 음악당을 자주 이용했는데, 신문에 널리 소개되었듯 천장이 높고 드넓은 창밖의 나무들도 울창하며 아무리 더운 날씨라도 바람이 잘 통해서 그야말로 보건학 강의실로는 최고의 장소였다. 그런데 일단 수업이 시작되면, 여기저기에서 잔물결처럼 소곤소곤 말소리가 들려온다. 이쯤에서 주의를 준다. 두 번, 세 번, 네 번 주의가 거듭되는 동안 마침내 "조용히!" 하며 격노 상태까지 감정이 치솟지만, 신기하게도 옛 목조 건축은 내 목소리에서 분노의 요소를 부드럽게 빨아들여 오페라의 아리아처럼 격앙된 감정의 효능을 옛 정취 아래로 묻어버린다. 일반

3   도쿄예술대학교 보건관리센터: 본문 72쪽, 각주 3 참고.

적인 철근 교실에서 볼 수 없는 분위기가 굉장히 인상적이었다. 이렇게 나는 해마다 음대생과 미대생의 묘한 생리의 차이를 실감했다.

음악의 상징은 역시 성악이다. 그중에서도 소프라노를 전공하는 학생의 솔직한 감정 표현은 공간을 뚫는 날카로운 음성이 되어서 성큼 다가온다. 계단에서 넘어져 정강이가 깨지는 바람에 보건센터를 찾는 학생은 대체로 소프라노 여학생들인데, 치료를 받는 동안 건물을 뒤흔드는 무시무시한 비명 소리에 미대생들은 대기실에서 멍하니 입을 벌리고 있을 따름이다. 미대생들은 음대 여학생의 목소리를 내장에서부터 짜내는 소리라고 말한다. 성대는 아가미의 내장근에서 진동하는 울림이기에 이는 참으로 적절한 표현인 듯하다. 이같이 '자궁 노출', 나쁜 의미가 아닌 수컷 근원의 노스텔지어를 자극하는, 여학생들의 생리를 때때로 나는 마음 깊은 곳에서부터 느낀다. 그러니 여학생들이 수다 삼매경에 빠지는 일은 지극히 당연한 일이리라. 한편 미술의 세계에서는 내장의 외침을 그대로 표현하는 길이 붓에 의해 완벽하게 막혀 있지 않을까?

바로 여기에서 우리는 앞서 말한 '호흡'과 관련해 중요한 사실을 진지하게 되돌아봐야 한다. 우리가 주목해야 할 점은, 현대인의 일상이 인간을 '숨 막힘'의 위기로 내몰고 있다는 사실이다. 사람들은 매사에 무의식적으로 숨을 죽인다. 이를테면 신호를 무시하고 차를 달리는 그 순간, '멈칫' 하는 숨이 들숨인지 날숨인지 생각해보면 분명하다. 뭔가 긴장할 때는 많고 적음에 상관없이 숨을 멈춘다. 따라서 긴장이 거듭되는 상황에서 양쪽 허파는 어느새 타이어처럼 빵빵하게 부풀어 오르고, 몸은 녹초가 되고 만다.

사정이 이렇다 보니, 세상에는 꽉 막힌 숨을 뚫어주는 일종의 관장 장치로 다양한 휴식법이 궁리되고 있다. 이 글을 읽는 여러분도 긴장을 풀어주는 방법을 함께 생각해보았으면 한다. 구체적으로 예를 든다면, 서커스 공연에서 숨 막히는 공중곡예가 끝난 다음 반드시 등장하는 것은 피에로의 우스꽝스러운 연기, 누드 예술 무대의 막간극에 펼쳐지는 희극배우의 웃음 등으로, 숨 막히는 작업 뒤에는 반드시 숨을 토해내는 장이 마련된다. 이 모든 대처법은 목소리를 내는 일, 즉 수다, 잡담, 노래, 웃음, 나아가 함성이나 절규를 통해 노동의 일상이 초래하는 만성적인 환기 부전, 이른바 불완전연소의 그을림에서 본능적으로 몸을 지키는 방법이다.

그렇다면 번거롭고 성가신 숨 막힘은 도대체 왜 생길까? 이는 평범한 질문은 아니지만, 가만히 생각해보면 숨 막힘에는 가로막의 반사적인 수축이 영향을 끼치는 듯하다. 가로막의 근육은 신경의 방향이 대변해주듯이, 목뿔뼈(설골) 아래 근육, 즉 니시 세이호 선생이 말한 목의 배꼽은근의 일부가 아래로 내려온 것[4]으로 목의 체벽근에 속한다. 따라서 우리가 어떤 일을 성공시키기 위해 자신도 모르게 어깨에 잔뜩 힘이 들어갈 때, 가로막은

---

4   일본 해부학의 시조인 니시 세이호(西成甫, 1885~1978)의 명저《小解剖学 (소해부학)》, 金原出版, 1945, 34쪽 각주에 따른다.

목 근육과 연동해서 수축하고, 그 결과 가슴의 밑바닥이 가라앉아서 어쩔 수 없이 숨을 죽이게 되는 것이다.

우리 조상들은 예로부터 숨을 죽이는 현상에 철저히 주의를 기울였다. 그도 그럴 것이 생리 반사가 지금까지 이야기한 숨 막힘의 산소 결핍뿐 아니라 들숨에 따른 순간적인 작업 능률의 저하까지 초래한다는 사실을 경험적으로 알고 있었기 때문이다. 한창 업무에 몰두할 때 숨을 들이마시면 갑자기 머리가 텅 비는 것처럼 새하얘지듯이, 이 문제는 들숨과 뇌 순환 등의 테마에서 자주 거론되기 때문에 더는 언급하지 않겠지만, 옛 현자들은 들숨 작업의 부조리를 자신의 육체에서 생리적으로 감지하고, 이를 날숨의 작업으로 훌륭하게 전환해왔다.

모든 날숨 작업은 '휴식의 요령'으로 이어진다. 세상의 모든 노동요가 말해주듯이, 노동 작업에서 생겨나는 가로막의 긴장을 극복하려고 노래 가락으로 날숨의 방법을 몸에 익혔고, 마침내 그 소리를 수다로 바꾸어 빨래터의 쑥덕공론으로 그 형태를 완성해나갔을 것이다. 바로 이것이 수다의 기원이 아닐까?

흔히 업무의 비결을 터득하는 과정을 일의 호흡을 익히는 시간이라고 표현한다. 이는 들쭉날쭉 하는 가로막 긴장과 관련된 날숨법을 개발하는 시간일 테지만, 오늘날의 의학에서 날숨의 관점에서 호흡 곤란의 병태생리를 살펴보는 일은 결코 무의미한 작업은 아니라고 나는 생각한다.

호흡의 파동

우주 리듬과의 교류

1

얼마 전에 무라키 히로마사[1] 선생에게 초대 회장님[2]은 바닷가에서 파도 호흡이라는 호흡법을 터득하셨다는 이야기를 전해 들었습니다. 그래서 오늘은 파도 호흡을 생물학적으로 살펴보기 위해 '허파의 진화와 퇴화'를 나타내는 [그림 II-11]을 소개하고자 합니다. 인간의 허파가 해변에서 부서지는 파도와 어떤 관련을 맺고 있느냐를 생각해보는 것이지요.

그런데 우리 인간의 몸에는 무수히 많은 리듬이 존재합니다. 그 리듬에는 전혀 다른 두 가지의 특징이 있는데, 하나는 주위의 환경 변화에 따라 리듬이 달라지는 성질입니다. 또 하나는 주위 환경과 상관없이 우주 리듬, 쉽게 말하면 태양계의 거대한 리듬

---

1   무라키 히로마사: 본문 71쪽, 각주 1 참고.

2   후지타 레이사이: 본문 83쪽, 각주 4 참고.

과 관련을 맺고 있다는 것이지요. 지구가 하루 동안 자전하면서 태양 주위를 1년 동안 공전합니다. 지구 주위를 달이 한 달 동안 돌게 되고요. 요컨대 연, 월, 일이라는 커다란 리듬이 있습니다. 인체 활동은 일상생활에서 일어나는 개인의 사건 사고와는 관계없이 연월일의 리듬에 따라 조정되기도 합니다. 이처럼 리듬에는 주변의 영향을 받는 측면과 개인의 신상과는 전혀 관계없이 머나먼 우주와 공진하는 측면, 이렇게 서로 다른 두 가지의 리듬이 있습니다.

개인의 신변과 관련된 리듬의 예를 들어볼까요? 우리는 깜짝 놀랐을 때 심장이 두근거리지요. 호흡도 거칠어지고요. 걱정거리가 생기면 숙면을 취하지 못하고 밤새 이리저리 뒤척거리는 등 수면 리듬에도 변화가 생기지요. 또 여성의 생리도 생활환경의 영향을 받기 쉽습니다. 실제로 학생들과 건강 상담을 하면, 고향을 떠나 도쿄로 올라오자마자 생리가 멈췄다는 이야기를 자주 듣습니다. 이렇듯 우리의 몸은 주위 환경에 크게 좌우되는 듯합니다.

반면에 우주 리듬이 인체 생리에 끼치는 영향력을 실감하는 분은 그리 많지 않으리라 짐작됩니다. 지난 시간에 활동과 휴식의 리듬, 각성과 수면의 리듬에서 잠시 말씀드렸지만, 대체로 인간은 해가 뜨면 잠에서 깨어나고 해가 지면 잠자리에 듭니다. 새들은 이런 하루의 리듬을 확실하게 지키고 있지요. 또한 어린아이들은 저녁밥을 먹으면서 꾸벅꾸벅 졸기도 합니다. 이는 태양을 기준으로 지구가 자전하는 하루 주기 리듬과 일치하는 각성과 수면의 리듬입니다. 그런데 요즘에는 밤에도 여전히 기운이 쌩쌩 넘치고 자정이 지나도 말똥말똥 깨어 있는 아이들을 흔히 만날 수 있습니다. 이런 아이들은 아침에 어머니의 손에 이끌려 가까스로 유치원에 등원하더라도 점심밥을 먹을 때까지 잠에 취해 있습니다. 이들이 초등학교에 들어가면 아침에 힘겹게 일어나도 식사를 하지 않고, 심지어 등교 거부 사태까지 벌일 수도 있습니다. 대학생 가운데는 밤낮의 주기가 어긋난 사례가 더 많고요. 이와 같이 늦게 자고 늦게 일어나는 사람을 사회에서는 건강을 돌보지 않는 사람, 혹은 게으른 사람으로 단정 짓지만, 의학이나 생물학을 공부하다 보면 저녁형 인간을 단순히 개인의 의지나 정신적인 문제로 가볍게 넘겨서는 안 된다는 사실을 실감하게 됩니다.

한편 바닷물이 높아졌다 낮아졌다 하는, 조수(潮水)의 리듬이 있습니다. 이는 달을 기준으로 해서 지구가 자전할 때의 리듬이지요. 이 조수의 리듬은 24.8시간으로, 하루에 50분씩 차이가 납니다. 지구와 달이 똑같이 한 바퀴 도는 동안 24시간과 24.8시간이라는 두 종류의 리듬이 나오는 이유를 살펴보면, 달은 지구 주위를 돌고, 반대로 지구가 노는 중심에는 태양이 있기 때문임을 알 수 있습니다. 즉 중심을 기준으로 삼은 회전과 자신의 주위를 돌고 있는 것을 기준으로 삼은 회전 사이에서 결국 24시간 플러스알파가 생기는 셈이지요.

저는 최근 저녁형 인간과 조수의 리듬이 서로 관계를 맺고 있는 것은 아닌지 진지하게 모색하고 있습니다. 매일 50분씩 어긋나는 리듬의 강력한 파워는 바닷가에서 생활해보신 분이라면 충분히 이해할 수 있을 테지요. 아침에 일어나보면 해수면이 내려가 있습니다. 바닷물이 가득 차는 만조는 50분씩 늦어지고, 그동안 조수의 리듬이 완전히 역전되어 2주가 지나면 다시 원래대로 자리 잡게 됩니다. 그런데 매일 밤늦게 자고 아침에 늦게 일어나는 사람을 보면 바닷물의 리듬과 유사한 현상을 보입니다.

환한 아침처럼 해맑은 하늘 한가운데에 보름달이 등장합니다. 생각하기에 따라서 이런 장면은 매우 기묘한 세계로 보일지도 모르지만, 실제 조수 리듬에 크게 좌우되는 생물이 있습니다. 아리아케 해(有明海)에 사는 짱뚱어를 예로 들 수 있지요. 이 물고기는 완전히 심야족 동물입니다. 야심한 밤에만 나타나고, 특히 만조가 되면 나오지 않습니다. 한밤중에 바닷물이 완전히 빠져나갔을 때만 모습을 드러내는 셈이지요. 따라서 2주마다 한 번씩 출몰합니다. 이런 개펄 생활은 조수 간만의 영향을 많이 받습니다. 갯지렁이나 게의 생활상을 관찰하면 뿌리 깊은 조수의 리듬을 확인할 수 있습니다.

척추동물의 역사를 떠올려보면, 1억 년 가까이 계속된 바닷가의 생활을 충분히 상상할 수 있습니다. 바꿔 말하면 바닷물의 리듬이 얼마나 뿌리 깊게 우리 몸에 각인되어 있는지를 말해주는 셈이지요.

그럼 한 가지 예를 들어볼까요? 동남아시아에서 온, 해양 민족의 혈통이 강한 사람들은 바닷물, 즉 달의 리듬인 24.8시간의 영향을 많이 받습니다. 반면 내륙아시아를 연결하는 비단길, 특히 네팔에서 파키스탄을 거쳐 티베트를 통과한 산악 경유의 혈통이 강한 사람들은 태양의 리듬에 영향을 훨씬 많이 받습니다. 이렇듯 태양형과 태음형이 인체 내에서 저마다 미묘한 균형을 이루고 있지 않을까 싶습니다.

그런데 오늘날 서양 의학의 세계에서는 조수의 리듬이 별다른 주목을 끌지 못합니다. 어쩌면 서양의 크리스트교 세계에서 달은 악령의 상징이라는 사실에서 그 이유를 찾을 수 있을지도 모르겠습니다. 모양이 가득 차거나 이지러져서 믿음직스럽지 못한, 불길한 존재의 영향을 받는다는 사실 자체가 탐탁지 않았던 것이지요. 이런 연유에서 유럽의 생물학자들은 애초 달의 리듬과의 관련성을 깊이 생각하지 않았는지도 모릅니다. 역시 이 리듬감은 초승달, 보름달 등에서 예술의 주제와 소재를 찾아온 동양인의 생활 감정에서 찾을 수 있을 듯합니다. 여하튼 태양계의 행성에서 탄생한 온갖 주기가 우리의 몸속에 음으로 양으로 새겨져 있다는 사실은 확실하다고 생각합니다.

다만 처음에 말씀드렸듯이, 걱정거리가 생기면 밤잠을 설치거나 숨 쉬는 일조차 잊고 문제의 해결책을 찾아야 하는 현대인의 일상에서는 우주의 커다란 리듬 따위, 미처 생각할 수 없는 부분이겠지요. 이쯤 되면 우주 리듬의 망각은 동양과 서양의 문제가 아닌, 인류의 맹점이 아닐까 싶습니다.

조금 전에 '숨 쉬는 일조차 잊고'라는 말씀을 드렸는데, 지금까지 소개한 이야기를 염두에 두고 호흡의 리듬에 관해 한번 진지하게 생각해보았으면 합니다. 결론부터 말씀드리자면, 호흡의 리듬은 조수의 리듬과 밀접한 관련이 있습니다. 물론 이 리듬은 긴 시간대의 만조와 간조가 아닌, 아주 짧은 시간 동안 물결치는 '파도'의 리듬입니다. 후지타 레이사이 초대 회장님이 해변에서 '철썩' 밀려오고, '쏴' 빠져나가는 파도의 리듬에 맞추어 호흡법을 터득했다고 하셨는데, 저에게는 그 느낌이 마치 호흡을 상징하는 것처럼 다가옵니다. 물론 여러분도 동감하시겠지요.

2

바다의 '생명 기억'이 생명의 세포 원형질인 DNA의 깊은 곳까지 얼마나 또렷하게 새겨져 있는지, 더 확실하게 알기 위해서는 고생물학의 옛날이야기만으로는 실감이 나지 않을 테지요. 그래서 오늘은 자연과학 관점에서 생물학의 데이터를 제시하려고 합니다. [그림 II-11]을 보면서 이야기를 하면 많은 분이 더 생생하게 느낄 수 있지 않을까 싶습니다.

그림을 보면 토관(土管)이 길게 늘어져 있습니다. 토관의 왼쪽 끝이 입이라고 생각해주세요. 토관의 오른쪽 끝은 항문이 되겠지요. 즉 토관은 입에서 항문까지 이어진 하나의 관입니다. 우리의 몸을 간략하게 그리면 이런 관으로 표현할 수 있습니다. 입쪽으로 다섯 개의 아가미구멍이 보입니다. 첫 번째 아가미구멍은 훗날 귓구멍이 되지요. 그림은 직립보행이 아닌, 네발짐승이 기는 모양새로 그려져 있으니, 그렇게 상상하고 봐주세요.

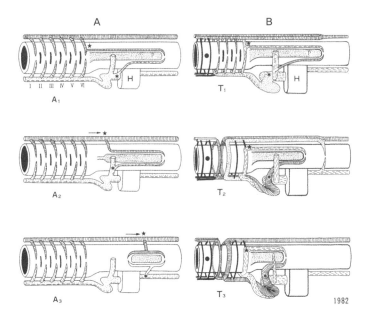

그림 II-11 허파의 진화와 퇴화—파도 호흡의 기원

A는 수생형 허파로, 아가미장에서 유래하는 원시 허파(P)가 조금씩 뒤쪽으로 위치를 옮겨
가 A₃에서는 완전히 떨어진다. 이와 함께 혈액 흐름도 아가미장의 순환과는 인연이 끊어지
며 작은창자의 순환으로 편입된다. A₁은 폴립테루스(연골류), A₂는 아미아(amia, 전골류),
A₃은 옥새송어(진골류).

B는 육생형 허파로, 허파(P)에서 유입되는 산소 혈류의 세력이 점차 늘어나 T₃에서는 직각
방향에서 심장관으로 곧장 향한다. 이는 이산화탄소가 많은 아가미 문맥류와 270° 시계 반
대 방향으로 비틀려, 제3·제4 아가미활 혈관 유래의 목·대동맥활로 흘러 들어간다. T₁은
양서류, T₂는 파충류, T₃은 포유류.

그런데 장에서 흡수된 음식물은 장 아래의 혈관을 통해 커다
란 관문으로 들어갑니다. 이 관문이 바로 간(H)인데, 간에서 비
로소 동화(同化) 작용이 이루어집니다. 따라서 입을 통해 들어온
음식물이 간으로 들어가기까지는 엄격하게 따진다면 몸의 외부

에 있는 셈이지요. 음식물은 간에서 처음으로 확인된 다음, 몸에 이로운 영양분이 됩니다. 이들 영양분은 간에서 나와 아가미로 이동합니다. 아가미에서 가스 교환이 이루어지는데, 이때 간에서 나와 아가미로 들어가는 지점이 볼록 부풀어 오릅니다. 특히 이 지점에서는 관(管)이 굉장히 발달해서 쭉쭉 늘어나며 배배 꼬입니다. 여기가 바로 우리의 심장이지요. 이 심장의 펌프질을 통해 혈액은 아가미의 좁은 길을 통과하여 장관 위쪽의 등쪽대동맥으로 이동하게 됩니다. 그리고 혈액 가운데 대부분이 몸을 움직이는 근육이나 뇌가 속한 '체벽계'로 흘러 들어갑니다. 장이나 간 등의 '내장계'의 경우, 많은 영양분이 필요하지 않기 때문이지요. 예산이 가장 많이 필요한 부위는 뇌와 근육, 이른바 구동장치입니다. 그리고 체벽계에서 나온 노폐물이 마지막으로 콩팥에서 걸러지고요. 그러니 콩팥은 배출하는 쪽, 바꿔 말하면 출구의 관문입니다. 결과적으로 간과 콩팥, 즉 입구와 출구 관문의 안쪽 바닥이 몸의 내부가 되는 셈이지요. 이 과정이 다소 복잡하기 때문에, [그림 II-11]에서는 콩팥을 생략하고 콩팥에서 나온 정맥이 심장으로 들어가는 지점(Cuv)만 표시해두었습니다.

한편 척추동물의 역사를 되돌아볼까요? 고생대 말에 이르러 지구에는 대지진이 일어납니다. 이는 지구의 껍질이 수천 미터나 올라갔다 내려갔다 하는 거대한 지각 운동이지요. 이 운동으로 지구에는 주름이 잡히거나 반대로 주름이 펴지기도 했는데, 그러는 사이 육지가 바다로 들어가거나 수면 위로 솟아오르면서 1천만 년을 주기로 하는, 엄청난 규모의 만조와 간조가 생겨났습니다. 이때 바다에 살던 물고기가 육지로 떠밀려오면서 어느새 아가미 부위에 허파(P)가 모습을 드러냅니다. 즉 아가미의 끝부분이 마치 콧물처럼 부풀어 올랐던 것이지요. 여기에서 알 수 있듯이, 허파는 아가미와 혈통이 같습니다. 아가미가 변신한 것이 바로 허파라고 생각하면 되겠지요.

물론 아가미에는 구멍이 열려 있어서 물이 일방통행하지만, 허파는 일단 공기를 들이마시면 다시 공기를 밖으로 내뿜습니다. 이는 쌍방통행이지요. 이렇듯 바다와 육지에서 두루 통하는 아가미와 허파가 공존하는 시대를 우리의 옛 조상들은 아주 오랫동안 경험했습니다. 이것이 T_1과 A_1의 그림에 나와 있습니다.

그림에서는 새로 생긴 허파에서 심장 쪽으로 동맥피가 흐릅니다. *로 표시해두었습니다. 이를 학명으로 나타내면 허파정맥이라고 하는데, 허파정맥 내부에서 흐르는 피는 동맥피입니다. 반면에 ★ 표시 부위는 허파로 가는 혈관, 즉 허파동맥인데, 허파동맥 안에는 정맥피가 흐릅니다. T_1과 A_1은 아가미 순환과 허파순환이 공존한다는 특징이 있습니다.

여기에서 진화의 역사를 잠시 살펴볼까요? 인간 사회에서도 일자리를 얻으러 도시로 향하는 사람이 있는가 하면, 태어나서 죽을 때까지 고향을 떠나지 않는 사람도 있지요. 마찬가지로 척추동물 가운데 바다와 육지의 양면 생활을 버리고 야심차게 육지로 올라간 무리가 있었습니다. [그림 II-11]의 B가 바로 그들인데, T_1은 고생대의 폐어류와 양서류, 즉 도롱뇽이나 개구리의 토관을 나타낸 그림입니다. 지금 말씀드렸듯이 절반은 여전히 물속에서 생활합니다. T_2는 중생대 때 크게 번성했던 파충류, 그 유명한 공룡들이지요. 이 시기에 이르러 물살이와 완전히 이별하고, 뭍살이를 하게 됩니다. T_3은 신생대의 포유류, 우리 인류를 포함한 무리입니다. 그림을 보면 T_1에서 T_2를 거쳐 T_3으로 나아감에 따라 허파에서 되돌아오는 혈관이 점점 굵어지는 모습을 확인할 수 있습니다. 그리고 진화하는 동안 아가미구멍은 사라지고 처음의 아가미구멍은 귓구멍으로 남게 됩니다.

여기까지가 육지로 올라간 그룹이라면, A_1, A_2, A_3은 역시 고향인 바다가 좋다며 육지를 떠나 다시 바다로 되돌아간 무리입니다. 우리가 보통 '물고기'라고 부르는 경골어류이지요. 경골어류도 고생대, 중생대, 신생대를 거치면서 새로운 종이 탄생했는데, 이를 그림에서는 A_1, A_2, A_3이라고 표시했습니다. 각각 연질류(軟質類), 전골류(全骨類), 진골류(眞骨類)라는 전문 명칭이 붙어 있지요. 그런데 여기에서 눈여겨봐야 할 사실은, 변화하는 허파의 운명입니다.

그림에서도 알 수 있듯이, A_1의 시절만 해도 여전히 허파가 있습니다. 수생과 육생의 두 집 살림을 하다가 고생대 바다로 돌아간 지 얼마 되지 않은 말랑말랑한 물고기입니다. 그때 생존자가 우에노 동물원 수족관[3]에 살고 있습니다. 우리가 폴립테루스(Polypterus)라고 부르지요. 이것이 A_2로 넘어가면, 허파로 가는 동맥과 허파에서 되돌아가는 정맥이 심장에서 점점 멀어집니다.

3   우에노 동물원 수족관: 본문 104쪽, 각주 1 참고.

전골류의 대표 주자를 꼽는다면 철갑상어, 즉 최고급 식재료로 통하는 캐비아(caviar)의 부모님이지요. 그리고 마침내 A₃이 되면 허파가 장에서 떨어져서 부레가 됩니다.

이처럼 부레에 이르러서는 가스 교환이라는 본래의 미션이 사라지고, 물속에서 헤엄칠 때 필수적인 '부력 조절'이라는 새로운 임무가 주어집니다. 저녁 식탁에서 우리가 흔히 만나는 생선들은 모두 부레를 지니고 있습니다. 그중에서도 오래된 생선이 정어리이고, 조금 새로운 생선은 연어, 송어입니다. 가장 새로운 종류는 아귀와 복어류고요. 어찌 보면 이들은 모두 한 번 떠났다가 되돌아온 바람둥이인지도 모릅니다.

3

그런데 물고기 중에는 먼 옛날부터 상륙에 전혀 뜻이 없었던 무리, 달리 표현하면 고생대 이후 깊은 바다에서 줄곧 생활한 생물들이 있습니다. 바로 상어, 연골어류이지요. 대형 수족관에 가보면 상어가 유유자적 헤엄치는 장면을 구경할 수 있는데, 상어와 함께 있던 가다랑어나 혹은 다른 물고기들이 상어와 맞닥뜨리면 반드시 상어에게 길을 양보합니다. 그만큼 돌아온 탕아라는 열등감을 갖고 있다는 뜻이겠지요. 아무튼 연골어류는 바다의 왕자임에 분명합니다. 한편 육지의 왕자라고 하면 역시 호모 사피엔스(Homo sapiens)가 떠오르는데, 그러고 보면 상어와 인간 사이에는 공통점이 흐르고 있는지도 모르겠습니다.

덧붙이면 고래는 바다로 귀향한 생물 가운데 가장 새내기입니다. 바다사자, 바다표범, 물개도 마찬가지고요. 이들은 모두 인간과 같은 포유류의 생김새를 하고 바다로 되돌아간 무리입니다. 고래는 한 시간이나 숨을 멈추고 3천 미터나 잠수할 수 있다는데, 어떻게 그것이 가능한지 직접 물어보고 싶을 정도입니다. 또한 파충류 시대에 바다로 내려간 종족으로는 바다거북이 있습니다. 영국 스코틀랜드 지방의 네스(Ness) 호에 산다는 네시[4]도 그 시대의 산물이고요. 물론 네시는 인간이 동경하는 전설의 괴물이지만요. 한편 양서류 중에도 바다로 귀향한 생물이 분명 있을 법한데, 구체적으로 알려진 바가 없었습니다. 하지만 최근 연구에 따르면, 살아 있는 화석인 실러캔스(coelacanth)에서 양서류의 옛 정취를 느낄 수 있다고 합니다. 실러캔스에 대해 말하자면 이야기가 길어질 테니 다음 기회에 소개하기로 하지요.

이렇게 해서 진화의 줄거리는 대충 이해하셨으리라 생각합니다. 우리의 머나먼 조상들은 어떤 때는 허파로, 또 어떤 때는 아가미로 호흡하면서 오랫동안 바닷가에서 생활했습니다. 이는 수천만 년 동안 이어진 역사입니다. 그런데 지금도 허파와 아가미를 함께 고집하는 물고기가 있습니다. 바로 조금 전에 말씀드렸던 T_1에 속하는 폐어입니다. 폐어는 1년의 절반인 건기(乾期)에 잠을 자는데, 이때 모래펄에 기어들어 허파 호흡으로 숨을 쉽니

---

4 네시(Nessi), 여기에서는 목이 긴 장경룡(長頸龍)인 플레시오사우루스(plesiosaurus, 수장룡과는 사촌 사이)를 뜻한다.

다. 이를 건면(乾眠)이라고 부르는데, 반대로 우기(雨期)에는 물속에서 아가미 호흡으로 생활합니다. 요컨대 폐어의 생활상에는 우리 조상들의 물가 생활이 그윽한 옛 모습으로 여전히 남아 있는 셈입니다. 폐어는 전 세계에 여섯 종류가 있는데, 가장 오래된 추억의 구조를 간직한 종은 오스트레일리아에 서식하는 네오세라토더스[5]라는 폐어입니다. 이 물고기를 가만히 보고 있으면, 왠지 멀고도 먼 옛날로 우리를 데리고 갈 것 같은 묘한 기분에 사로잡힙니다. 기나긴 기간 동안 이어진 고생대의 바닷가 시절로 말이지요. 이를 '생명 기억의 회상'이라고 부릅니다.

그런데 아가미 호흡도 허파 호흡도, 대체로 심장의 박동과 호흡의 주기는 밀접한 관련을 맺고 있습니다. 같은 신경이 지배하기 때문인데, 예컨대 심장이 네 번 박동하는 동안 호흡은 한 번 한다는 식으로 반드시 규칙이 있습니다. 이 규칙을 철저하게 실천하는 것이 물고기의 아가미 호흡이라고 여겨지는데, 물론 심장 박동과 호흡 주기의 밀접한 관계는 상륙 이후 허파 호흡으로 바뀐 뒤에도 마찬가지겠지요. 많은 분이 아시는 것처럼, 자궁 안에 마이크로폰을 넣어서 태아가 어머니의 심장 소리를 어떻게 듣고 있는지 체계적으로 연구한 산부인과 선생님이 있습니다. 분만이 늦어지는 임신부에게 진통을 촉진하는 기계와 함께 초소형 마이크를 부착하는 방식으로 연구했습니다. 물론 어머니들의 적극적인 협력이 있었음은 두말하면 잔소리겠지요. '엄마 배

---

5   네오세라토더스(neoceratodus), 흔히 '호주 폐어'라고 불리며 오스트레일리아 북부 퀸즐랜드 주의 메리 강과 버넷 강 유역에만 유일하게 서식하는 폐어이다. 학명은 *Neoceratodus forsteri*.

속의 자장가'라는 음반으로 세상에 나왔는데, 역시 굉장한 소리입니다. 우리는 모두 어머니의 배 속에서 이 자장가를 들으며 열 달 동안 지냈습니다. 그런데 이 소리는 바닷가에서 잠수할 때 듣는, 파도치는 소리와 매우 흡사하다고 합니다. '혈조(血潮)'라는 말이 있듯이, 순환하는 혈액 소리와 파도치는 소리는 바닷속에서 잠수하면서 들어보면 정말 같은 소리처럼 들린다고 합니다. 그리고 해수욕장에서 수영해보신 분은 알 테지만, 파도가 칠 때 파도가 밀려오면 숨을 들이마실 수 없습니다. '푸' 하고 토해내야 합니다. 반대로 파도가 밀려나가면 숨을 들이마십니다. 따라서 우리의 먼 조상은 1억 년 가까이 바닷가 생활을 하면서 본래의 호흡 리듬을 터득하지 않았을까 조심스럽게 추측해봅니다.

결과적으로 파도치는 바닷가가 심장의 박동으로 메아리치고, 파도의 리듬과 호흡의 리듬은 떼려야 뗄 수 없는 관계라는 사실을 알 수 있지요. 생리학이 가르쳐주는 바에 따르면, 척추동물의 경우 앞에서 말씀드렸듯이 아가미 호흡이 시작되면서 아가미 호흡과 순환은 형제라기보다 마치 쌍둥이처럼 가까운 사이인 듯한데, 이와 같은 사실에서도 양쪽의 활동이 파도의 리듬과 관련이 깊다는 사실을 충분히 짐작할 수 있겠지요. 파도의 리듬은 일본의 해안가에서도 칠레나 자메이카 해안에서도 혹은 남극에서도, 바다가 탄생한 이래 영원히 변하지 않는 리듬이 아닐까 싶습니다. 따라서 호흡, 순환의 리듬은 가늠할 수 없는 깊이로 바다와 이어져 있습니다.

여기까지 생각이 미치고 나니, 후지타 레이사이 선생이 바닷가에서 호흡법을 터득했다는 이야기는 그야말로 생명 발생의 이치에 부합하는 매우 의미 있는 일이라고 생각됩니다. 파도 호흡은 단순히 호흡뿐 아니라 심장 활동까지 관여하고 있습니다. 말 그대로 '생명의 세탁'이라고 표현할 수 있지 않을까요?

'어머니의 품속과 같은 바다'라는 표현이 있습니다. '바다 해(海)'라는 한자를 보면, 실제로 글자 안에 어머니(母)를 품고 있습니다. 또한 바다를 뜻하는 'mare'라는 라틴어에서 어머니를 뜻하는 'mater'라는 단어가 생겨났다고 합니다. 이는 동서고금을 불문하고 더할 나위 없이 친밀한, 어머니와 바다의 관계를 대변해주는 이야기겠지요. 그리고 이 바다에 인체 생리의 근원이 깊숙이 관여하는 그런 세계를 여러분에게 말씀드리고 싶어서 오늘 이렇게 [그림 II-11]과 슬라이드를 준비했습니다.

1982년 11월 14일에 개최된
조화도협회 추계대회에서의 강연 요지.

호흡에 대하여

일과 휴식의 관계

지난 글[1]에서는 현대인의 일상생활을 좌우하는 몸의 부조화 즉, 컨디션 난조에 대해 생각해보았습니다. 그리고 체력 저하의 근본 원인을 육체의 만성적인 '각성 기능 상실'에서 찾을 수 있다는 사실, 아울러 우리는 이런 몸의 생리를 좀처럼 자각하지 못한다는 점을 다양한 각도에서 검토하고 그 대책을 모색했습니다.

오늘은 컨디션이 나쁠 때 나타나는 여러 증상 가운데 스스로 깨닫기 어려운, 일종의 만성적인 '호흡 기능 저하'에 대해 심도 있게 살펴보려고 합니다. 불완전한 호흡이 심신의 부조화에 더욱 박차를 가하고, 이 부조화가 다시 호흡 기능을 떨어뜨리는 악순환을 호흡과 컨디션 사이에서 뚜렷하게 관찰할 수 있기 때문입니다.

보통 호흡이라고 하면 누구나 자유롭게 조절할 수 있는 것으로 가볍게 생각하기 쉽지만, 자세히 살펴보면 절대 만만한 상대

---

1   미키 시게오가 기고한 글인 〈컨디션 난조를 보는 눈—직장의 안전에 덧붙여〉(도쿄예술대학교, 1983)를 가리킨다.

가 아님을 알 수 있습니다. 이 같은 사실은 평소 자신의 호흡 내용을 주의 깊게 되짚어보면 바로 이해할 수 있을 것입니다.

만성적인 산소 결핍에 따른 응어리는 몸 상태가 좋지 않을 때뿐 아니라 중년 이후 심신의 생리에 나쁜 영향을 끼친다는 사실은 굳이 거론할 필요도 없을 테지요. 이번 기회에 자신의 호흡활동이 일상생활 혹은 업무 현장에서 어떻게 작동하는지 함께 고민하는 시간을 마련하면 좋겠습니다.

1. 일상적인 호흡―일과 호흡의 관계

먼저 주위에서 흔히 접할 수 있는 상황을 떠올려보지요. 예를 들어 길을 건널 때, 어두운 밤길을 걸어갈 때, 혹은 위험한 도구를 사용할 때, 붓글씨를 쓸 때 우리는 멈칫 숨을 멈춥니다. 너무 긴장한 나머지 숨을 쉬는 일조차 잊기 때문이지요. 대체로 집중해서 몰입하는 일을 할 때는 숨쉬기조차 잊을 정도로 누구나 바짝 긴장하기 마련입니다. '숨소리를 죽이고, 숨을 멈추고'와 같은 표현이 이런 사정을 군더더기 없이 대변해줍니다.

또 무언가를 골똘히 생각할 때도 마찬가지입니다. 순간적으로 불편한 일이 머릿속에 스칠 때 말이지요. 이미 옛일이 되어버린 먼 과거, 지금 당장 골머리를 앓고 있는 문제, 혹은 앞으로의 대책 등 더욱이 걱정거리의 재료도 인간관계에서부터 회사일, 건강까지 아주 다채로운데, 이런 문제들을 머릿속에서 곱씹는 동안 숨쉬기가 불편하다는 사실은 두말하면 잔소리일 테지요. 고민거리로 속을 태우는 장면을 잠시만 떠올려도 충분히 짐작할 수 있습니다.

이렇게 해서 우리는 몸을 사용할 때도, 머리를 쓸 때도, 바꿔 말하면 육체노동이든 정신노동이든 진지하게 파고드는 순간에는 예외 없이 호흡에 소홀해집니다. 앞에서 말씀드렸듯이, 이때 우리는 숨쉬기 운동을 거의 중단한다고 해도 과언이 아니지요. 이런 잠시 멈춤 상태를 자세히 관찰하면 숨을 내쉬는 도중이라든가 숨을 뿜어낼 찰나라든가 숨을 들이마시거나 더는 숨을 빨아들이지 못하는 상태 등 수많은 상황이 있을 테지만, 어떤 경우라도 멈춤 작업이 오랫동안 이어지면 우리 몸은 녹초가 되고 맙니다. 숨죽임이 계속되면 더는 참지 못하고 '휴우' 하고 한숨을 쉬게 되는데, 깊은 심호흡으로 응급 상황은 모면할지언정, 안타깝게도 심호흡의 효과는 그리 오래가지 않습니다. 만약 이렇게 힘든 작업이 매일같이 반복된다면 어떻게 될까요? 숨 쉴 겨를도 없이 바쁜 인생이 되겠지요.

육체노동, 정신노동 할 것 없이 '노동'이라는 이름이 붙은 단어의 내면에는 정신적인 고통과 함께 육체적인 고통도 분명 존재합니다. 여기까지 생각이 미친다면, 호흡의 문제를 생략한 채 노동의 생리를 생각하는 일이 얼마나 공평하지 못한 처사인지 실감할 수 있을 테지요. 이는 일과 호흡은 양립하기 어렵다는 말이기도 합니다. 업무의 비결을 익히는 과정을 일의 호흡을 익힌다고 표현이 있는데, 이 말이 모든 것을 대변해주는 듯합니다.

본래 인간의 호흡 리듬은 규칙적인 파형을 그려야 하는데, 오늘날에는 군데군데 끊어져 여러 갈래로 일그러진 모습을 관찰할 수 있습니다. 특히 주의해야 할 점은 컨디션이 바닥난 상황이라면 불규칙한 파형조차 사라지고 파형이 거의 평평하다는 사실입니다. 바꿔 말하면 진폭이 떨어졌다는 의미로, 얕은 호흡이 이어지는 상태이지요. 이렇듯 거의 무호흡 상태가 오랫동안 지속되는데, 그동안 가까스로 숨을 쉬더라도 아주 가냘픈 미동에 그치게 됩니다. 마치 숨 쉬는 권리를 나 몰라라 방치한다고 말할 수 있는 상태이지요.

지난번에는 수면과 각성의 리듬에 여러 가지로 불리한 변화가 일어난다는 사실을 말씀드렸는데, 호흡도 마찬가지입니다. 인간의 생명 활동에 어떤 일이 생기는지, 그 문제를 의학과 생물학의 관점에서 새롭게 검토해보겠습니다.

2. 호흡 기능 저하—체벽근의 부담

인간의 호흡은 인체 근육, 더 정확하게 말하면 몸의 외벽을 이루는 근육 집단을 매개로 움직입니다. 일반적으로 '체벽근'이라고 부르는, 이들 근육이 갈비뼈를 끌어올리거나 끌어내리거나 혹은 가로막을 움직이면서 온종일 쉬지 않고 가슴의 확장과 수축을 이어갑니다.

그런데 호흡 근육은 보통 가슴벽을 중심으로, 위로는 목에서부터 아래로는 배벽까지 주로 몸의 앞부분에 펼쳐지는데, 숨을 강하게 토해내는 성악이나 관악기를 전공하는 선생님들의 이야기를 들어보면, 신체 앞부분에서부터 뒷부분까지, 심지어 골반 바닥을 지탱하는 항문올림근까지 호흡에 동원한다고 합니다.

호흡 근육의 범위가 이렇게까지 넓게 퍼져 있으리라 미처 생각하지 못했지만, 실은 체벽의 모든 영역까지 포함하고 있는 셈이지요. 한편 체벽에서 돌출한 팔다리 근육도 호흡 운동에 관여한다는 사실을 떠올리면, 호흡 운동은 몸통과 팔다리, 즉 체벽의 모든 근육과 밀접하게 연관되어 있음을 알 수 있습니다.

그런데 여기에는 심각한 문제가 존재합니다. 그 문제란, 체벽 근육이 호흡 운동에는 적당하지 않다는 것이지요. 부적합하다고 할까요. 원래 체벽근은 동물의 경우 먹잇감을 향해 몸을 움직이는 근육이고, 인간의 경우 일을 하기 위한 근육입니다. 따라서 낮에는 생생하게 깨어 있지만 밤이 되면 곯아떨어지는, 지난번에 서술한 '수면과 각성'의 뿌리 깊은 리듬이 체벽근의 내부에 새겨져 있습니다.

이렇게 주기가 확실한, 이를테면 낮밤을 구별하는 근육에게 한밤중에도 휴식을 허락하지 않는 호흡이라는 중책을 맡기는 것이 얼마나 위험한 일인지 굳이 설명하지 않아도 되겠지요. 인간의 호흡은 위험한 다리를 건너고 있는 셈입니다. 그렇다면 진정한 호흡근은 어디에 있을까요? 바로 물고기의 아가미 부위에 존재합니다. 수조 안에서 헤엄치는 상어를 떠올려보면, 목덜미에 나란히 붙은 아가미구멍이 마치 심장 박동처럼 뻐끔뻐끔거리며 매우 안정된 리듬으로 열림과 닫힘을 되풀이하고 있다는 점을 알 수 있습니다. 이것이 바로 아가미 호흡입니다. 그리고 이 개폐를 관장하는 근육이 물고기에게는 당연히 호흡근이 되겠지요.

우리는 여기에서 또 하나의 중요한 사실을 짚고 넘어가야 합니다. 아가미구멍의 영역은 장관(腸管)의 맨 앞쪽 노출부에 해당하고, 따라서 아가미 주위의 근육이 장의 근육으로 이어진다는 점입니다. 요컨대 아가미 근육은 심장 근육이나 자궁 근육과 같은 내장 근육에 속합니다. 아가미 근육은 앞에서 소개한 '체벽근'과 대비해 '내장근'이라고 부르는 근육인데, 내장근은 태아 시절부터 멈추지 않고 끊임없이 박동치는 심장 근육으로 상징되듯이, 움직임은 민첩하지 않아도 밤낮을 가리지 않고 주야장청 활동해도 지치지 않는, 그야말로 지금 거론하는 호흡 활동을 일임해도 전혀 부족함이 없는 근육입니다.

이렇게 우리는 물고기의 아가미 호흡이 얼마나 안정된 호흡인지를 새삼 알게 되었는데, 그렇다면 인간의 호흡근 속에는 왜 호흡 전문 아가미 근육이 들어 있지 않을까요? 이 의문에 답을 하려면 진화의 역사를 더듬어 올라가야 합니다. 머나먼 조상이 고생대 말, 고향인 바다에서 육지로 올라왔을 때 새로운 공기 호흡의 주머니인 허파를 움직이기 위해 열심히 일해주는 아가미 근육은 이미 그 어디에도 존재하지 않았습니다. 아가미 근육들은 꽉 닫힌 아가미구멍과 운명을 같이 해서, 얼굴에서부터 목에 걸쳐 호흡과는 직접적인 관계가 없는 다양한 근육으로 변신을 거듭했기 때문입니다. 이를테면 씹기 근육(저작근), 표정근, 삼키기 근육(연하근), 발성근 식으로 말이지요. 결국 허파주머니에 공기를 들락거리게 하기 위한 작업은 이미 해당 장소의 체벽 근육에게 짬짬이 보살펴달라고 부탁해야 하는 심각한 사태에 이르렀습니다.

이렇듯 호흡 활동을 하려면 온몸의 근육을 사용하는 다양한 작업이 필요하다는 점과 체벽근의 각성 부족 탓에 호흡이 소외당하게 된 과정이 지금까지의 설명으로 확실해지지 않았나 싶습니다.

3. 숨 막힘—가로막의 업적과 실수

앞에서도 이야기했듯이, 척추동물의 역사를 보면 인간의 허파 호흡은 그 출발점에서부터 엄청난 부담을 갖고 시작했습니다. 말하자면 고생대 시절, 물고기들은 체벽근의 활동에 자신의 모든 것을 걸고 상륙을 감행한 셈이지요.

하지만 상륙 이후 육상동물은 지금까지 온갖 어려움을 극복하고 훌륭하게 살아남았습니다. 물론 이 조화(造化)에는 신의 지혜가 모여 있다는 사실은 말할 굳이 필요도 없겠지요. 실제 우리 몸속에는 하늘이 내린 기막힌 메커니즘이 곳곳에 숨어 있는데, 그중에서도 호흡 중추인 숨뇌(연수)의 존재는 가히 최고라고 말할 수 있습니다. 뇌의 일부인 숨뇌는 어류 시절, 아가미구멍의 영역을 지배하고 아가미구멍의 개폐 운동을 관장하던 부위입니다. 신의 조화는 '아가미의 뇌'라고 부를 수 있는 이 숨뇌를 상륙 이후에도 그대로 호흡 운동의 중추로 남겨두고, 문제의 체벽근에게 밤낮 가리지 않고 끊임없이 자극을 보내는 응급 대책을 마련했던 것이지요. 의식이 있든 없든 우리가 호흡을 멈추지 않는 것은 바로 숨뇌 덕분입니다.

두 번째로 꼽을 수 있는 인체의 신비는 허파를 담아두는 갈비뼈 바구니, 즉 가슴(흉곽)의 형성입니다. 개구리나 뱀의 몸통을 관찰해도 알 수 있듯이, 인간의 가슴 부위는 갈비뼈의 운동을 매개로 마치 풀무처럼 규칙적으로 움직이면서 허파주머니에 공기를 불어넣는데, 이 몸통의 바구니가 말 그대로 가슴의 테두리가 된 것은 중간에 하나의 근육 막이 펼쳐지면서 가슴과 배를 확실하게 구분 짓게 된 포유류 시절부터입니다. 이 가슴 테두리를 마무르는 근육성 막이 지금부터 거론할 가로막이라는 사실은 두말하면 잔소리겠지요.

그런데 이 가로막은 결코 평면으로 펼쳐지지 않습니다. 밥그릇을 뒤집어 놓은 모양으로 가슴의 바닥을 막고 있기 때문에 주위의 밑바닥 근육이 수축하면, 가로막의 가운데 꼭대기가 아래로 가라앉아 가슴안의 부피를 늘리고 순식간에 허파 안쪽으로 공기가 들어오게끔 되어 있습니다. 가로막의 활동은 공기 흡입에 집중하는 셈이지요. 나아가 발생학적으로 보자면, 가로막 근육은 목 앞벽의 근육 일부가 떨어져 나가 저 멀리 가슴의 바닥까지 내려간 것입니다. 개구리가 목을 크게 부풀려서 숨을 쉬듯이, 양서류의 목 근육이 포유류에서는 가로막으로 변신했다고 해도 틀린 말은 아닙니다.

여기까지 생각이 미친다면 가로막이 체벽근 중에서 처음으로 그 본래의 임무를 반납하고 호흡에 전념하도록 만들어진, 그중에서도 들숨 전문 근육임을 알 수 있습니다. 지혜로운 신은 냉혈동물보다 훨씬 많은 양의 산소를 필요로 하는 온혈 포유류를 위해 들숨 전용 근육을 가장 먼저 생각해낸 셈이지요. 가로막의 순간적인 수축 덕분에 우리는 거의 찰나에 공기를 들이마실 수 있게 되었습니다.

그러나 세상 모든 일에는 반드시 동전의 양면이 존재합니다. 가로막은 훌륭한 업적을 거둔 주인공이면서 동시에 성가신 문제의 주범으로 내몰리기도 했습니다. 요컨대 우리가 잔뜩 긴장하며 일에 몰입할 때 목 근육과 함께 형제 근육인 가로막까지 수축한다는 것이지요. 깜짝 놀라는 순간 내지르는 '어머나!' 하는 소리는 전신 근육의 긴장과 함께 숨을 빨아들이는 음성을 나타냅니다. 우리의 몸은 가로막의 수축, 즉 들숨 없이 아무것도 할 수 없는 꽤 불편한 구조입니다.

여기에서 우리는 인간이 일을 할 때는 항상 숨을 마시는 쪽으로 기울 수밖에 없는, 하나의 운명을 갖고 태어났다는 사실을 충분히 짐작할 수 있을 테지요. 가로막의 상습적인 수축 때문에 양쪽 허파는 자전거 타이어처럼 조금씩 빵빵하게 부풀어 오릅니다. 앞에서 설명한 숨 막힘은 이렇게 해서 생겨났습니다. 이는 무엇이든지 모아두고 쌓아두려는 동물적인 습성의 또 하나의 상징이라고 말할 수 있겠지요.

4. 일은 휴식의 지혜를 발휘해서

일상생활을 떠올려보면 숨 막힘의 현상은 다양하게 나타납니다. 특히 스트레스를 많이 받는 현대인은 아침부터 밤까지 숨 막힘에 시달릴지도 모릅니다. 업무가 호흡을 방해한다는 것이 오늘의 주요 테마라면, 숨 막힘이 가장 중요한 안건이 되겠지요. 우리의 옛 조상들이 막힌 숨을 뻥 뚫어주는 일에 얼마나 많은 지혜를 짜냈는지, 인류의 숨 고르기 역사를 돌이켜보면 문제의 심각성을 충분히 짐작할 수 있습니다.

예를 들면 서커스 공연에서 피에로의 역할이 바로 그러합니다. 줄타기, 사다리타기, 공중그네……. 헉헉거리며 거듭 숨을 마시는 극도의 긴장감이 이어진 다음에는 '피식' 하고 숨을 토해내야 하는데, 이때 숨통을 틔워주는 역할을 바로 피에로가 하지요. 또한 무대에서 익살꾼이 처음부터 혼자 연기해야 할 때는 일정한 시간 차를 두고 들숨과 날숨을 교차하는 장치를 마련해두지 않으면 청중은 배우의 연기를 따라가지 못합니다. 더욱이 두 사람이 함께하는 만담이라면 키가 큰 사람과 키가 작은 사람을 조합하는 식으로 전혀 다른 생김새를 가진 사람들이 무대에 오릅니다. 청중들은 이렇게 해서 숨을 들이마시고 숨을 내뱉으며 몸속을 깨끗하게 청소한 다음, 아주 상쾌한 기분으로 극장 문을 나서게 됩니다.

물론 서커스 공연에서만 숨 돌리기를 접할 수 있는 것은 아닙니다. 우리는 숨통을 죄는 업무에서 본능적으로 몸을 보호하기 위해 스스로 깨닫지 못하는 사이에 다양한 방식으로 릴렉스를 꾀합니다. 그중에서도 소리를 내는 일이 가장 간단하면서도 효과적이라는 사실을 이미 잘 알고 있습니다. 흔히 말하는 웃음은 물론이고, 왁자지껄한 수다, 끝없는 푸념에서 마침내 우렁찬 고함소리, 노래방의 함성을 거쳐 들끓는 절규까지 사람들은 발성을 통해 일상의 노동이 불러일으키는 숨 막힘, 이른바 응어리를 어떻게든 해소하려고 노력합니다.

여기에서 한 가지 짚고 넘어가야 할 핵심 문제가 있습니다. 작업이라는 것이 모두 숨 막힘을 초래하는, 말하자면 '흡기성(吸氣性)인가?'라는 문제이지요. 물론 모든 일이 그렇지는 않습니다. 고인 물이 썩는다는 속담처럼 우리 조상들은 환기가 되지 않는 들숨이 얼마나 작업 능력을 떨어뜨리고, 또 숨 막히는 승부의 세계에서 숨통을 적절하게 틔우기 위해 어떻게 숨 고르기를 해야 하는지의 문제를 이미 충분히 몸으로 감지했습니다. 그러니 옛사람들은 본능적으로 날숨 작업에 더욱 유념했던 것이지요.

이처럼 지혜로운 선인들의 조화로운 작업은 빨래터의 쑥덕공론에서도 여실히 드러납니다. 동네 아낙네들이 우물가나 빨래터에 모여 이야기꽃을 피우는 '우물가 공론'이라고 하면, 찰싹찰싹 빨래를 방망이질하는 손과 함께 입도 어금버금하게 바삐 움직이는 광경이 떠오릅니다. 빨래터에서는 손의 움직임에 따라서 호흡이 변하는데, 날숨은 손동작을 멈춘 순간에 이루어집니다. 그야말로 막힌 숨을 틔우는 작업인데, 숨을 토해내는 일은 육체가 만들어낸 하나의 지혜라고도 말할 수 있겠지요.

그럼 마지막으로 숨을 내쉬는 방법에 관해 생각해보겠습니다. 우선 가로막이 수축하면서 생기는 빨아들일 때보다 가슴이 수축하면서 생기는 뱉어낼 때 힘이 더 많이 필요하겠지요. 하지만 그 이전에 수축한 가로막의 하강을 조금이라도 막아내는, 즉 거듭되는 들숨 작업을 피하려면 창자를 매개로 창자 아래에서부터 지탱하는 하복부 근육들의 강력한 지원이 필요하다는 사실을 결코 잊어서는 안 됩니다. '얍!' 하고 기합을 넣을 때, 배꼽 아래 단전에 힘을 모은다는 것은 바로 이런 의미겠지요.

그런데 우리에게는 인류사의 유산이라고도 말할 수 있는 '노동요'가 조금씩 모양새를 바꿔가면서 면면히 전해 내려오고 있습니다. 이를테면 벼 베기를 할 때 부르는 노래나 나무 벨 때 부르는 노래, 물고기를 잡으며 부르는 노래같이, 옛날 사람들은 들로 산으로 바다로, 사계절마다 지금 말한 '단전에 힘을 모으고' 노동요를 우렁차게 부르면서 흥이 나게 일했습니다. 결과적으로 노동에 의한 완전 연소가 가능했던 셈이지요.

현대인에게는 이런 흥겨운 작업 방식이 그저 아득한 추억으로 남아 있을 따름입니다. 지금 우리는 조용히 침묵을 지키며 일합니다. 때로 혼자서 긴 한숨을 내쉬기도 하지만, 대부분 숨을 몰아쉬며 그 숨도 도중에 끊어질 듯 말 듯……. 지금이야말로 노동요를 다시 부활해야 할 때가 아닐까 싶습니다. 그렇다고 애써 소리를 질러댈 필요는 없습니다. 우선 어깨에 힘을 빼고 가로막의 불필요한 긴장을 덜어내야 하는데, 이때 단전에 힘을 모으고 들숨을 참으면서 항상 날숨에 더 집중하며 일을 해나가면 됩니다. 그도 그럴 것이 우리가 좋아하는 일이나 일상적인 동작을 할 때는 특별히 긴장하지 않으면서 들숨과 날숨의 적절한 균형을 이루며 호흡하고 있으니까요.

이 글의 주제인 일과 휴식의 '타이밍'도 호흡의 균형에서 자연스럽게 터득할 수 있습니다. 특히 업무 능률을 올리는 '적기'를 놓치지 않기 위해서라도 이번 기회에 자신의 업무 호흡을 되돌아보면 좋겠습니다.

대담

오늘날 아이들의 생활 리듬

학습 부진의 원인은?

성장 발달에도 리듬이 있다

사카모토[1]: 요즘 아이들의 건강 문제 가운데 제가 가장 염려하는 부분은 벌레 먹은 것 같은 몸입니다. 눈은 근시요, 목은 1년 내내 부어 있고, 피부 습진으로 고생하며, 구부정한 등에 자세가 아주 나빠요. 조금만 걸어도 녹초가 되고, 비만이 급증하고 있으며, 전체 아동의 90% 이상이 충치로 고생합니다. 이런 모든 질병은 생활 습관에서 온다고 생각되는데요.

미키: 저는 지금까지 스무 살 전후의 대학생을 주로 만났기 때문에 어린 초등학생에 대한 경험은 적습니다. 그런 의미에서 사카모토 선생님께서 말씀하시는 문제점에 대한 근본적인 의견은 감히 말씀드리기 힘듭니다. 하지만 '독감 휴교령'만 해도 왠지 연

---

1   사카모토 미치코(坂本玄子, 1927~), 초등학교 보건 교사를 거쳐 일본 체육대학교대학원 강사, 도쿄여자의대 간호전문학교 강사로 활동했으며, 일본의 간호 교육과 학교 보건 연구자로 널리 알려져 있다.

중행사가 된 것 같은데, 이는 아무래도 항생물질의 사용법과 관련 있지 않을까 싶습니다. 말하자면 항생제의 남용으로 몸속의 림프계통이 망가진 것이지요. 림프계통에 속한 면역세포는 외부에서 들어온 물질에 반응하는데, 왠지 제 구실을 못하고 있는 것 같아요.

흔히 갓난아기들은 방바닥이나 마룻바닥을 핥습니다. 이때 아주 더러운 것도 빨게 해서 장관의 림프계통을 단련시켜야 하는데, 어릴 적부터 그런 단련이 되지 않으면 인체의 방어력이 떨어집니다. 아울러 항생제를 남용해도 면역력이 떨어지고요.

사카모토: 면역력이 떨어진다는 것은 질병에 걸리기 쉽고 체력이 약해진다는 뜻으로, 결국 아이들의 의욕, 학습 능력, 생각하는 힘에 영향을 끼치게 된다는 말씀이지요.

미키: 네, 그렇습니다. 같은 맥락에서 홍역도 경험해야 하지 않을까 싶습니다. 홍역을 앓기 전과 앓고 난 뒤에는 확연하게 다릅니다. 병이 말끔히 치료되고 나면 몸은 더욱 튼튼해지거든요. 저는 홍역을 '인생의 세례'라고 생각합니다. 그런 의미에서 예방주사를 너무 맹신하는 것도 좀…….

사카모토: 아이들의 발육 문제를 살펴보면 만 6, 7세까지 균형감각을 키워주지 않으면 그 이후에는 제대로 자라지 않는다고 합니다. 갓난아기 때 제대로 기어 다니지 않은 아이들은 신체 발달이 더디다는 보고도 있고요. 목을 들어 올리는 근육의 힘이 음성, 발성력을 키워주고, 상체를 지탱하는 힘이 세져서 이 힘이 아장걸음의 밑바탕이 되는 동시에 온전한 보행을 할 수 있게 도

와줍니다. 방바닥을 기지 않고, 보행기만 타고 자라난 아이는 시간이 지나면서 몸이 덜 발달하게 되는 비극을 맛보게 되지요. 이처럼 발달 단계를 차근차근 밟아온 아이와 그렇지 않은 아이는 초등학생이 되어서도 크게 차이 납니다. 이는 더 거시적인 안목에서 보자면 생체 리듬도 있고 발달 리듬도 있기 때문에, 발달의 순차적인 단계를 초등학교에서부터 매우 중요하게 다루어야 하지요.

미키: 그렇습니다. 갓난아기는 생후 6개월쯤부터 물건을 주면 혀로 핥기 시작합니다. 조금 전에 마룻바닥 이야기를 했는데, 이시기에 철저하게 빨고 핥지 않으면 미대 진학은 힘들지도 모릅니다. 그도 그럴 것이 형태 파악은 무엇보다 혀에서부터 시작하기 때문이지요. 그리고 혀에서 파악이 끝나면 손으로, 손으로 마스터하면 마지막에는 눈으로……. 이렇게 대상을 이해하는 폭이 점점 넓어질 테니까요.

사카모토: 저는 초등학교 저학년 학생들에게 종이접기를 많이 시킵니다. 가위 사용법도 확실하게 익히게 하고요. 세밀한 손가락 활동이 대뇌 명령에 따라 빈틈없이 움직일 때가 바로 초등학교 저학년 시기거든요. 그러니 이 시기에 손가락을 움직이는 놀이를 즐겨하면 대뇌가 더 효율적으로 발달할 수 있겠지요.

미키: 흙장난도 마찬가지죠.

사카모토: 초등학교 1학년을 담당하는 베테랑 선생님이 한 분 계신데요. 그 선생님은 1학년 학생들을 평가할 때, '흙장난에 익숙한가, 가위를 사용할 수 있는가, 곤충과 사이좋게 지내는가, 푹

자는가, 친구가 있는가?' 이렇게 다섯 항목을 체크하신대요. 그런데 이 평가에서 낙제 점수를 받는 아이들이 요즘은 아주 많지 않을까 싶어요.

최근 학부모들은 명문대 진학만 강요하고 선생님은 학업 성취도로 아이들을 판단하는데, 물론 성적이 다는 아니겠지요. 그 베테랑 선생님은 "이 다섯 가지 항목을 제대로 익히면 초등학교 1학년 학생들의 기초 학력은 충분히 다질 수 있다고 믿어주세요." 하며 어머니들을 설득한다는 말씀을 듣고 저는 크게 감동했습니다.

미키: 제가 있는 대학에 노구치 미치조[2] 선생님이라고 체육학과 교수님이 계신데, 그분은 학생들에게 자신의 육체를 오롯이 실감하고 싶으면 먼저 자신의 '똥'을 양손으로 움켜쥐어 보라고 한대요. 육체와의 접촉은 바로 거기에서부터 시작된다고요. 이것이 체육 수업의 출발점이라는 이야기를 학생들한테 전해 들었습니다. 대단하시지요.

사카모토: 정말 굉장한데요. 요즘 아이들은 꾸밈없는 순수함을 간직해야 할 시기에 마치 로봇처럼 인위적으로 만들어진다는 느낌이 들어요. 곤충만 해도 도감을 보고 곤충의 분류나 머리와 몸통, 꼬리를 지식으로서는 훤히 꿰뚫고는 있지만, 곤충 그 자체를 자연스럽게 만질 수 있는 아이는 거의 없지요. 이를 미키 선생님

---

2 노구치 미치조(野口三千三, 1914~1998), 도쿄예술대학교 명예교수로 '노구치 체조'라는 독창적인 인간관과 실기를 제창했다. 주요 저서로는 《원초 생명체로서의 인간—노구치 체조의 이론(原初生命体としての人間—野口体操の理論)》이 있다.

께서 말씀하신 핥고 만지고 보는 단계에서 말하자면, 핥기와 만지기가 빠지고 보기만 하는 데다가 그마저도 책으로만 접할 뿐이라는 거죠.

미키: 네, 바로 그거지요.

수면 공복 상태의 아이들

사카모토: 선생님께 이런 말씀을 드리면 웃으실지도 모르겠는데요. 어제 한 아이가 대청소를 하다가 그만 유리에 손을 베는 바람에 양호실을 찾아왔습니다. 그때가 3교시쯤 되었으니까, 오전 11시가 조금 못 되었지요. 오전에 상처가 나면 비교적 출혈량이 많은 것 같아서 저는 그 아이에게 이렇게 말하며 아이를 안심시켜 주었지요.

"가만있자, 오전에 난 상처라. 지금은 밀물이 꽉 차게 들어오는 만조 때거든. 만조 때 생긴 상처는 피가 많이 나는 법이라고 옛날 할머니들이 그러셨단다."

제가 혹시 낭설을 말하고 있는 건 아닌지 저도 걱정했는데, 의외로 아이는 '정말 그럴까?' 하며 약간 의아한 표정을 지으면서도 고개를 끄덕여 주었지요. 제가 어린 시절에 간조와 만조에 따라서 피가 나는 정도가 다르다는 이야기를 할머니에게 전해들은 적이 있는데, 정말일까요?

미키: 사람에 따라서 오전과 오후의 시간대별로 출혈량이 눈에

띄게 다른 경우도 분명 있습니다. 이를 의학적으로 설명하자면, 교감신경이 미처 잠에서 깨지 않았을 때는 혈관 수축이 아무래도 더딜 테니 속수무책으로 피가 흐를 수 있지요. 반대로 교감신경이 각성하면 반응이 빠르고요.

사카모토: 반응이 빠르다는 말씀은 혈관이 바로 수축한다는 말씀이시군요.

미키: 이는 식물 신경계의 '하루 주기 리듬'이라는 것인데, 개인에 따라 차이가 큽니다. 만약 시간대가 많이 어긋나면, 아무래도 학교 수업시간에 다시 맞추어야겠지요.

옛날 방식으로 좀 거칠게 말하면, 뺨 때리기가 신경계를 깨우는 가장 좋은 방법입니다. 이를테면 물을 확 끼얹는 식이지요. 그런데 이런 충격 요법도 효과는 사람마다 천차만별입니다.

사카모토: 요즘 하루 리듬이 뒤죽박죽 혼란스러운 아이들이 참 많은 것 같아요. 저희 학교에서도 찬물 세수를 지난 3년 동안 귀에 못이 박히도록 지도해오고 있는데요. "아침에 일어나면 찬물로 얼굴을 씻어요. 온몸이 번쩍 눈을 뜰 테니까요." 하면서 말이지요.

다만 이런 지도를 전교생을 대상으로 실시하는데, 개별 지도는 어떻게 해야 할까요? 아이들이 저마다 다르다는 사실을 전제로 한다면 전체적인 지도는 좀 아니다 싶기도 하거든요.

미키: 이는 기본적인 학교 제도와 관련된 문제라고 생각합니다. 물론 집단생활인 이상 개인차를 앞세우기는 힘들겠지만, 문제는 학교 지침을 따라가지 못하는 아이들도 분명 있다는 사실이죠.

개중에는 적응하지 못하는 아이들도 반드시 있을 테니까요. 이런 아이들을 위해서 우리 어른들과 학교 당국은 다양한 측면을 생각해야 할 것 같아요.

사카모토: 커리큘럼을 구성할 때도 규칙만 지키면 그만이라고 생각하는 건 좀 문제가 있어요. 아침에 기운이 없어 보이는 아이를 생각하면 생체 리듬에 맞게, 아침 1교시에는 목소리를 크게 내거나 몸을 움직이거나, 말하자면 두뇌 학습이 아닌 신체 활동 교과를 배치하는 쪽이 더 의미 있지 않을까 싶어요. 일과표를 아이들 몸에 맞추어 다시 재고하자는 말이지요.

미키: 당연히 그렇게도 생각해볼 수 있겠네요.

사카모토: 얼마 전까지만 해도 1, 2교시 수업은 국어나 수학 등 정신을 집중시키는 교과목으로 꾸리는 것이 바람직하다고 생각했지만, 최근 들어서는 1교시 수업을 신체 활동이나 정서 함양 활동으로 바꾸는 추세입니다. 이런 움직임도 실태를 반영하려는 노력이라고 봐야겠지요.

미키: 이건 정말 중요한 문제로, 신중하게 검토해야 한다고 생각합니다. 의학적으로 눈, 귀, 코, 혀, 피부 순서대로 각성하기 시작하는데, 근육계는 그 뒤를 따르죠. 즉 감각기관에서 운동기관으로 그 차례가 엄격히 정해져 있습니다.

그리고 지금 학교에서 문제가 되는 경우는 이른 아침에 잠에서 깨어나지 못하는, 자극을 주면 오히려 더 힘들어하는 아이겠지요. 실은 꽤 오래전에 실시한 소변의 추적 조사에서 수면과 각성의 파형은 개인차가 크다는 사실이 생화학적으로 증명되었습니다. 이 조사 결과에 따르면 아침에 유독 약한 아이가 최고조에 이르는 각성 시간대를 보면 저녁때까지 시간이 늦추어지는 사례도 있다고 해요. '하루 주기 리듬의 변동형'이라고 부르는데, 문제는 바로 수면 각성의 리듬이 일반적인 사회 활동의 시간대와 일치하지 않는다는 데 있지요.

세상의 상식으로는 습관이라고 소홀히 여기기도 하지만, 오랫동안 관찰해보면 타고난 체질이 영향을 크게 끼치는 듯합니다. 이른바 올빼미형 인간이나 최근에는 하루의 생체시계가 '24시간 플러스 알파'인 사람이 있다고도 하니까요.

여하튼간에 아침에 늦게 일어나는 잠꾸러기의 생물학적인 문제는 지금까지 거론되지 않았던 문제로, 앞으로의 연구에 기대가 모이고 있습니다만 지금 현재로서는 이렇다 할 정설이 없습니다. 다만 현대의 생활환경이 지나치게 밤에 집중되어 있다고 지적할 수는 있겠지요.

사카모토: 아침형 인간, 저녁형 인간은 확실히 유전과 환경에 영향을 받는 듯해요. 요즘은 환경이 심야족을 만들어내는 측면이 강하고요. 교육 현장에 계신 선생님들이 요즘 아이들은 의욕이 없다, 생기가 없다는 말씀을 많이 하시는데, 이는 생활방식에서 그 원인을 찾을 수 있을 것 같아요.

옛날에는 저녁 8시만 넘어도 각 가정에서 아이들을 재웠습니다. '착한 어린이는 일찍 자고 일찍 일어나야지.' 하며 불을 끄고 잠잘 환경을 만들어주었지요. 최근에는 학부모님들께 이렇게 부탁 말씀을 드립니다.

"아이를 재워야 하는 시간에는 행여 어머님이 보고 싶은 드라마가 있더라도 텔레비전을 반드시 꺼주세요."

이렇게 하지 않으면 아무리 자라고 해도 아이들은 잠자리에 들지 않습니다. 특히 요즘에는 좁은 아파트에 식구들이 옹기종기 모여 사니까요.

그리고 또 중요한 게 식사지요. 아침, 점심, 저녁 세끼를 꼬박꼬박 챙겨 먹어야 하는데, 아침은 시간이 없어서 건너뛴다거나, 아침밥은 전혀 내키지 않는다는 아이들이 꽤 많아요. 하루 세끼 식사가 무너지고 있는 거지요.

미키: 분명 현대 사회의 환경은 아침형 인간까지 저녁형 인간으로 바꾸어놓는 듯합니다. 저도 학교에서 대학생들을 진찰해보면, 대략 다섯 명에 한 명 꼴로 아침에는 병든 병아리처럼 맥을 못 추겠다고 해요. 매해 신입생들을 검진해서 이 결과를 심도 있게 확인한 다음, 대학 4년 동안 얼마나 아침형으로 바로잡을 수 있는지 없는지를 스스로 인체 실험을 하게 해요.

이와 관련해서 바퀴벌레 실험을 소개해드리고 싶은데요. 바퀴벌레는 저녁 6시부터 밤 12시까지 가장 활발하게 활동하고, 자정이 지나면 잠듭니다. 그런데 오후 4시쯤부터 캄캄한 환경을 만들어 밤을 인위로 앞당기면 바퀴벌레의 활동 시간대가 조금씩 앞으로 이동합니다. 반대로 밤 9시까지 낮의 환경을 연장하면 활동 시간대가 뒤로 늦추어지고요. 이 실험 결과를 고려해서 밤에 잠이 오지 않더라도 빨리 조명을 끄고 잠잘 환경을 만들어주세요.

사카모토: 인공적으로 환경을 바꾸는 게 의미가 있을까요?

미키: 적어도 학교에 아침 등교 시간이 있는 이상은…….

사카모토: 그렇군요. 현대 사회에서는 교육 조건을 정비하려고 할 때, 먼저 생활 속의 조건을 만들어주지 않으면 교육이 성립되지 않지요. 아침부터 하품을 늘어지게 하면서 눈동자가 멍하니 풀려 있다거나 대뇌 활동이 떨어진 아이들이 눈에 띄게 늘었습니다. 이런 아이들을 위해 효과적인 지도 방법을 찾아야 한다고 생각해요.

미키: 다만 여기에서 짚고 넘어갈 문제가 있어요. 바퀴벌레가 지닌 본래의 리듬에 인위적인 조작을 가하면 활동의 진폭이 확실하게 줄어든다는 사실입니다. 요컨대 기상 시간을 앞당기면 그만큼 활력이 떨어진다는 겁니다. 마찬가지로 인간도 이런 현상이 충분히 일어날 수 있겠지요.

사카모토: 결국 컨디션의 문제가 되겠네요.

미키: 그렇지요. 바로 이것이 몸의 부조화, 즉 '컨디션 난조'의 실체입니다. 찬물을 끼얹어도 정신을 차리지 못하는 이유는 컨디션이 바닥났기 때문이지요. 그런데 더 심각한 문제가 있습니다. 이렇게 리듬이 깨져서 활력이 떨어진 아이는 초등학교 때부터 의기소침한 생활이 쭉 이어질 수 있어요. 자신도 모르는 사이에 일종의 '만성 수면 기아'에 빠지게 되는 셈이지요. 이런 상황에서 '어떤 성격이 형성될까?' 하는 문제, 즉 '성격과 생리'의 표리일체 관계를 저는 항상 염두에 두고 있습니다.

사카모토: 역시 성인이 된 다음 고생하지 않으려면 초등학교 때

부터 생활 습관, 즉 생활 리듬을 스스로 만들어내게끔 가르쳐야겠군요.

미키: 현실은 생각보다 훨씬 심각한 것 같아요. 요즘 사회 이슈가 되는 '등교 거부'는 그 아이가 선택할 수 있는 무의식의 '자위 수단'처럼 보입니다. 말하자면 정당방위 같은……. 등교 거부까지는 아니더라도 중학교, 고등학교를 거쳐 대학교까지 컨디션 난조 상태로 지내는 학생이 많은데, 이들을 진찰해보면 체질과 성격이 이미 고착화되었어요. 유전이냐, 환경이냐의 잘잘못을 따지면 이미 늦어요. 초등학교 교육 현장에서 세심하게 관찰해야겠지요.

사카모토: 네, 맞습니다.

인류도 '겨울잠'을 잔다?

미키: 이번 기회에 한 가지 덧붙이고 싶은 말이 있습니다. 좀 기이하게 들릴지도 모르지만, 사람에 따라서는 동면하는 경우도 있는 듯합니다. 앞서 소개한 소변 검사 결과에 따르면, 동면할 때는 수면과 각성의 그래프 파형이 기복 없이 평평해집니다. 물론 동면 계절이 반드시 겨울인 것은 아니고요. 봄이나 여름에 휴면하기도 하고, 또 1년 주기로 겨울잠이 깊어지거나 얕아지기도 하고요. 여기에서 중요한 사실은 휴면기에는 지금 문제가 되는 아침의 각성 부전 증상이 더 심해진다는 거지요.

사카모토: 계절적인 컨디션 난조인가요?

미키: 네, 맞습니다. 춘곤증이나 여름을 타는 체질 등의 이유로 침체기를 주기적으로 겪을 때가 있는데, 이때는 리듬이 뒤죽박죽 일그러져 있습니다. 그런데 보통은 이런 리듬의 변화를 자각하지 못합니다. 다만 해마다 같은 피로감을 맛보는 동안 계절 감각을 느끼면서, '나는 여름에 유독 약해!' '난 겨울만 되면 맥을 못 추겠어.' '봄에는 춘곤증 때문에 너무 힘들어!' 하며 토로하는 것이지요. 저는 이런 개개인의 '1년 주기 리듬'도 어릴 때부터 나타난다고 생각합니다. 그러니 계절감도 조금씩 자각할 수 있게 가르치면 좋겠네요.

사카모토: 네, 맞아요. 저도 아이들에게 자신의 리듬을, 그리고 객관적으로 자신의 몸을 생각할 힘을 길러줘야 한다고 생각합니다. 이는 아이들이 초등학교에 다니는 6년 동안 교사가 지도해야 할 중요한 교육이지요.

미키: 이야기가 좀 거창하게 들릴지도 모르지만, 지구에 사는 생물은 모두 태양계의 주기, 더 넓게 말하면 우주의 리듬과 보조를 맞추어서 '휴식과 활동'을 되풀이합니다. 다만 인간만 유독 1년 내내 쉬지 않고 바삐 움직입니다. 자신의 일과표에 겨울잠을 넣는 사람은 아마도 없겠지요(웃음). 하지만 가만히 생각해보면, 생물의 발생 이래 우리의 몸 깊은 곳에 뿌리 깊은 생리가 새겨져 있다는 사실을 부정할 수 없습니다. 지금 이 문제를 자세히 다룰 시간은 없지만 아주 간단히 말하자면, '계절감'을 소중히 여긴다는 것은 태양과 저마다의 개성적인 연결을 확실히 자각하는 일

이라는 것이지요.

사카모토: 그렇군요. 인간에게 가장 소중한 것을 초등 교육에서 너무 소홀히 여겼네요. 아이들이 지닌 자신만의 신체 감각을 일깨워 주는 일은 정말 필요한 교육이겠군요.

미키: 우리 조상들은 사계절의 변화를 몸으로 실감했던 것 같아요. 춘하추동의 리듬이 바뀌는 순간에 글자 그대로 마디를 매겨서, 바꿔 말하면 지휘봉을 흔들며 그 리듬 감각을 한층 끌어올렸습니다. 다만 이때 문제는 지휘봉을 함부로 휘두르면 자연의 리듬이 파괴됩니다. 즉 진정한 의미에서의 학습 부진아가 생길 테니까요.

사카모토: 스스로 신체 감각을 키워서 살아가는 힘을 길러주지 않으면, 부족함이 없던 아이가 열등생으로 전락하거나 정말로 관심이 필요한 아이를 간과해버리는 일도 생기겠군요.

미키: 결론을 말씀드리면, 아이가 겨울잠을 잘 때는 억지로 채찍을 들지 말라는 부탁입니다. 저는 소아과 전문의가 아니라서 자세한 사정은 잘 모르지만, 아이들이 큰 병을 앓는 것도 알고 보면 자연의 리듬을 무리해서 거스르는 일이 거듭된 결과가 아닐까 싶습니다.

7일 주기로 탈피한다

사카모토: 요즘 초등학생 가운데는 보건실에 와서 스스로 어디

가 아픈지 말하는 데 15분이나 걸리는 아이도 있어요. 제 앞에 와서 아무 말 없이 다리만 내밀기도 하는데, 이때 "어떻게 된 거야?" 하고 제가 물으면, 아이는 손가락을 가리키며 "여기!" 하고 말을 더 이어나가지 못해요. 독감이 한창 유행할 때는 열이 난다고 보건실을 찾은 아이에게 "지금 춥니?" 하고 물으면, "네." 하고 대답하죠. 그러면 저는 이렇게 가르쳐줍니다.

"바로 그걸 오한이라고 해. 몸이 오슬오슬 춥고 떨리는 증상 말이지. 이렇게 오한이 난 뒤 몸이 뜨거워지면서 열이 나는 거야. 이런 느낌을 잘 기억해두렴."

이는 아이들에게 소중한 체험이니까요.

그런데 아이들은 대부분 열이 나면 그저 울기만 해요. 자기 몸의 변화를 말로 표현하지 못하는 거지요. 엄마가 데리러 오면 엄마 품으로 달려가서 엉엉 눈물만 흘리고요. 그러면 어머니는 놀라서, "괜찮아, 괜찮아." 하고 달래줍니다. 이처럼 교실에서는 우등생이라도 보건실에 오면 열등생으로 바뀌는 아이가 참 많습니다. 그만큼 자신의 몸에 관해 생각하는 힘이 부족한 아이가 많은 거죠.

미키: 자신의 몸속에 정말로 훌륭한 리듬이 있는데, 인류는 역사적으로 이 리듬에 너무 무뎌져버린 듯합니다.

사카모토: 그런 것 같아요.

미키: 리듬, 주기와 관련해 놀라운 연구가 하나 있는데요. 도쿄 의과치과대학교의 약리학 교수님이신 오카다 마사히로 선생님은 토끼의 치아 단면에서 아주 선명한 '일륜(日輪) 구조', 말하자

면 매일 하나씩 형성되는 나이테를 발견하셨다고 해요.[3]

사카모토: 오호, 그래요?

미키: 물론 일륜 구조는 인간의 치아에도 머리카락, 손톱에도 있습니다. 삼라만상 모든 경조직에는 24시간의 주기가 깊이 각인되어 있는 거지요. 그런데 치아의 일륜 구조를 보면, 7일 주기를 관찰할 수 있다고 합니다. 요컨대 동물의 몸에서는 7일 주기로 탈피가 이루어지는 셈이지요.

사카모토: 7일 리듬은 인간의 역사가 시작된 이후부터네요.

미키: 아니 어쩌면 더 유구한 역사, 태양계 어딘가에 7일 주기가 있지 않을까 싶습니다. 우주 리듬과의 공진이 지구의 생물 몸속에 면면히 이어져 내려오고 있지요. 또한 내재된 7일 파동에 귀를 기울이고, 그 파동의 꼭대기에 마디를 매긴 것이 유대력입니다. 당연히 육체의 소리를 제도화하기까지는 꽤 많은 세월이 필요했지만요.

그리고 학교 수업시간도 숨겨진 육체의 리듬에서 비롯되었다고 생각합니다. 인간은 저녁에 잠잘 때도, 낮에 깨어 있을 때도 또 하나의 작은 리듬을 갖고 있습니다. 말하자면 수면과 각성의 마루와 골이 있고, 여기에 더 작은 마루와 골이 있는 셈이지요. 이 리듬을 계산해보면 대략 90분쯤 되는 것 같아요.

사카모토: 결국 인간도 생물인 셈이네요.

---

3   오카다 마사히로(岡田正弘, 1900~1993) 논문, 〈탈회(脫灰) 상아질의 염색성과 석회화의 관계〉,《일본학사원 기요(日本学士院 紀要)》35권 1호, 1959. 미키 시게오,《태아의 세계》에도 소개되었다.

미키: 이런 연유로 45분 수업, 또는 90분 수업이 탄생하지 않았나 싶어요. 따라서 45분 수업이라고 하면 1교시와 2교시의 쉬는 시간은 짧게 줄이고, 다음 3교시가 되기 전에는 충분히 휴식 시간을 확보하는 쪽이 좋겠지요. 여하튼 대학 수업이 90분 단위로 구성된 것은 유대력과 같은 사정으로 정해졌다고 봅니다.

사카모토: 아하, 그렇군요.

미키: 저는 학생들에게 이다음에 부부싸움을 하면, 8일째 되는 날에는 반드시 고마운 중재자가 나타날 거라는 이야기를 농담반 진담반으로 해요(웃음). 몇 해 전 세상을 떠들썩하게 했던 '쟁의권 탈환 파업'[4]도 그랬지요. 여기에서 누가 지고 누가 이기느냐는 의미가 없어요.

사카모토: 생체 리듬에 따른 드라마네요.

미키: 그렇지요. 제가 7일 주기를 가장 강렬하게 느꼈던 순간은 부모님이 돌아가셨을 때입니다. 8일째 되던 날, 슬픔이 조금 가시는 느낌을 온몸으로 맛보았으니까요. 일주일 동안은 한결같이 슬픔에 잠겨 있었는데 말이죠. 정말이지 '초이렛날'은 엄청난 걸 대변해주는 것 같습니다. 하나 더 덧붙이면 모든 병은 주 단위로 호전되어 갑니다.

사카모토: 분명 인간의 마음속에는 리듬이 있는 것 같아요. 일상생활에도 존재하는 이 리듬을 활용해보는 것도 좋겠지요. 예컨

---

4 쟁의권 탈환 파업, 쟁의 행위가 법으로 금지된 관공서 노동자가 쟁의권 회복을 요구하는 파업 투쟁으로 일종의 '파업권을 위한 파업'이다. 여기에서는 1975년 11월 26일부터 12월 3일까지 8일째 계속된 '일본국가공무원노동조합연합회'가 주도한 동맹파업을 지칭한다.

대 아침에 일찍 일어나서 볼일을 보고 학교에 가면 기분이 상쾌해지는 느낌을 아이가 직접 경험하면 화장실에 꼭 가야겠다는 의욕이 생기겠지요. 이런 행동은 자신의 욕구에 따르는 행위니까 이런 마음을 자극하면 마찬가지로 학습에서도 의욕이 샘솟지 않을까 싶은데, 어떻게 생각하세요?

미키: 맞습니다. 내재된 리듬을 얼마나 실감하느냐, 이 리듬에 악센트를 찍어서 타고난 저마다의 능력을 발휘한다면 더할 나위 없이 좋겠지요.

사카모토: 지금까지 좋은 말씀 감사합니다.

리듬 불균형이 초래하는 몸의 부조화

하루 주기 리듬의 분석

학교나 일터의 보건실에는 언제나 컨디션 난조를 호소하는 사람이 많습니다. 또한 건강검진을 할 때도 항상 몸이 찌뿌둥하다는 하소연을 많이 듣습니다. 이른바 잠재 인구가 꽤 많다고 여겨지는데요. 더욱이 요즘에는 성인뿐 아니라 아이들도 몸의 부조화 조짐이 나타나고 있습니다. 이번에는 제가 늘 만나는 젊은이들의 컨디션 난조에 관해서 이야기하려고 합니다.

컨디션 난조의 호소

뚜렷한 원인을 모르는 몸의 부조화는 사람마다 다양한 증상으로 나타나기 때문에 불편한 증상을 일일이 나열한다면 백화점에 진열된 물건들처럼 그 수를 다 헤아리기 힘들 테지요. 하지만 여러 갈래의 불쾌감이나 불편함도 수차례 접하면서 조금씩 간추릴 수 있게 되었습니다.

만성 피로—쉽게 지친다. 피로감 때문에 학업이나 업무에 지장을 초래한다. 무리를 하면 피로가 오랫동안 남아 있다. 요컨대 요즘은 컨디션이 바닥이다.

소화 상태—아침부터 식욕이 없고 욕지기가 난다. 억지로 먹으면 속이 더부룩하고 온종일 불편하다. 최근 변비가 심하다.

근육 증상—등이 아프다. 허리가 뻐근하다. 목덜미에서부터 어깨까지 뭉쳐 있다. 눈이 피로하다(안근 피로). 담이 자주 든다.

저혈압—어지러워서 혈압을 재었더니 저혈압이었다. 체질처럼 여겨진다. 계단을 오르면 가슴이 두근두근 떨린다.

수면 불량—숙면을 이루지 못하고, 아침에 일어나면 몸이 찌뿌드드하다. 새벽녘, 때로는 한밤중에 잠에서 깨면 이후에 잠이 오지 않는다. 악몽에 시달린다.

이는 신체 증상인데, 성인의 경우 육체적인 증상에 정신적인 증상도 덧붙습니다. 특히 근면 성실한 완벽주의자일수록 정신 증상이 강하게 나타나는 듯합니다.

뒤처지지 않으려고 아등바등하지만 일은 전혀 진척되지 않고 초조감만 쌓인다. 자신도 모르게 예민해지고 아주 사소한 일에도 신경을 쓰기 시작하면 끝이 없다. 일을 망치지 않을까 항상 불안해한다.

이런 정신 상태를 전문 용어로 '자아의 복구 반응'이라고 부릅니다.

　이상이 컨디션 난조의 주요 증상인데, 원인 불명의 통증이나 불편함은 말 그대로 뚜렷한 원인을 알 수 없고, 사람마다 증상이 천차만별이기 때문에 현대 의학에서는 대증요법으로 불편함을 덜어주거나 때로 정신과를 소개하기도 하는데, 확실한 치료법은 아직 정착되지 않았습니다. 덧붙여 최근 일본체대연구실에서 조사한 '초등학생의 신체 이상 증상 열 가지'를 소개하면 다음과 같습니다.

① 아침부터 늘어지는 하품
② 축 늘어진 어깨
③ 피부 알레르기
④ 불룩 나온 배
⑤ 아침 조회에서 쓰러짐
⑥ 구부정한 등
⑦ 넘어졌을 때 손을 내밀지 않음
⑧ 흐리멍덩한 눈
⑨ 턱걸이 횟수 제로
⑩ 공을 제대로 피하지 못함

　이처럼 컨디션 난조의 전체적인 윤곽은 어렴풋이 떠오르지만, 문제의 본질은 여전히 보이지 않습니다.

컨디션 난조의 성립

꽤 오래전부터 저는 원인 불명의 다양한 증상에서 '뭔가 공통된 생리의 부조화는 없을까?'라는 의문점에 몰두해왔는데, 최근에는 '하루 주기 리듬의 부조화'에서 그 답을 찾고 있습니다.

보통 수면과 각성의 주기는 마루와 골이 교대하는 물결 모양을 나타내는데, 컨디션이 좋지 않을 때 파형을 보면 두 가지의 다른 형태를 관찰할 수 있습니다. 먼저 수면 주기가 흐트러지면 파형은 아주 심하게 일그러집니다. 전문 용어로는 '하루 주기 리듬의 변동형' 또는 '지연성 수면 주기 증후군(DSPS)'[1]이라고 부릅니다. 또 한 가지의 형태는 진폭이 줄어드는 파형으로, 그 결과 잠을 자고 있어도 반쯤 깨어 있고, 깨어 있어도 반쯤 잠들어 있는 상황에 빠지는데, 증상이 심해지면 밤낮 없이 휴면 상태에 빠지고 맙니다.

학생들이 호소하는 컨디션 난조 증상을 들으면 거의 예외 없이 등장했던 생리 부조화가 '하루 주기 리듬의 부조화'였습니다. 대체로 리듬 불균형 상태가 되면 흐트러진 주기와 감소된 진폭이 한꺼번에 나타나면서, 아침에 늦게 일어나도 잠에서 제대로 깨어나지 못하고 흐리멍덩한 하루가 지속되는 사례를 많이 접했습니다.

앞에서 컨디션 난조의 다양한 증상을 정리해보았는데, 이 가

---

1   지연성 수면 주기 증후군, 'DSPS'는 'delayed sleep phase syndrome'의 약칭이다.

운데 주요 자각 증상은 모두 하루 주기 리듬의 불균형으로 설명할 수 있지 않을까 싶습니다. 요컨대 마땅히 활동해야 할 오전이라도 몸은 여전히 잠에 취해 있는, 수면 주기의 부조화에서 생기는 증세입니다. 생리학에서는 각성의 순서를 눈, 귀, 코, 혀, 피부그리고 근육, 더욱이 오체 근육에서 내장 근육으로 진행한다고가르칩니다. 이런 사실에 비추어보면, 눈이 떠져서 의식이 깨어나도 신체 근육은 여전히 곯아떨어져 있는 상황이 있음을 쉽게짐작할 수 있겠지요.

축 늘어진 몸도, 딱딱하게 뭉친 어깨도 결국 각성이라는 채찍이 잠에 취해 몽롱한 근육을 엄하게 다루기 때문입니다. 쿨쿨 자고 있는 위주머니 속에 음식 덩어리가 흙 묻은 더러운 발로 침입하면 어떻게 될까요? 아직 한밤중인 혈관을 통해서 온몸으로 피를 보내려면 심장 펌프는 필사적으로 움직여야 합니다.

이렇게 신체 근육이 무의식적으로 6개월 넘게 혹사당하면 피로가 쌓이는 것은 당연한 일이겠지요. 앞에서 정리한 컨디션 난조의 모든 증상이 숨겨진 피로의 축적에서 생긴다는 사실은 굳이 설명할 필요도 없습니다.

여기에서 가장 중요한 사실은 많은 사람이 흐리멍덩한 근육, 쌓이는 피로를 자각하지 못한다는 점, 특히 의지가 강한 사람일수록 몸의 소리에 귀 기울이지 않는다는 점입니다.

컨디션 난조의 체질

그렇다면 하루 주기 리듬의 부조화는 도대체 왜 생길까요?

세상 사람들은 리듬 상실의 원인을 습관이나 지나친 스트레스에서 찾으려고 합니다. 하지만 오랫동안 수많은 사례를 접하면서 스트레스는 하나의 계기에 지나지 않고, 이보다 뿌리 깊은 체질이 문제의 근본 원인일지도 모른다는 사실을 점점 피부로 느끼게 되었습니다. 저는 이 체질을 '야행성' '동면 체질'이라고 부릅니다.

인류에게 야행성의 형질 유전이 있는지 없는지는 정확하게 밝혀진 바가 없습니다. 야행성 체질을 떠올리게 하는 사례는 여러 차례 접한 적 있지만, 이 문제와 관련된 세부 논쟁은 여기에서 생략하겠습니다. 다만 사람에 따라서 동면 체질이 확실하게 드러나는 경우도 있습니다. 물론 동면, 겨울잠이 아닌 여름잠이라고 불러도 좋습니다. 일반적으로 동물과 식물은 1년 동안의 일정한 시기에 어떤 형태로든 휴면하는 경향이 있기 때문이지요. 여름에 약한 체질, 겨울에 약한 체질, 혹은 환절기에 유독 맥을 못 추는 체질 등 제 주위에서도 다양한 사례를 볼 수 있습니다.

이와 같은 문제는 영원히 해결할 수 없는 미제로 남을지도 모르지만, 그렇다고 해서 무시할 문제는 절대 아닙니다.

컨디션 난조의 대책

지금 여기에서 야행성을 정면으로 논하거나, 혹은 동면을 연간 일과표에 넣으려는 사람이 있다면 세상 사람들은 어떻게 생각할 까요? 설사 동면 체질이 명백한 사실이라 하더라도 세상은 이를 인정하지 않을 테지요.

그렇다면 만약 자신이 이런 체질임을 알았을 때는 어떻게 대처하면 좋을까요? 답은 아주 간단합니다. 사회생활을 하는 이상 저녁형은 조금이라도 아침형으로 바꾸고, 동면 기간에는 사정이 허락하는 한 무리하지 않는 생활을 실천하면 되겠지요.

인간은 생체 리듬에 박자를 맞추는 능력을 지니고 있습니다. 박자를 늘리거나 박자를 앞당기는 등 박자를 가감할 수 있습니다. 박자 맞추기의 능력을 이용해 수면 각성의 리듬을 조금 앞당기거나 늘어진 주기를 회복하는 것이지요.

옛사람들이 아이들에게 가르치던 예의범절, 혹은 사회에 이미 습관으로 굳은 규칙을 지금 돌이켜보면 야행과 동면에 대응하는, 참으로 피나는 고심의 흔적을 또렷이 읽어낼 수 있을 듯합니다. 구체적인 사례는 일일이 나열할 필요도 없겠지요.

다만 이때 주의해야 할 점은 박자의 가감을 결코 하나의 패턴으로 획일화해서는 안 된다는 점입니다. 어디까지나 개개인의 주기를 정확하게 파악한 다음 적절히 가감해야 합니다. 아주 경미한 불균형부터 밤낮의 완벽한 역전까지, 혹은 24시간 리듬부터 동면의 무반응 상태까지, 이 컨디션 난조의 파형들은 실로 다채롭고 더욱이 결코 한 곳에 머무르지 않는데다 진행 혹은 회복을 향해 시시각각 변합니다. 우리는 이런 살아 있는 파형을 우선 냉정하게, 그러니까 도덕 감정을 배제하고 관찰한 다음 박자를 가감해야 하지 않을까요?

교향곡의 클라이맥스에 '쾅' 하고 울리는 심벌즈는 그 올려치는 지점의 미묘한 차이에 따라 연주를 살리기도 하고 죽이기도 합니다. 마찬가지로 인체 데생의 마디에 찍는 아주 희미한 악센트도 같은 맥락에서 생각해볼 수 있겠지요.

어쩌면 '사랑의 매'도 이렇게 지휘봉을 흔드는 일인지도 모릅니다만…….

《도쿄예술대학교 보건센터 보고》제1호, 1979년 3월, 6~20쪽에 실린 미키 시게오의 논문 〈의료인 보고·신입생의 내과 검진에서―'컨디션 난조'란 무엇인가?〉를 요약.

저녁형 인간의 생리학적 구조

주위를 보면 아침에는 비실비실 기운 없이 지내다가 비로소 밤이 되면 생기가 넘치는, 이른바 '저녁형 인간'이 꽤 많습니다. '일찍 일어나는 새가 벌레를 잡는다'는 서양 속담도 있듯이, 올빼미족은 동서고금을 불문하고 존재하지 않을까 싶습니다.

어쩌면 여러분 가정에도 늦게 자고 늦게 일어나는 아이가 있을지도 모르겠네요. 아침밥을 억지로 챙겨 먹이려는 어머니와 먹기 싫다고 떼쓰는 아이, 밤에는 밤대로 빨리 재우려는 어머니와 야식을 즐기는 아이가 한바탕 전쟁을 치릅니다. 실제로 철들면서부터 줄곧 올빼미였다고 고백하는 학생도 많습니다.

수면 각성의 리듬은 밤에 더 많이 깨진다

최근 인간의 수면과 각성 리듬에 생물학계에서도 관심을 보이기 시작했습니다.

실험 희망자에게 낮밤을 알 수 없지만 그 이외 조건은 아주 쾌적한 실험실을 마련해둔 뒤, 자고 싶을 때 잠들고 일어나고 싶을 때 일어나는 우아한 생활을 보내게 했습니다. 그러자 놀랍게도 모든 피험자가 동일한 실험 결과를 보였다고 합니다. 즉 수면과 각성에서 24시간보다 1시간이나 긴 약 25시간이라는 눈이 휘둥그레지는 주기가 등장했고, 매일 시간대가 뒤로 밀리면서 2주쯤 뒤에는 밤낮의 역전 현상이 일어난 것입니다. 이 실험에서는 피험자 본인도 자각하지 못한 채 꽤 오랫동안 저녁형 인간으로 지낸 셈이지요.

하지만 가만히 생각해보면 굳이 번거롭게 실험을 하지 않아도 주위에서 이런 사례는 쉽게 접할 수 있습니다. 예를 들어 학교 방학으로 시간의 구속에서 자유로워지는 순간, 야행성 경향이 있는 학생 가운데는 본격적으로 올빼미족이 되는 학생도 분명 있습니다. 방학을 마치고 개학하면 올빼미족은 학교생활에 맞는 종달새족이 되기 위해 뼈를 깎는 노력을 합니다.

이처럼 저녁형 인간은 낮에 쿨쿨 자고 밤에 깨어나는 나방과 같은 생활이 아니라, 단지 밤에 더 많이 주기가 어그러지는 생활을 하는 듯합니다. 따라서 앞에 소개한 실험실의 뒤틀린 주기도 실은 저녁형 인간의 특징을 실험으로 이끌어낸 결과라고 말할 수 있겠지요.

그런데 여기에서 피할 수 없는 문제가 하나 생깁니다. 이는 실험 결과에서도 밝혀졌듯이, 주기의 비틀림은 누구에게나 찾아올 수 있다는 사실입니다. 바꿔 말하면 문제의 '25시간 리듬'은 모

든 사람의 몸속에 내재되어 있다는 말이지요. 도대체 이 리듬의
정체는 무엇일까요?

인간의 몸속에는 바닷물의 리듬이 숨어 있다

어쩌면 이 리듬은 지구 생명의 고향인 대해원의 물결, 즉 바닷물
의 리듬과 깊은 관련을 맺고 있을지도 모른다고 아주 오래전부
터 저는 생각해왔습니다.

이런 저의 견해는 즉흥적인 생각이 결코 아닙니다. 달의 인력
으로 하루에 50분씩 어긋나는 조수 간만의 리듬이 생명의 탄생
이후 30억 년의 역사를 자랑하는, 바다 시절의 '생명 기억'으로
세포 원형질에 새겨져 있습니다. 이는 누구보다 우리 몸이 잘 알
고 있지요.

고생물학이 가르쳐주는 바에 따르면, 고생대 말 오늘날 육상
동물의 조상은 기나긴 바다 생활을 뒤로 하고 상륙을 감행했습
니다.

수정 1개월 즈음부터 일주일 동안 태아는 자신의 몸으로 1억
년에 걸친 상륙 드라마를 재현합니다. 마치 꿈처럼 말이지요. 수
정 32일째, 태아의 목덜미에 아가미구멍이 새겨진 어류 시절의
옛 모습이 수정 34일째는 양서류, 수정 36일째는 파충류를 거쳐,
마침내 수정 38일째 사자탈을 연상케 하는 포유류의 형상까지,
순식간에 형태를 바꿔나갑니다([그림 II-12] 참고).

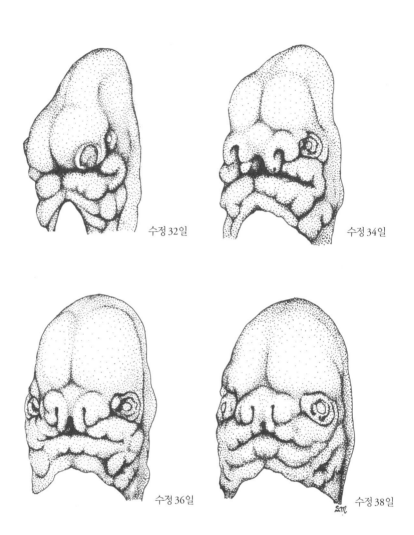

수정 32일

수정 34일

수정 36일

수정 38일

그림 II-12 인간 태아의 얼굴 변화

수정 32일, 34일, 36일, 38일째 태아의 얼굴을 정면에서 약간 오른쪽에서 보고 스케치했다.
출처는 미키 시게오의 저서인《생명 형태학 서설(生命形態学序説)》(うぶすな書院, 1992)에
수록된 미키 시게오 스키마(schema) 원도(原圖) 3.

이렇게 태아의 변신에서도 알 수 있듯이, 우리의 몸은 항상 과거를 계승하며 오늘에 이르렀습니다. 과거의 옛 자취가 일종의 연륜 구조처럼 몸속 깊은 곳에 아로새겨져 있는 셈이지요. 머나먼 옛날 바다 생활을 할 때 각인된 바닷물의 리듬은, 상륙 이후 2억 년 동안 지속된 태양을 기준으로 하는 '낮과 밤의 리듬'에 완전히 덮이고 말았습니다. 하지만 시시때때로 바닷물의 리듬이 얼굴을 빼끔 내밀려고 한다는 것은 쉽게 상상할 수 있을 테지요. 이른바 본성이 나온다고 할까요?

아침형 사회에서 저녁형 인간이 살아가려면

이쯤 되면 저녁형 인간의 생리학적 구조가 명확해졌으리라 여겨집니다. 유서 깊은 '바닷물의 리듬'이 자신을 뒤덮은 '낮과 밤의 리듬'을 끊임없이 위협하는, 말하자면 바닷물과 빛의 틈바구니에서 저녁형 인간이 탄생하지 않았을까요? 아침형 인간의 경우, 앞서 소개한 특별 실험실에 들어가지 않는 한 바닷물의 리듬이 좀처럼 얼굴을 내밀지 않는다는 사실에 비추어볼 때 매우 대조적인 상황이지요.

빛과 바닷물, 즉 신구(新舊) 리듬의 개인차와 관련해 생물학은 그 어떤 견해도 표명하지 못하고 있습니다. 하지만 적어도 지금까지 설명한 생명의 성립이 밝혀진 이상, 아침형 사회에서 저녁형 인간이 해야 할 일은 저절로 떠오르지 않을까 싶습니다.

이는 몸속에서 계속 움직이는 '더딘' 시계 바늘을 아침저녁으로 정확하게 재설정함으로써, 허약한 낮과 밤의 리듬을 늘 단련할 수밖에 없겠지요. 첫머리에 소개한 '일찍 일어나는 새가 벌레를 잡는다'는 속담의 속뜻이 바로 여기에 있는지도 모릅니다.

　야행성 문제를 생물학의 관점에서 옹호하는 시도는 여태껏 없었던 일입니다. 오늘날의 세상은 이를 쓸모없는 문제로 여기고 논의조차 하지 않았습니다. 그러나 여기까지 읽은 독자분이라면 '아침의 등교 거부' '저녁의 폭주족' 등의 문제에 대한 기존의 대처 방안을 한번쯤 다시 생각해보지 않을까요?

과음에 대하여

체질적으로 술을 전혀 마시지 못하는 사람이 있습니다. 알코올을 받아들이지 못하는 체질은 아무리 쾌적한 조건에서 딱 한 잔만 마셔도 불편함을 느낍니다. 술에 약한 사람이 무리해서 술을 마시다 보면 급성 중독 증세가 나타날 수 있는데, 이때는 옆에서 보기에도 사태의 심각성을 알 수 있지요. 술로 인해 괴로운 경험을 거듭하며 스스로 술이 받지 않는 체질임을 깨닫게 되는데, 자신의 체질을 자각하기 전까지는 상당히 고통스럽습니다.

의학서적을 펼쳐보면, 보통 알코올이 분해되어 이산화탄소와 물이 될 때 최종 단계에서 '알데히드(aldehyde)'라는 유독 물질나온다고들 하는데, 최근 조사에 따르면 알데히드를 해독하는 중요한 효소가 선천적으로 부족한 사람이 있다고 합니다. 우리 몽고인종[1]의 경우 알코올 분해 효소가 약 40%의 높은 비율로 부족

---

1   몽고인종은 다른 말로 황색인종, 아시아인종이라고도 한다.

한데, 유럽인종[2]은 그 수치가 거의 제로에 가깝다고 합니다. 독한 양주를 한입에 벌컥 들이키는 비결도 실은 여기에 있다고 하네요.

최근 신입생 환영회에서 이른바 '원샷(one shot)'을 제안하는 학생이 많은데, 알코올 분해 효소가 부족한 학생에게는 굉장히 위험한 일이니 부디 조심해주시길 부탁드립니다.

이와 관련해 혹시 궁금한 사항이 있으면 보건센터로 문의하시길 바랍니다.

2   유럽인종은 다른 말로 백색인종, 코카서스인종이라고도 한다.

1985년, 도쿄예술대학교 학생부 의뢰로
〈학생부 소식〉(제7호)에 실린 글.

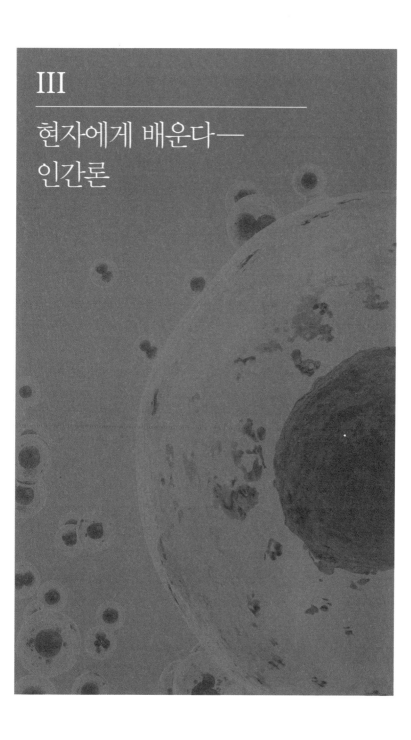

III

현자에게 배운다—
인간론

생활을 좌우하는 생체시계,
두 번째 이야기

중생대의 생명 기억이 인간에게 동면을 요구한다

매년 가을이 깊어지면서 찬바람이 온몸을 파고들기 시작하면, 약속이라도 한 듯 맥이 풀리며 에너지가 고갈되는 사람들이 있다. 여름까지 활기차던 기운이 시들시들 사라지는 것이다. 의기소침한 날이 거듭되면 어느새 숙면을 이루지 못하고 악몽에 시달리면서 하루가 찌뿌드드해지기 십상이다. 게다가 몸이 무겁고 회사일이 귀찮아지며 의욕도 샘솟지 않는, 요컨대 세상만사가 다 귀찮을 따름이다. 이때 나타나는 신체 증상을 꼽는다면 식욕 감퇴는 물론이고 변비, 어깨 결림, 요통이 날로 심해진다. 사람에 따라서는 '혹시 중병에 걸린 건 아닐까?' 하며 심각하게 걱정하기도 한다. 업무 능력이 떨어지고 자신감이 사라지면서 '힘을 내야지. 이렇게 처져 있으면 안 되지!' 하고 스스로 채찍질하지만 피로감만 점점 쌓이고, 시름시름 앓던 감기는 더 고약해지는 정해진 절차를 밟는다. 마치 해마다 찾아오는 철새처럼 하나의 연중행사가 되어버렸다고 할까?

곰은 겨울이 되면 겨울잠을 잔다. 온종일 보금자리에 틀어박혀 그저 쿨쿨……. 툭툭 건드리면 눈을 뜨지만 가만히 두면 다시 곯아떨어진다. 겨울잠을 자는 동안에는 사냥하러 다니지도 않는다. 몸이 반쯤 자고 있으니 먹잇감을 보더라도 발 빠르게 움직이지 못하리라. 위도 잠에 취해 있기 때문에 애초 식욕 자체가 없는지도 모른다. 이처럼 곰은 동면 기간에 '아냐, 잘 챙겨먹어야 해.' 또는 '매일 잠만 자면 안 되지.' 하며 애써 걱정하지 않는다. 인간처럼 애태우며 안달복달하지도 않는다. 그러니 무리하지 않는다. 봄이 올 때까지 말 그대로 잠을 자며 시간을 보낼 따름이다. 천체 주행의 궤도와 함께하면서…….

고생물학에서는 척추동물의 머나먼 조상이 고생대 데본기에 상륙을 감행하여 중생대에 접어들면서 육지 생활에 안착했다고 가르친다. 육상에서 지내면서 '더위와 추위'라는 혹독한 기상 변화를 처음 접하게 된 그들은, 기온차를 극복하기 위해 일정 시간을 '휴면' 상태로 지내는 자연의 지혜를 몸에 익혔다고 한다.

이는 오늘날 파충류의 동면으로 생생히 전해 내려오는데, 신생대의 개막과 함께 깃털과 털가죽으로 '온혈(溫血)'을 포장한 새로운 짐승이 등장하자 한겨울에도 쌩쌩하게 활동할 수 있는 최초의 동물들이 마침내 육지에 모습을 드러냈다.

하지만 곰은 지금도 겨울잠을 잔다. 곰의 동면은 머나먼 생명 기억의 잔상이 그들 몸속에 오랫동안 남아 있음을 뜻하는 것이 아닐까? 마찬가지로 우리 인간의 몸속에서도 휴면의 기억을 엿볼 수 있는 것은 전혀 어색한 일이 아닐 터……. 인간의 생태를 살펴보면 휴면 현상이 겨울에만 나타나는 것은 아닌 듯하다. 여름에도, 봄과 가을의 환절기에도 휴면이 찾아올 수 있다. 여름을 타는 체질, 봄철의 나른한 춘곤증처럼 계절마다 찾아오는 사건은 시기적절하게 마련된 길고 짧은 다양한 휴일과 발맞추어 찾아온다. 이는 휴면 자체를 대변해주는 것은 아닐까?

식물은 해마다 기나긴 겨울감과 겨울잠에서 깨어난 봄날의 파릇파릇한 모습을 우리에게 번갈아 보여준다. 이는 대우주와 소우주의 공명, 요컨대 우주교향곡 가운데 가장 또렷한 장면이리라.

가이도코

괴테와 나의 해부학

나는 흔히 말하는 괴테[1]의 팬도 아니고, 그렇다고 독일이라는 나라에 특별한 호감을 갖고 있지도 않다. 따라서 이런 문집에 한 줄 덧붙이는 일이 어쩌면 썩 어울리지 않을지도 모른다.

다만 지난 10년 동안 내가 연구하는 해부학은 물론이고, 생활 구석구석까지 나에게 결정적인 영향을 준, 나라는 인간 형성에 관련된 계기 가운데 마침 만년의 괴테가 포함되어 있다는 사실은 분명히 밝히고 싶다.

최근 그 사건의 전말에 대해 잠시 돌이켜볼 여유가 생긴 덕에 이번 기회를 빌려서 역량은 미비하기 그지없을 테지만, 괴테와 관련해 내 자신의 역량이 허락하는 범위 내에서 문제를 진중하게 고찰하려고 한다. 이는 평소 교단에서 내가 말하는 해부학 이야기의 근거를 설명하는 일이기도 하다.

오늘날 괴테의 노년 시절에 얽힌 수많은 이야기가 널리 회자

---

1   요한 볼프강 폰 괴테: 본문 24쪽, 각주 3 참고.

되고 있지만, 여든이 넘은 거장의 내면에 일어난 하나의 사건은 거의 알려진 바가 없다. 오히려 이 문제를 거론하는 일 자체를 꺼려했다는 느낌마저 든다. 벽면 수행 10년이라고 하면 다소 과장되게 들릴지도 모르지만, 여하튼 나는 지난 10년이라는 기간 동안 많은 굴곡을 겪으면서도 항상 내 안에서 얼굴을 마주했는데, 그야말로 부지불식간에 나에게 영향을 준 것이 바로 '괴테의 사건'이다.

독일 문학에 문외한인 내가 괴테를 연구하는 전공 학자도 문제 삼지 않는 사항을 찾아낸 과정은 지극히 개인적인 일로, 여기에서는 구체적으로 밝히지 않겠지만, 기회가 닿으면 훗날 다시 그간의 사정을 자세히 다루려고 한다.

그런데 노시인 괴테에게 일어난 사건을 알아보려면, 마찬가지로 세상에 널리 알려지지 않은 또 하나의 사건, 즉 이미 완성된 필생의 역작인 《파우스트(Faust)》 전편을 작가 스스로 봉인해서 결국 살아생전에는 공개하지 않겠다는 대사건으로 거슬러 올라가는 것이 지름길이 아닐까 싶다.

당시 이 사건의 심각성은 독일 지성의 대표로 일컬어지는 훔볼트[2]가 괴테에게 보낸 장문의 설득 편지에 여실히 드러난다. 절절한 마음을 담은 훔볼트의 편지에도 아랑곳하지 않고, 두 달 후 괴테는 결국 부탁을 들어줄 수 없다는 취지의 답장을 보내는데,

---

2   카를 빌헬름 폰 훔볼트(Karl Wilhelm von Humboldt, 1767~1835), 독일의 언어학자이자 교육개혁가로, 당시 베를린대학교(지금의 베를린 훔볼트대학교)의 설립 책임을 맡으며 이 학교 총장을 지냈다. 독일의 양대 문호인 괴테, 실러와 가깝게 지냈다.

이 편지를 마지막으로 닷새 뒤인 1832년 3월 22일에 괴테는 여든세 살의 생을 마감했다. 지금 여기에서 논란의 중심이 되는 절필 편지의 일부를 요약하면 다음과 같다.

"내가 늘 존경하는 많은 분에게, 더욱이 살아 있는 동안 엄숙한 익살을 머금고, 많은 분의 의견을 들을 수 있다면 그보다 더한 기쁨은 없을 것입니다. 하지만 요즘 실상은 너무나 어리석고 혼란스럽습니다. 그리하여 내 자신도, 이 오랜 노작이 다소 색다른 결말 때문에 어설픈 칭찬을 받고 시류에 떠내려가, 마치 모래언덕에 걸린 난파선이 산산조각으로 부서져 흩어지듯이 영원히 파묻혀 사라지지는 않을까 걱정스럽습니다."

오늘날 우리는 여러 문헌 자료를 통해, 집필 중이던 《파우스트》의 글이 막히는 바람에 괴테가 반년 가까운 시간을 힘들게 보냈고, 그러던 어느 날 갑자기 글이 완성되어 에커만[3]을 비롯해 마음을 나누던 몇몇 친구에게 완성 작품을 보여주었다는 경위는 속속들이 알고 있다. 괴테가 구약성서의 문장을 본떠서 '일곱 개의 봉인'을 결심하게 된 것은 바로 그 이후의 일이다. 그리고 작품을 공개하지 않겠다는 괴테의 마음은 시간이 지나도 바뀌지

---

3   요한 페터 에커만(Johann Peter Eckermann, 1792~1854), 독일의 문필가로 괴테의 문학 조수를 지냈다. 10여 년 동안 괴테와 나눈 대화를 총 세 권의 책으로 묶은 《괴테와의 대화 (Gespräche mit Goethe in den letzten Jahren seines Lebens)》는 괴테 연구의 중요한 문헌으로 평가받는다.

않았다. 그는 마지막 절필 편지에서 '옛것과 새것, 앞과 뒤의 구별을, 장차 진실한 마음을 지닌 독자의 명찰(明察)에 기대해볼 수 있지 않을까?'라는 뜻을 내비치며 글을 맺었다.

말하자면 괴테는 불과 2주 만에 완성한 '뒤의 새로운 부분'이, 자신이 세상을 떠난 후 '앞의 옛 부분'과 엄격하게 구분지어 많은 이에게 음미되기를 바랐던 것 같은데, 우리는 이 편지에서 《파우스트》의 진수, 아니 괴테의 진의가 어디에 있는지 확실하게 읽어낼 수 있으리라.

훗날 괴테는 진의가 담긴 이 부분을 스스로 'Abschluss von Faust' 즉 '파우스트의 결말'이라고 말하며, 앞에서 인용한 대로 훔볼트에게 보낸 마지막 편지에서는 이를 '엄숙한 익살'이라고 표현하기도 했다.

아마도 노작을 탈고한 직후, '파우스트'의 가제본을 친구들에게 공개했을 때 아무도 그의 진의는 알아주지 않고, 오히려 에커만을 비롯한 몇몇 지인에게 괴테의 영혼을 얼게 만든 '어설픈 칭찬'만 듣지 않았을까 조심스럽게 추측해본다. 물론 이와 관련된 사건의 진실은 그의 일기 어디에도 나오지 않는다.

익살이 멋으로 통하지 않을 때의 안타까움은 누구나 한번쯤 경험했을 테지만, 당시 괴테는 최고의 익살꾼이었음이 틀림없다. 하지만 그때 괴테의 솔직한 속내를, 우리는 그저 '일곱 개의 봉인'이라는 행위에서 읽어낼 수밖에 없으리라. 분명 '봉인'은 거장의 마음을 고스란히 드러내는 행동이었다. 그리고 이것이 얼마나 깊고 절실한 행위였는지 역시 각자가 느낌으로 짐작할 수밖에…….

여하튼 이렇게 해서 《파우스트》의 공개 발표가 살아생전에는 이루어지지 않았는데, 괴테 스스로 '엄숙한 익살'이라고 칭한 《파우스트》의 '결말'을 바라보는 괴테의 시선이 얼마나 큰 기대와 자부심으로 가득했는지는 쉽게 상상할 수 있다. 그도 그럴 것이 그가 스스로 작품 속에서 '성공한 파우스트'라고 인정했을 정도니까.

그럼 드디어 이 글 첫머리에 소개한 괴테 내면의 대사건을 고찰할 단계에 이른 것 같다.

《파우스트》의 성공이 어느 하룻밤을 계기로 완성되었다는 당시를 회상하며 괴테가 직접 적어 내려간 글에서 그 숨겨진 사건의 실체를 확실하게 파악할 수 있다.

"(……) 어떤 신비로운 심리학적인 전환점(eine geheime psychologische Wendung)을 계기로 나는 어떤 종류의 창작에 이르기까지 고양되었다는 사실을 믿습니다. (……) 그리고 이 덕분에 두 번 다시 시류에 표류하지 않는, 흔들리기는커녕 아리스토텔레스 및 여타 글을 쓰는 사람이라면 낭연히 석성하는 평판까지도 무심코 넘길 정도입니다. (……)"

이는 3월의 절필 편지 이전에 이미 1831년 연말에 작품의 공개 여부를 처음으로 밝힌 글로, 역시 훔볼트에게 보낸 편지(이른바 '12월의 편지')의 한 구절인데, 우리는 이 글에서《파우스트》의 성공 너머 저 깊숙한 곳에 어떤 'Wendung(전환점)'이 될만한 사건이 있었다는 사실을 선명하게 읽어낼 수 있다.

지난 10년이라는 시간 동안 내 주위를 맴돌던 사건이 바로 이것인데, 이 사건이 거장 괴테에게 얼마나 중요한 의미를 갖는지 강조하려고 작품 봉인의 경위부터 구구절절 이야기를 시작했던 것이다.

19세기 초, 어느 독일인의 마음에 일어난, 더욱이 타인에게 설명할 수 없는 신비로운 전환점이 된 사건을 비전문가인 내가 이렇게까지 문제 삼는 일 자체를 의아하게 여기는 사람도 있을지 모르겠다. 하지만 '10년을 하루같이'라는 표현이 있듯이, 괴테의 신비로운 체험을 다양한 관점에서 접근하는 동안, 어쩌면 'Wendung'이 되는 사건이 개인의 특수한 경험으로 그냥 지나칠 성질의 것이 아니라, 오히려 이 체험이야말로 인간 진화의 궁극적인 대사건일지도 모른다는 추측에 이르렀다.

요컨대 괴테의 체험이 부증하지 않는다면, 사물을 있는 그대로 바라보는 일 자체가 실은 불가능한 요청일지도 모른다는 생각이 스쳤기 때문이다. 더 확실히 해두자면, 법칙이 통하는 일과 사물이 있는 그대로 보이는 것은 전혀 다른 세계의 사건으로, 어디가 어떻게 다른지는 지금 나로서는 정확하게 설명할 길이 없다. 하지만 최근 2, 3년 동안 나에게 가장 가까운 생물 현상이 예전과는 전혀 다르게 살아 있는 모습으로 눈에 비치기 시작했다. 아울러 생물학의 다양한 해석이나 설명은 어느 날 갑자기 빛이 바래졌다. 이처럼 나의 마음속에 생긴 미묘한 변화는 아무래도 원고를 다시 써야 하는 문제로 불거질지도 모르지만, 이런 변화를 고찰하는 가운데 내 마음을 앗아간 괴테 체험의 전말이 희미하게나마 드러나지 않았을까 싶다. (……)[4] (미완성)

---

4 이 글의 주제는 본문 257~278쪽에 수록된 〈괴테의 형태학과 오늘날의 인체 해부학〉에서 더 심도 있게 다루었다.

1965년 2월, 도쿄의과치과대학교의 학생 동아리인 독일연구회의 의뢰로 이 연구회의 문집인 〈LOKOMOTIVE〉('기관차'라는 의미)에 실린 글.

우에노의 생물학

《괴테 전집》에 덧붙여

도쿄예술대학교 미술학부에는 이 학교의 전신인 도쿄미술학교 시절부터 미술해부라는 과목이 개설되어 있었다. 군의관이자 일본 문단을 대표하는 작가로 명성을 떨친 모리 린타로[1]가 1891년에 처음으로 미술해부를 가르친 강사로 알려져 있다. 당시 자료에는 "미술학교 학생을 대상으로 1년간 전수과(專修科) 미술해부 수업을 의뢰받고 보수로 300엔을 받았다."라고 적혀 있는데, 요즘으로 치면 시간강사쯤 되지 않았을까 싶다. 도쿄미술학교 교장이었던 오카쿠라 덴신[2]의 편지에 따르면 수요일과 금요일 주 2회 강의가 있었던 듯하다. 육군 군의관이었던 모리 린타로의 강의는 이듬해 1892년 1학기를 끝으로 "이후 게이오기주쿠(慶應義塾)에서 심미학을 강의한다."고 자료에 소개되어 있다.

---

1   모리 린타로(森林太郎, 1862~1922), 일본 문학의 근대화에 지대한 공헌을 한 모리 오가이(森鷗外)의 본명. 소설가, 평론가, 번역가, 육군 군의관으로 활약하며 다방면에 많은 업적을 남긴 인물이다.

2   오카쿠라 덴신(岡倉天心, 1863~1913), 일본 근대 미술계의 지도자이자 미술사학의 개척자로, 도쿄미술학교(오늘날의 도쿄예술대학교 미술학부)를 설립하고 교장을 지냈다.

이렇게 시작된 도쿄미술학교의 미술해부는 이후 서양화과 교수인 구메 게이치로(久米桂一郎, 1866~1934)의 강의를 통해 다이쇼 (大正) 시대(1912~1926, 일본 다이쇼 천황이 통치한 약 15년의 기간—옮긴이) 말까지 계승되었는데, 마침내 쇼와 시대(1926~1989, 일본 히로히토 천황이 재위했던 약 64년의 기간—옮긴이)의 개막과 함께 미술해부학은 서양화과를 갓 졸업한 젊은 니시다 마사아키[3]로 세대교체를 했다. 니시다 마사아키는 '의학용 계통 해부에서 갈비뼈만을 발췌한' 기존 강의 내용에 근본적인 개혁을 단행하여 독자적인 인체미학의 장을 열었다. 새로운 인체미학에서는 대상이 지닌 '자기다움'을 표현하기 위해 해부학 구조가 어떤 때는 아주 미묘하게, 또 어떤 때는 정확하게 의표를 찌르며 변형(déformation)되는 과정을 동서고금의 수많은 작품 사례로 나타내서 여러 형상이 갖춘 '미(美)'의 세계를 종횡무진으로 펼쳤다. 이는 획기적인 사건이었다.

1969년, 니시다 마사아키 선생이 정년퇴임하신 바로 다음 날, 오랫동안 니시다 선생의 가르침을 받은 나카오 요시야스[4]가 나를 불쑥 찾아와서 이런 말을 꺼냈다.

---

3   니시다 마사아키(西田正秋, 1901~1988), 도쿄미술학교 졸업과 동시에 조교수가 되어 구메 게이치로 교수의 '미술해부학' 강의를 계승했다. 이후 도쿄예술대학교 미술해부학 교수로 지내면서 '인체미학'을 강의했다. 주요 저서로는《인체미학(人体美学)》상·하권이 있다.

4   나카오 요시야스(中尾喜保, 1922~2002), 니시다 마사아키의 후임으로 도쿄예술대학교 미술해부학교실 주임을 맡았다. 미키 시게오와는 도쿄대학교 의학부 해부학교실의 동료로 친하게 지내며, 아사미 이치요(淺見一羊)와 함께 삼인방으로 불렸다. 주요 저서로는《생체의 관찰(生体の観察)》《여자의 몸(女のかたち)》등이 있다.

"예술대학교 학생들에게 '생물', 특히 형태발생에 관한 강의를 해주면 어떻겠나? 물론 식물도 포함해서⋯⋯."

지금 생각해보면, 스승이 물려준 형상미의 세계를 우에노에 자리한 도쿄예술대학교에 계승하기 위한 하나의 수단으로써 실증적인 자연과학의 밑바닥을, 당시 별로 주목하지 않았던 '비교발생'의 세계에서 찾으려고 했던 것 같다. 이른바 삼라만상이 이루어지는 과정 가운데 그 변형의 수수께끼를 풀어줄 열쇠가 숨어 있을지도 모른다고 나카오 요시야스는 예감했으리라.

그즈음 나는 의학부 학생들에게 인체 해부를 가르치고, 인체의 성립을 알아내기 위해 다양한 척추동물의 발생 연구에 몰두하고 있었다. 연구가 깊어지면서 몸의 구조에 '가락을 붙여서' 보는 법을 알게 되었다. 마침 그때는 몸 깊은 곳에 간직한 파동구조가 희미하게 떠오르면서, 이 구조가 '머리-꼬리'로 이루어진 양안(兩岸)을 향해 사라져가는 모습이 조금씩 또렷해지고 있었다. 달리 표현하면 몸이 지렁이로 보이기 시작했다고 할까? 그리고 이런 해부 실습도 막바지에 이른 어느 늦가을 무렵, 어느덧 과제가 된 '혀와 음경', 이 양끝의 신경을 굉장히 힘들게 끄집어내서 요리조리 뜯어보고 비교해보는 학생들의 모습이 야심한 실습실을 드문드문 밝히고 있을 때, 실습실에는 말로 표현하기 힘든 분위기가 감돌고 있었음을 지금도 아련하게 기억한다. 우리는 핀셋 한쪽에 '영양과 생식'의 도구가 '입-항문'의 바닥에서 각각 '손, 발'의 연장으로 자라난 모양을 질리도록 바라보았다.

이렇게 해서 매년 4월, 첫 수업시간에 '척추동물의 개체 체제 원형(Urtypus)이 인체의 머리, 목, 가슴, 배, 허리 각 부위에서 어떤 변신(Metamorphose)을 거듭하는가?'라는 마지막 시험 문제를 칠판에 큼지막하게 적는 일이 어느새 익숙해졌다. 이때 '원형, 변신'이라는 괴테[5] 형태학의 용어를 당시 내가 어떤 의미로 사용했는지, 용어의 정확한 쓰임은 기억이 가물가물하지만, 다만 한 학생이 선물한 《괴테 전집》 제26권[6]과 염가판 원문, 이렇게 두 권의 책이 내 손에 쥐여 있었다는 사실만큼은 또렷이 기억난다.

　우에노의 도쿄예술대학교에서 강의 의뢰가 온 것은 바로 그 즈음이었다. 순간 내 귓가에 '식물 변태를 공부하라!'는 하늘의 목소리가 울려 퍼지는 듯했다. 알파벳 문자에 익숙하지 않은 내 머리는 전혀 다른 사람이 된 양, 두 권의 책을 수없이 번갈아 읽으며 순식간에 마지막 페이지를 향해 거듭 내달렸다.

　'이것이 원형과 변신의 원조였을까?' 이 물음의 답을 곱씹는 동안, 끝없는 감동과 함께 괴테라는 인간의 가슴 깊은 곳에 맞닿았다는 느낌이 들었다. 이 시인은 '생'의 본질이 '태양계가 그리는 나선 궤도를 타고 '영양과 생식'의 위상을 교체시키는 끊임없는 파동의 연속'임을 꿰뚫었던 것이다. 또한 봄여름에는 '생장 번성'하는 '영양의 위상'으로, 가을과 겨울에는 '개화 결실'하는 '생식의 위상'으로 각각의 생활상을 뚜렷하게 구분 짓는 한해살이풀을 통해, 이 식물의 떡잎에서 잎차례의 사다리를 쌓아올리

5　요한 볼프강 폰 괴테: 본문 24쪽, 각주 3 참고.

6　ゲーテ, 〈植物変化論(식물 변화론)〉, 《ゲーテ全集(괴테 전집)》第26巻, 改造社, 1935.

고, 나아가 꽃받침에서 꽃잎, 수술과 암술로 이어지는 결실의 절정에서 매듭짓는 일련의 형태 형성을 괴테는 위상 교체의 '가락을 붙인다.'고 표현함으로써, 이를 '원형 식물'의 변신 이야기로 포착했다. 따라서 이들 변신 형태에서는 근원의 유사점을 찾을 수 있으리라.

어느 가을 날, 도쿄예술대학교의 '생물' 수업은 식물 변신부터 시작했다. 나는 일주일에 한 번 강의를 통해 만나는 젊은이들에게서 열정을 배웠다. 학생들은 이미 캔버스라는 진검 승부의 토대 위에서 잎과 꽃의 마음을 벌거벗은 흙투성이로 체득하고 있었다. 꽃 아래에는 녹색을, 그리고 잎 아래에는 붉은 빛깔을 배치해서, 어떤 꽃잎이라도 잎의 옛 모습이 느껴지게끔 선을 촘촘하게 그린 화폭을 자주 감상할 수 있었다. 이렇게 정확한 관찰을 통해 스스로 뚜렷한 방침을 정하지 않으면, 학생들은 "선생님, 시험이고 뭐고 다 소용없어요!"하며 스스럼없이 말했다. 젊은이의 열정에 나는 잠시 어안이 벙벙하다가도 원형 식물의 존재에 의문을 품었던 '실러[7]'에게는 이런 학생들의 관찰력이 좀 부족하지 않았나?' 하며 나도 모르게 감탄의 소리를 질렀다. 한편 당시 미술학부 학생들은 그들 나름대로 괴테의 또 다른 면모에 몹시 놀란 듯, 《괴테 전집》을 구하러 헌책방으로 향했다.

이렇게 해서 '생물' 수업의 변신론은 식물에서 동물로 옮겨갔다. 예전 해부학 실습실에서 관찰한 영양과 생식의 분극(分極) 구

---

7   프리드리히 폰 실러(Friedrich von Schiller, 1759~1805), 독일의 시인이자 극장가로 괴테와 함께 독일 고전주의 예술 이론을 확립했다.

조가 생물 수업에서는 기능적인, 바꿔 말하면 생활상이 교체하는 하나의 파동 모양으로 포착되었다. 어류나 조류가 영양과 생식의 무대를 바꿀 때마다 '태어난 고향에서 조상 대대로 전해 내려온 사냥터로, 그리고 자손을 남기러 다시 옛 고향으로'라는 기치를 내걸고, 머나먼 두 장소를 오가는 지구적인 회귀 운동은 파동의 본보기로 볼 수 있으리라. 이는 벚꽃-단풍 전선의 진자 운동과 훌륭한 대비를 이루는 장면이 아닐까?

괴테의 식물 변신에서 출발한 '생명'의 고찰이 마지막 인간에 다다랐을 무렵, 도쿄예술대학교에 보건센터가 문을 열었다. 이곳의 담당 의사가 된 나는 보건센터에서 수많은 젊은이의, 글자 그대로 '생'의 모습을 아주 가까이에서 접하게 되었는데, 이는 '생물' 강의 중에서도 가장 긴박한 실습의 장이 되었다. 그러던 어느 날 한 학생이 나를 찾아왔다. 그 학생은 겨울만 되면 지나치게 넘치는 에너지가 겨울의 끝자락인 2월에는 성(性) 감정으로 이어지고, 3월부터는 침체기가 시작되면서, 여름에는 완전히 휴면 상태에 빠지는 흐름이 매년 되풀이된다고 호소했다. 이처럼 개인의 생명 파동과 우주 리듬과의 소박한 공지은 우에노 학생들의 두드러진 특징이었다. 이런 학생들을 만날 때마다 내 머릿속에는 아무런 거부감 없이 괴테의 마지막 연애와 그 사랑 뒤에 이어진 우울로 향하는 발자취가 떠올랐고, 더 나아가 어린 처녀의 사려 깊은 마음씨 앞에서 갈 곳을 잃은, 깊은 산속 뜨거운 에너지의 용솟음은 그대로 모천의 댐 공사 탓에 차단된 연어들의 장렬한 사투와 아주 자연스럽게 포개졌다.

자연의 흐름을 저지하는 인간의 힘이 자신의 내면을 지배하게 되면 생명의 파동은 인정사정없이 막힐 것이다. 괴테는 이런 숙명적인 생리의 '원한'이 인간의 사상을 항상 농락하는 현실을 친구인 칼 프리드리히 첼터(Carl Friedrich Zelter, 1758~1832) 앞으로 보낸 편지에 진심으로 토로했다. 그는 마침내 악마인 메피스토펠레스(Mephistopheles)의 마지막 절규를 통해 안타까운 현실을 만천하에 알리려고 했는데, 이와 관련된 생각의 근간은 이미 40년 전에 생겨나지 않았을까 하는 추측을 조심스럽게 해본다. 그 근간이란 바로, 식물 변신론의 궁극적인 지향점인 'Vorschrift der Natur'[8](XVIII, 115)라는 한마디 속에 여실히 드러난 것은 아닐까?

괴테의 예리한 안목은 식물이든 동물이든, 심지어 인간이든 살아 있는 모든 것의 쉼 없는 생명의 파동에서 '하늘의 명령'을 꿰뚫어 볼 수 있으리라.

암사마귀의
일상에 죽어가는
마른 들판아[9]

다카라이 기카쿠

---

8   'Vorschrift der Natur'는 '자연의 명령' '하늘의 명령', 즉 '천명'을 뜻한다.

9   일본 에도 시대의 하이쿠 시인인 다카라이 기카쿠(宝井其角, 1661~1707)가 읊은 시로, 교미를 끝낸 수컷 사마귀가 암컷 사마귀에게 잡아먹히는 장면에, 번식을 마친 식물이 잎을 고사시키는 장면을 중첩해서 표현했다. 《태아의 세계》에 자세히 소개되어 있다.

식물적인 그리고 동물적인

아리스토텔레스에게 배운다

인간의 몸이 '식물적인 활동'과 '동물적인 활동'으로 구별된다는 사실을 최초로 언급한 인물은 아리스토텔레스[1]라고 한다.

하지만 오늘날의 관점에서 보면 '식물적인 그리고 동물적인' 발상은 일반적인 견해로 통하지 않는다. 아니 더 정확하게 말하면, 맹목 혹은 무관심 중 어느 한쪽이지 아닐까 싶다. '만학의 아버지'로 높이 추앙하는 철인의 견해도 지금은 그저 5천 년 인류사에 일어난 아주 사소한 사건으로, 몇몇 사람이 회고하는 대상에 지나지 않는다.

여기에서 나는 이 문제를 새삼 거론하고자 한다. 그 이유는 인체를 '식물과 동물'로 구분 짓는 착상도 참으로 대단하지만, 서양사의 첫 페이지를 장식한 인간관이 오늘날 자취를 감추게 된 데에는 어떤 예측하기 힘든 의미가 숨어 있을지도 모른다는 생

---

1   고대 그리스의 철학자인 아리스토텔레스(Aristoteles, B.C.384~B.C.322)의 자연관은 미키 시게오의 저서인 《생명 형태의 자연사(生命形態の自然誌)》 제1권, うぶすな書院, 1989, 39~40쪽 참조.

각이 스쳤기 때문이다. 서양 고전에는 말 그대로 문외한인 필자가 주제넘게 이 글을 쓰고 있는 까닭도 사실 내가 아리스토텔레스에 오롯이 이끌려서라기보다는 이 '사건'의 의미에 이끌려서라고 말하는 쪽이 더 적절하다.

널리 알려진 바와 같이 아리스토텔레스는 생물을 식물, 동물, 인간이라는 세 그룹으로 크게 나누었다. 그는 식물의 경우 '영양-생식'이라는 생물 본래의 활동이 엿보이고, 동물의 경우 식물적인 요소에 '감각-운동'이라는 독자적인 움직임이 더해지며, 인간에게는 식물과 동물의 요소에 '이해-의지'라는 이른바 '이성'의 활동이 곁들여진다고 설명했다. 아리스토텔레스의 관점에 따르면 생물계는 아래에서부터 식물, 동물, 인간을 순서대로 쌓아올린 3층짜리 피라미드에 비유할 수 있는데, 이는 우리 인간의 옆모습을 고스란히 보여준다. 요컨대 피라미드의 맨 위층에 있는 '이성'이 바로 아래층에 위치한 '동물성'을 제어하고, 동물성은 그 아래 피라미드 1층에 위치한 '식물성'을 지배하는 관계가 형성되는 셈이다.

아리스토텔레스는 우리 인간의 몸에 존재하는 '식물적인 그리고 동물적인' 두 가지 측면을 이렇게 규명했는데, 이 글에서는 아리스토텔레스의 관점이 어떤 길을 거쳐서 조금씩 소멸되었는지를 문제 삼고자 한다. 의학을 연구하는 나로서는 이 문제가 상당히 흥미롭지만, 지금까지 출간된 과학사 관련 서적들은 이 문제에 지나칠 정도로 무관심하다. 대부분의 책에서는 근세 해부학의 성과를 바탕으로 인체를 식물성 기관과 동물성 기관으로 분류한 퀴비에[2], 혹은 비샤[3]의 이름만 잠시 언급할 뿐, 관련 역사가 소개된 책은 거의 없을 정도다. 따라서 인체를 '식물적, 동물적'으로 구분하는 의학 교과서는 오늘날 이 지구에서 완전히 자취를 감추었다고 해도 과언이 아니다.

이 같은 사실에서 우리는 지난 100년 동안 자연과학의 사고법이 사람들의 머릿속에 얼마나 뿌리 깊게 자리 잡고, 반대로 '식물적, 동물적'이라는 관점이 얼마나 철저하게 배제되었는지를 충분히 짐작할 수 있다.

일반적으로 자연과학은 모든 자연을 개별 '물체'로 파악하고, 물체를 더 자잘하게 분해하면서 각 요소의 연결을 법칙적으로 해명해나간다. 따라서 과학적인 방법론이 생명 현상으로 향했을 때 어떤 결과를 낳을지는 분명하다. 생물체는 관찰 기구의 발달과 보조를 맞춰 기관에서 조직, 조직에서 세포, 세포에서 분자로 향하는, 이른바 '줌(zoom)' 방식으로 확대되는 개별 시야 안에서 글자 그대로의 '해부(解剖)'가 이루어지는 셈이다. 오늘날 분자생물학의 번성이 세계대전 후 전자공학의 발달에 크게 힘입었다는 사실에서도 알 수 있듯이, 자연과학은 시간이 흐름에 따라 점점 더 빠르게 다양한 생명 현상을 더 잘게 부수어가고 있다.

그런데 자연과학의 방법론은 최근에 등장한 이론은 아니다. 이 방법론의 싹은 이질부(기관)에서 등질부(조직)를 거쳐 4원소(분

---

2   조르주 퀴비에(Georges Cuvier, 1769~1832). 프랑스의 동물학자로 동물계의 분류표를 만들었으며, 고생물학과 비교해부학을 창시했다.

3   사비에르 비샤: 본문 21쪽, 각주 2 참고.

자)까지의 인체 분해를 생각한, 아리스토텔레스까지 거슬러 올라간다. 이후 2천 년 동안 아리스토텔레스의 인체 분해는 음으로 양으로 사람들의 머리를 지배하면서 결국 오늘날의 폭발적인 유행으로 이어졌다. 이런 연유로 우리는 인체도 어떤 목적을 위해 언제나, 그리고 누구나 사용할 수 있는 하나의 정밀 기계로 생각하는 일에 익숙해졌고, 이 같은 도구의 '작동 원리'를 이해하기 위해 의대생은 해부학 시간에 뼈대와 세포의 구조를 배우면서 의학 입문의 세례를 대신한다. 의대생의 모습은 오늘날 자연과학적인 인간관의 상징이라고도 말할 수 있으리라.

이렇게 해서 자연과학은 글 첫머리에서 서술한 관점, 즉 인체의 두 가지 측면을 '식물과 동물'로 상징해서 식별하는 방법론을 뿌리째 앗아갔지만, 현 시점에서 우리는 '식물과 동물'의 관점을 다시 한 번 떠올릴 필요가 있다. 이는 '자연과학적인' 관점과 대비되는 개념인 '자연철학적인' 관점이라고 말할 수 있는 것으로, 자연철학의 관점을 빌림으로써 중요한 지식과 견문을 얻을 수 있기 때문이다. 말하자면 인간성을 양극에서 지탱하는 '마음'과 '머리', 즉 '심장'과 '뇌'가 실은 인간의 식물적인 측면과 동물적인 측면을 훌륭하게 상징한다는 것이다.

이 문제는 식물성 기관과 동물성 기관이 '흡수, 순환, 배출' 및 '감각, 전달, 운동'의 세 갈래의 계통으로 각각 분화를 거듭하고, 식물성 기관을 지탱하는 '순환계'와 동물성 기관을 지탱하는 '전달계'의 중심에 각각 '심장'과 '뇌'가 형성된다는 지금까지의 견해에서도 밝혀졌다. 여기에서 더 나아가 고생대 이후 동물 분화의 흔적을 거슬러 올라가면, 전자 즉 '식물성'을 상징하는 심장으로, 후자 즉 '동물성'을 상징하는 뇌가 조금씩 개입하는 하나의 커다란 흐름과 마주한다. 이 글에서 이와 관련된 경위를 낱낱이 밝힐만한 여유는 없겠지만, 원래 생명의 주인공인 식물 기능이 조연인 동물 기능의 도움 없이는 살아갈 수 없다는 동물의 숙명을 단적으로 나타낸 하나의 사건으로 여겨진다.

5억 년에 걸친 동물의 역사는 생명의 무게중심이 심장에서 뇌로 조금씩 이동하는 모습을 우리에게 일러준다. 그중에서도 심장이 '단순 펌프'로, 이른바 인체의 부품으로 가치가 떨어진 일부 세태는 동물의 운명을 슬프도록 보여주는 현상이 아닐까? 이때 '슬프다'는 표현은 '머리'가 '마음'을 짓밟고 있다는 의미에서의 슬픔이리라.

이쯤 되면 마음과 머리의 문제가 아리스토텔레스의 자연철학 방법론을 통해 만천하에 공개되었음을 실감할 텐데, 이 흥미진진한 견해가 어떻게 자연과학의 사고법에 밀려서 자취를 감추게 되었는지, 애초 이 글의 화두로 다시 시선을 돌려볼까 한다.

이때 우리는 클라게스[4]가 주장하는 바, 즉 자연철학의 '상징석' 사고와 자연과학의 '분석적' 사고가 실은 '마음이 지닌 식물성'과 '머리가 지닌 동물성'에 각각 의존한다는 사고법을 떠올리게 될 것이다. 그리고 다음과 같은 비극적인 결론을 얻을 수 있으리라. 오늘날 자연과학 만능의 세태가 조금 전에 서술한 '심장

---

4   루트비히 클라게스: 본문 18쪽, 각주 1 참고.

의 몰락'과 표리관계를 이루고 있고, 아울러 생물의 역사에서 보면 피할 수 없는 위험을 내포하고 있다는 결론 말이다.

하지만 우리는 고대의 동양인이 '思(생각할 사)'라는 글자를 만들 때, '田(전→뇌)'과 '心(심→마음)'의 합자, 즉 머리의 판단이 마음의 소리에 귀 기울여 듣는 모습을 표현했다는 점, 그리고 감각의 문인 눈을 살포시 닫고, 영양의 문인 입가에 인자한 미소를 머금은 불상을 만듦으로써 마음의 고향으로 돌아가고자 했던 역사적인 사실을 떠올려야 한다. 요컨대 우리의 조상은 '뇌'의 활동이 고도의 문명을 약속하는 한편, 인간에게 아집이라는 끝없는 번뇌를 초래하고 마침내 인간을 파멸의 길로 내몰 수도 있다는 사실을 일찍이 숙지하고 있었던 셈이다.

이를 요즘 말로 바꿔 표현하면 이렇게 말할 수 있지 않을까? 그 어떤 자연과학의 지식도 자연철학의 인식이라는 든든한 '후견인'의 지지를 받지 않는다면, 즉 머리가 마음의 버팀목을 상실하면 공허한 숫자의 이론, 결론적으로 '아집'이라는 역학의 정리밖에 남지 않는다고 말이다.

한편 넓은 의미에서 아리스토텔레스의 문헌으로 분류되는《문제들(Problemata)》이라는 작품에는 두 종류의 설문 형식인 'wic(어떻게)'와 'warum(왜)'이 뒤섞여 있는데, 이는 아리스토텔레스가 주장했던 두 가지 사고양식을 널리 전파했던 것으로 인식할 수 있으리라. 우리는 이런 사실에서 고대인의 몸속에 찬란히 공존하던 '식물적인 그리고 동물적인' 발상을 또렷하게 읽어내야 한다.

생각나는 대로

우라 요시하루 선생님을 추억하다

우라 요시하루[1] 선생님이 처음으로 논문을 집필한 때는 일본 해부학의 시조인 니시 세이호[2] 스승의 뒤를 따른 지 정확히 10년째가 되던 해라고 전해지는데[〈포유류의 흉완근(胸腕筋), 특히 피간근(皮幹筋, 피부밑 근육층)의 일반 분화에 대하여〉, 1937년], 이 10년이라는 시간은 우라 선생님이 항상 말씀하시던 '모든 것의 밑바탕을 이루는' 인체 해부 실습의 나날이었다고 한다. 마침내 '혈관 발생'이라는 필생의 연구 주제가 정해진 것은 이후 10년 뒤, 즉 해부학에 뜻을 둔 지 20년이 흐른 뒤였다. 때는 공교롭게도 전쟁과 함께했던 시련의 시기로, 여기에서 다시 꿈처럼 흐른 20년의 세월

---

1   우라 요시하루(浦良治, 1903~1992), 도쿄대학교 해부학 조교수와 오카야마대학교 교수를 거쳐 도호쿠대학교 의학부 해부학 교수를 지냈다. 혈관계의 비교발생학 연구로 유명하며, 미키 시게오의 학위 논문을 지도했다.

2   니시 세이호(西成甫, 1885~1978), 도쿄대학교 졸업 후 독일 하이델베르크대학교에서 근육계의 비교해부학을 연구했다. 귀국한 뒤에는 도호쿠대학교 교수, 도쿄대학교 교수, 군마대학교 학장을 역임했다. 일본에서 비교해부학의 창시자로 유형 해부학을 제창했다. 미키 시게오는 은사인 우라 요시하루 선생의 스승인 니시 세이호 선생을 존경해서 니시 선생의 자택을 몇 차례나 직접 방문하기도 했다.

동안 '척추동물 혈관계의 비교발생'이라는 광활한 불모지는 순식간에 경작지로 개간되었다. 요컨대 우라 선생님이 혈관 발생 연구에 매진한 시점을 기준으로 연구 이전의 20년과 연구 이후의 20년이 서로 대응하는 셈이다.

20세기의 인류가 '인스턴트'를 향해 바삐 뛰어가고 있는 와중에 오직 한길을 걸어온 모습이 우라 선생님의 진면모일 것이다. 노력이나 계산으로 따라갈 수 있는 분이 아니다.

"예나(Jena), 하이델베르크(Heidelberg) 학파의 빛나는 전통도 결국 유럽에서 자취를 감추었다. 오직 한 사람, 우라 요시하루 군이 이 전통을 계승하고 있을 따름이다."라고 술회하는 니시 세이호 스승의 말씀이 결코 제자 편들기에서 나온 이야기는 아닐 것이다.

그런데 우라 요시하루 선생님이 혈관 발생이라는 특수한 영역에 주목한 때는 태평양전쟁이 일어난 즈음 '신경 염색을 위해' 태아의 혈관에 메틸렌 블루(methylene blue)를 주입하기 시작했을 때부터라고 한다. 물감의 주입과 함께 한순간에 떠오르는 혈관망, 말하자면 이 세상에 없는 형상(Bild)에 자신도 모르게 끌려가지 않았을까 싶다. 이후 전쟁이 막바지에 이르러 세상이 이미 도를 넘어섰지만 '어느 평화로운 일요일 정오를 조금 지났을 무렵' 교실 수조의 창고기를 '달래면서' 마침내 꼬리 동맥에서의 먹물 주입이 성공한 순간부터, 아마도 우라 선생님의 뇌리에는 이 원시적인 상(像)을 통해 우리 인간에 이르는 척추동물의 전체적인 모습이 단박에 펼쳐졌으리라 추측한다. 당시 갱지를 풀로 이어붙여서 마음의 붓으로 그린 스케치[3]에는 보는 이의 마음을 요동치게 하는 그 무언가가 살아 숨 쉬고 있다.

이후 척추동물의 '모든 혈관망의, 모든 시기의' 살아 있는 엠브리오[4]를 찾아서 동에 번쩍 서에 번쩍 나타난 우라 선생님의 모습, 그리고 1만여 개에 달했을 엠브리오의 좁쌀만 한 심장에 혈관 주입을 하고 이 결과를 미세 해부 분석하는 초인의 기술, 나아가 이런 험난한 여정을 통해 처음으로 해명된 혈관계의 역사. 이는 척추동물의 개체에서 눈부시게 전개된 장엄한 드라마로, 이 드라마의 훌륭한 가치는 이미 알만한 사람은 그 진가를 충분히 짐작할 수 있으리라.

"내가 가장 좋아하는 사람은 청각장애인인 Reagan(Vena cava azygos system[5]의 발생), Van Gelderen(Hirnvenen[6]의 발생), 그리고 Stensiö[7](북유럽의 고생물학자)……."라고 선생님은 말씀하신다.

그리고 이 대학자가 다이아몬드 드릴로 훌륭하게 새겨낸 고대 칠성장어[8]의 아가미장 화석상을 항상 자랑스러운 듯 가리키셨다.

---

3   창고기 혈관계의 스케치. 미키 시게오의 저서인 《생명 형태의 자연사(生命形態の自然誌)》 제1권, うぶすな書院, 1989, 448~449쪽에 실렸다.

4   '엠브리오(Embryo)'는 배(胚), 배아(胚芽), 태아.

5   'Vena cava azygos system'은 홀정맥계.

6   'Hirnvenen'은 뇌정맥.

7   에릭 스텐시에(Erik Stensiö, 1891~1984). 스웨덴의 고생물학자로 고생대 어류 연구에 커다란 업적을 남겼다.

8   '고대 칠성장어'는 고생대 초기의 무악류인 '갑피류(甲皮類)'를 지칭한다.

우라 선생님을 이토록 매혹시킨 엠브리오와 화석, 이는 우리 인간을 포함한 척추동물의 요람의 모습이 아닐까? 이 요람에는 아득히 먼, 태곳적 옛날부터 끊임없이 이어진 자연의 시간이 흐른다. 인간의 해석이나 주문과는 전혀 차원이 다른 세계에서 어떤 연속된 생명의 활동이……

　　"사람의 목소리를 듣지 않고, 그저 하늘의 소리를 듣는다."

　　바로 이 말씀에서 우리는 우라 선생님의 참모습을 찾을 수 있지 않을까?

　　이 지면을 빌려서 앞으로 우라 선생님께서 더 눈부신 연구를 하시길 기원합니다.

1967년 7월.
우라 요시하루 교수의 퇴직 기념 문집에 실린 글.

'고대'로 향하는 시선

이지리 쇼지와 이마니시 긴지의 비교해부 시안

어쩌면 이지리 쇼지[1] 선생은 체질적으로 '야행성'이 아니었을까 싶다. 물론 '야행성'이라는 단어는 방금 떠오른 생각이다. 지금까지 이지리 선생이라고 하면 내 머릿속에는 고생물학의 대가라는 이미지로 가득했으니까.

하지만 오늘 이렇게 글을 쓰고 있자니, 신기하게도 펜의 방향이 자꾸 그쪽으로 움직인다. 요즘 나는 대뇌겉질 신경세포의 '자연 방전'에 곧잘 휘둘린다. 분명 뭔가 있을 것 같은데……. 이번 기회에 이지리 선생을 안주 삼아(선생님, 죄송합니다!) 야행성의 실마리를 찾아볼까 한다.

우선 최초의 문제는 인류에게 야행성의 형질 유전이 있느냐 없느냐의 물음이다. 이 물음과 관련해 정확하게 증명된 사실은

---

1   이지리 쇼지(井尻正二, 1913~1999), 일본의 고생물학자이자 화석 연구의 대가로, 주요 저서로는《이지리 쇼지 선집(井尻正二選集)》이 있다. 도쿄의과치과대학교 해부학교실에서 미키 시게오와 함께 지내며 학문적으로 많은 영향을 주었는데, 특히 미나토 마사오(湊正雄, 1915~1984)와의 공저인《지구의 역사(地球の歷史)》는 미키 시게오의 종족발생 사상에 훌륭한 촉매제가 되었다.

아직 없다. 하지만 여기에서 한 가지 사실만큼은 확실하게 말할 수 있다. 이 문제에 관한 한 어디까지나 생물학은 이차고, 도덕이 우선한다는 것이다. 요컨대 인류는 야행성이어서는 '안 된다.' 그 이상은 논의할 가치도 없다고 많은 이가 생각한다. 이렇게 해서 사람들은 늦게 자고 늦게 일어나는 저녁형 인간을 경계하고, 일찍 자고 일찍 일어나는 아침형 인간의 습관을 독려한다.

그런데 가만히 생각해보면 이 문제는 여기에서 왈가왈부할 논의거리가 아닌지도 모른다. 그도 그럴 것이 사회생활을 하는 이상 야행성 인간을 고집하는 일은 조금 과장되게 말해서 자신을 타락의 구렁텅이로 내모는 행위이며, 야행성을 바라보는 세상의 알레르기 반응도 그 속내를 들춰보면 자식을 걱정하는 지독한 부모 마음 이외에는 아무것도 아님을 쉽게 상상할 수 있기 때문이다. 이는 도덕을 운운하며 에두른 표현이 결코 아니다.

따라서 오늘날 야행성과 유전을 연관 짓는 일은 어디까지나 논외 대상으로, 이를 거듭 거론하면 바보 같다고 놀림당할 게 뻔하지만, 평소 '컨디션 난조 체질'을 수없이 접하는 나에게 항상 문제가 되고, 어느새 선천적이라고밖에 말할 수 없는 이 야행성 형질은 도대체 어떻게 진단해야 할까?

야행성 인간, 즉 올빼미형 인간은 종달새가 되기 위해 모든 개선 방법을 시도한다. 때로는 전문가에게 의지력부터 정신 구조까지 상담받기도 한다. 하지만 결국 "선생님 도저히 안 되겠습니다." 하며 백기를 들고 만다. 나는 이럴 때마다 그 '밤'의 얼굴을 물끄러미 바라보면서, 이토록 뿌리 깊다는 것은 '뭔가 원형질의 깊은 곳에 눈에 보이지 않는 거대한 힘이 똬리를 틀고 있다는 의미가 아닐까?' 하는 생각에 나도 모르게 빠져든다.

어떤가, 이지리 선생의 얼굴이 밤의 얼굴에 조금씩 가까워지고 있지 않은가? 하지만 정작 당사자에게 이런 이야기를 하면 그저 해맑게 웃을 것이다. 말이 나왔으니 더 이야기해보자.

고생물학에서 화석의 내력을 이해하는 일은 당시의 모습을 '점경(點景)'으로 한, 이른바 옛 풍경을 데생하는 일이라고 표현한다. 그렇다면 이 그림에 밤의 경치가 그려져도 괜찮지 않을까? 물론 꼭 있어야만 할 테지만…….

예컨대 '나무에서 내려온 벌거벗은 원숭이'의 그림책 속에 '이런 변동도 있다'는 식의 야경 한 장쯤은 실려도 좋다고 나는 생각한다. 그리고 내친 김에 그들을 '불의 발명가'로 만들었다고 해서 크게 눈총을 받을만한 일은 아니라고도 생각한다. 이런 사고 유희는 뇌의 탄력성 유지에도 효과가 있다고 하니 말이다.

왠지 야행성의 복권에 희미한 서광이 비치지 않는가! 그럼 이야기를 계속해보자.

영장류의 본가인 식충류에서 밤의 제왕인 박쥐가 탄생했다. 한편 대부분의 원원류(原猿類)는 야행성 습관을 여전히 고수한다. 이 같은 DNA 분자 사슬 하나가 머나먼 옛 조상의 염색체 속에 오류로 슬쩍 끼어들어 갔다고 해도 결코 이상한 일은 아니다.

자연의 생태계는 참으로 정교하다. 초식동물이 주행성(晝行性)이라면, 곯아떨어진 초식동물을 덮치는 육식동물은 당연히 야행성이 된다. 전혀 다른 두 동물은 각자 시간대를 달리하면서도 충돌을 피하려고 한다. 이른바 '시차 출근'이라고 말할 수 있지 않을까? 아침에 피는 나팔꽃, 낮에 피는 메꽃, 저녁에 피는 박꽃을 보라! 식물도 그러하다. 이는 일종의 '시간적인' 서식권 분할이라고 말할 수 있으리라.

'서식권 분할', 드디어 이마니시 긴지[2] 선생의 등장이다. 이마니시 선생이라고 하면, 나는 그 따스한 모습에서 하나의 체질적인 인상을 떠올린다. 이는 주행성을 훌쩍 뛰어넘어 '새벽형'의 얼굴 모습이다. 이른바 새벽이 밝아오기 전에 일어나고, 온종일 산으로 들판으로 두루 돌아다녀도 피로를 전혀 모르는, 그야말로 학문의 토대를 발과 다리로 쌓아올리는 체형이다. 나는 이마니시 선생의 서식권 분할 이론이 어디까지나 '공간적인' 세계에서 시작되었다는 점에 굉장한 흥미를 느낀다.

며칠 전 야행성 친구가 한 권의 책을 가져왔다. 일단 첫 페이지만 읽어보라면서. 보아하니 읽기 어려운 저자였는데, 책에는 야행성의 생리가 얄미울 정도로 멋신 활자로 면면히 그려져 있지 않은가! 과연 전문가답다고 생각하면서 내 눈은 불과 두세 줄로 채워진 밤과 낮의 사고 대비라는 한 점에 꽂혔다. 내 머릿속의 사고 바퀴는 단숨에 소리를 내며 회전을 시작했다.

'역시 그랬구나! 그래도 이건 내가 자주 하던 말인데……'

---

2   이마니시 긴지(今西錦司, 1902~1992), 일본 생태학자, 문화인류학자로 일본 영장류학 연구의 창시자로 널리 알려졌다. 또한 '서식권 분할 이론'에 기초한 독자적인 진화론을 제창하며 진화생물학의 새로운 연구 패러다임을 제시했다. 탐험가, 산악인으로도 전문 영역을 확보하며 명성을 떨쳤다. 수많은 저서 가운데《생물의 세계(生物の世界)》는 그의 대표작으로 손꼽힌다.

만약 책 내용을 나만의 언어로 표현한다면 어떻게 될까? 밤의 눈은 지층을 수직으로 파 내려가고, 낮의 눈은 지표를 수평으로 나아간다. 밤은 시간을 회고하고, 낮은 공간을 전망한다.

대비의 유희에 취했다. 이쯤 해서 그치지 않으면 두 선생에게 엄청 혼날 것이다. 하지만 동서의 석학이 한쪽은 일본 노지리코(野尻湖)라는 호수 발굴에, 또 한쪽은 아프리카 탐험에 저마다의 뜻을 두는 모습을 보고, 역시 뭔가 체질적인 polarity[3]를 예감할 수밖에 없었다. 아울러 만약 이지리 선생이 야행성이 아닌 주행성이었다면 내 안의 '고대'는 훨씬 빈약했으리라고 지금에 와서야 절실히 깨닫는다.

이 사진은 20년이나 지난 옛날에 이지리 선생과 나를 이어준 기념이 될만한 사진이다(([그림 III-1] 참고). 사진의 주인공은 닭의

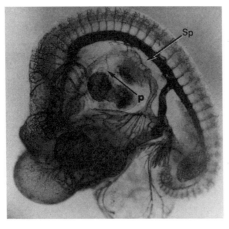

그림 III-1 닭 배의 혈관 주입 표본(알 품기 나흘째)
알을 품은 지 약 90시간이 지난 닭의 배를 따뜻한 식염수에 담그고, 움직이는 심장에 먹물을 주입해서 혈액과 치환한 모습. 몸길이 약 10밀리미터. P는 허파, Sp는 지라로 향하는 혈관을 나타낸다.[4]

---

3 'polarity'는 양극성. 극성.

태아 즉, 배(胚)의 혈관 주입 표본인데, 알을 품은 지 나흘이 지난 모습에 고생대 석탄기의 '고대 녹지'⁵가 깃들어 있음을 이지리 선생은 단 한마디로 일러주었다. 이는 내가 고생물학의 세계로 입문하는 감동적인 순간이기도 하다.

이 자리에 삼가 바치는 바이다.

---

4   미키 시게오의 논문인 〈지라와 장관 2차 정맥과의 관계-닭의 경우(脾臟と腸管2次静脈との 関係─ニワトリの場合)〉, 《해부학잡지(解剖学雜誌)》 제40권 제6호, 1965에 처음으로 실렸고, 《생 명 형태의 자연사(生命形態の自然誌)》 제1권, うぶすな書院, 1989, 259~271쪽에도 실렸다.

5   고대 녹지(古代 綠地), 이지리 쇼지와 미나토 마사오의 공저인 《지구의 역사(地球の歴史)》 제2판, 岩波新書, 1974, III장의 표제어. 원래 '고대 녹지'라는 단어는 이지리 쇼지가 스승으로 모 신, 일본의 시인 요시다 잇스이(吉田一穗, 1898~1973)의 평론집인 《고대 녹지(古代綠地)》라는 작품 제목에서 유래했다. 이 작품은 《정본 요시다 잇스이 전집 II권(定本 吉田一穗全集II卷)》, 小 澤書店, 1982, 76~177쪽에 수록되어 있다.

호리코시 지아키에게

어느 해 1월, 호리코시 지아키[1]에게서 제법 큼지막한 연하장이 스페인에서 왔다. 편지를 펼쳐보니 작은 신문지쯤 되는 크기였다([그림 III-2] 참고). 연하장 왼쪽 반절에는 검은 판목의 문양이 구름을 휘감아 올리며 하늘을 찌르고, 오른쪽 반절에는 볼펜의 글자가 춤추면서 한꺼번에 산꼭대기를 향했다.

"우와, 일본 열도의 토착민인 조몬인(繩文人)이 연하장을 보냈구나!"

그런데 내 눈의 초점은 처음부터 어느 한 점으로 모였다. 문자의 퍼레이드가 폐막을 알리는 바로 그 자리에 철썩 붙은 낙관이 빛을 발하고 있지 않은가! 이 세상에 없는 신비로운 문양이었다.

"과연 인간의 손으로 만들었을까?"

---

1   호리코시 지아키(堀越千秋, 1948~), 도쿄예술대학교대학원 유화과에서 수학할 때 미키 시게오와 스승과 제자로 만났다. 1976년 유학 시절부터 지금까지 줄곧 스페인에 머물며 화가, 에세이스트, 가수 등으로 다채로운 활동을 펼치고 있다. 주요 저서로는《적토색의 스페인(赤土色のスペイン)》《안달루시아는 잠들지 않는다―플라멩코광 일기(アンダルシアは眠らない―フラメンコ狂日記)》등이 있다.

그림 III-2　호리코시 지아키 씨가 보낸 연하장

언뜻 보기에는 바닷말 무늬를 하고 있다. 하지만 단순한 해조류가 아니다. 고생대 실루리아기의 바다 밑바닥에서부터 올라온 먼 옛날의 녹조류가 아닐까? 그리고 이 녹조류가 원초적인 이끼류로 진화해서 석탄기의 고대 녹지[2]를 뒤덮지 않았을까? 시인 괴테의 심연에서 40년간 꿈틀댄 '원형 식물'의 환영이 어쩌면 이런 모양이었는지도 모른다. 말하자면 이것이 잎과 꽃으로 변형을 거듭해나가는 것이다. 그렇다. 역시 이 그림은 하나의 환영이다. 그 증거로 다른 판목 문양이나 글자처럼 양손으로 움켜쥘 수도 없지 않은가!

열대 원시림에 서식하는 어떤 하늘소는 생식기가 되면 나뭇잎 한 장 한 장에 아주 정성스럽게 무늬를 새긴다. 입 좌우로 나 있는 날카로운 큰 턱을 마치 가위처럼 이용해 들쭉날쭉 자유자재로 모양을 만들면서도 지칠 줄 모른다. 어떤 목적으로 이런 행위를 하는지 아무도 모른다. 한편 누에의 몸통처럼 생긴 작은 기생충은 털구멍을 통해 인간의 피부로 몰래 잠입하는 순간, 피부 바로 아래를 오른쪽 왼쪽으로 쉬지 않고 기어 다닌다. 이때 자유로운 방향 전환이 어떤 원인에서 생겨나는지, 이 역시 아무도 모른다. 이들이 새긴 도형이야말로 자연이 직조한 문양, 조물주의 디자인이라고 불러야 하지 않을까? 낙관의 선이 어느새 내 눈에는 바로 그렇게 보이기 시작했다. 사람 손의 체취를 맡으려 해도 전혀 맡을 수 없었다.

---

2   고대 녹지: 본문 219쪽, 각주 5 참고.

구석기 시대의 한 젊은이가 거대한 수목 쪽을 서성거린다. 그는 굵은 나무줄기 안에 자신의 내재된 우주가 '식물의 정수'로 변해서 파묻힌 곳을 꽤 오래전부터 그윽하게 응시하고 있다. 두 눈이 희미하게, 그리고 조금씩 전율적으로 떨린다. 그렇게 몸서리치면서 연인의 혀끝처럼, 환상의 테두리를 아주 천천히 끊임없이 덧그린다. 마지막에는 한 마리의 곤충으로 변신해서 나뭇잎을 파내고 다듬는 작업을 한다면 더는 바랄 게 없으니⋯⋯.

여기까지 글이 완성되었을 때, 마치 각본에 있는 것처럼 진짜 주인공이 해맑게 웃으면서 우에노의 도쿄예술대학교를 찾았다. 그는 멋쩍은 듯, 하지만 눈을 반짝이며 단숨에 글을 읽고 나서 거침없는 내 질문에 붙임성 있는 표정으로 짤막하게 대답했다.

"아니에요, 선생님. 그냥 지우개에 그려서 작은 칼로 '조금 조금씩' 잘라냈을 뿐이에요."

그림 III-3 호리코시 지아키 씨의 연하장 낙관

순간 내 머릿속은 혼돈 그 자체였다. 수십만 년의 시간이 쏜살처럼 지나가고, 몽환의 세계인 '지난날의 저기'가 현실의 세계인 '지금 여기'에서 선명히 모습을 드러낸 극적인 순간이었다. 아득히 먼 알타미라 동굴의 나날은 투우 경기를 대변하는 현대의 '야생'으로 모습이 바뀌고, 나무의 정수에 전율하는 고대의 심정은 오늘날 의식의 심층에서부터 그 모습을 드러내서 이 젊은이에게 현대의 날붙이를 휘두르게 한 셈이다.

그래도 '지우개'는 조금 생뚱맞은데……. 하지만 가만히 생각해보면 고무지우개는 말할 것도 없이 수액의 정수이자, 가공 비닐은 다소 얼빠진 현대인의 뇌에서 짜낸, 역시 동일한 나무의 즙, 나뭇진이 아닌가!

'환멸(幻滅)'이란 이미 그려진 환상이 잘못되었음을 의미한다. 하지만 참된 환영은 어느 시대나 결코 소멸하지 않는다. 그 '조금 조금씩' 찰나의 행위 속에, 환영은 지금도 맥을 이어나가며 살아 숨 쉬고 있으리라.

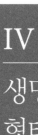

IV

생명 형태학을 향한 길—
형태론

좌뇌 진단에서 우뇌 진단으로

환자의 얼굴을 순식간에 식별하는 왼쪽 눈,
심장음의 미묘한 차이를 구별하는 왼쪽 귀!

'오른쪽'은 바르고 '왼쪽'은 그르다고

   어느 나라나 모두 '우로 나란히'다.

   고대 인도는 말했다, 오른손이야말로 전지전능한 성스러움의
상징이라고.

   이것이 지구 규모로 퍼진 '우존좌비(右尊左卑)' 사상의 진원지
인가……

   '이기면 충신, 지면 역적'의 이치인가 보다.

   최근 대뇌생리학은 경종을 울린다

   범속한 오엑스식 사고에.

   우월한 우(右), 좌뇌인 '로고스의 뇌'

   열등한 좌(左), 우뇌인 '파토스의 뇌'

   그러나 '로고스와 파토스에 우열은 없다'고.

   말을 알아듣고 글을 읽는 좌뇌

   음악을 듣고 그림을 감상하는 우뇌

그렇다, 우뇌다! 환자를 진단하는 뇌는.
좌뇌는 병을 알아보고 현미경을 들여다본다.

전화벨이 울린다. 왼손으로 수화기를 든다.
수화기 너머로 숫자가 나온다,
바로 그 순간 수화기를 오른쪽 어깨로 옮겨 짊어진다.
어쩐지 불안하니까, 왼쪽 귀로는……
이렇게 자신도 모르게 왼쪽, 오른쪽 손발을 가려 쓴다.
그러니 몸의 동요에 감응하는 것은
왼쪽 발바닥, 여기에는 메기 한 마리가 숨어 지낸다.

왜 하필 좌뇌 쪽으로만? 폐암의 *끄트러기*가
생리학자는 대답한다. '뇌 수액 흐름'의 좌우 차이를,
이는 신이 가르쳐주신다고.
절묘한 나선을 그리며 심장의 소용돌이 물결이 좌우 뇌로 나
뉠 때, 바로 그 순간 왼쪽으로 살짝 기우는 것이라고도.
이것이 좌뇌 우위의 원류일까?
여하튼 '번뇌'의 로고스 뇌는 멋대로 폭식, 배기가스 철철
언제나 공복, 논리와 난제로 넘치는…… '남자의 좌'반구
이것이 진정으로 병든 모습이 아니고 무엇이랴……
구원의 유일신, 그 신은 바로 '여자의 우'반구!

가이도코

지라의 과거

베일에 싸인 사양 장기

한때 '사양(斜陽)'이라는 단어가 유행한 적이 있다. 비장(脾臟), 즉 '지라'라는 장기가 페니실린(penicillin) 덕분 혹은 탓에 조금씩 사양 장기로 내몰리기 시작한 것이 바로 그즈음이라고 여겨지는데, 지금은 지라라는 이름조차 듣기 어려운 것 같다. 이처럼 의학의 세계에서도 역시 주목을 끄는 문제와 하찮게 여기는 문제가 시시각각 변하기 마련인데, 시대 흐름과는 거의 무관하게 지라의 정체는 예나 지금이나 수수께끼로 남아 있다.

고대 그리스의 의학자인 갈레노스[1]는 지라를 신비로움이 넘치는 장기라고 표현했는데, 오늘날에도 지라의 내력, 즉 지라의 과거를 아는 사람은 많지 않은 듯하다.

이야기가 불쑥 몇 해 전으로 거슬러 올라가서 미안하지만, 필

---

1 갈레노스(Galenos, 129?~199?), 고대 그리스의 의학자로 해부학, 생리학을 발전시켜 고대 의학을 집대성했다. 그의 학설은 약 1300년 동안이나 서양의 기초 의학을 지배했다.

자가 가을학기 강의의 예습용으로 수수께끼 장기를 연구하던 중 지라 정맥이 간으로 흘러들어 가는 모습에 완전히 매료된 적이 있다. 나는 순간적으로 지라가 옛 소화관의 일원으로 생겨난 장 기일지도 모른다는 생각, 나아가 파이어스 패치(Peyer's patch, 장 림 프소절)처럼 지라도 위벽에서 잘록해져서 생긴 일종의 '위 림프 소절'일지도 모른다는 상상을 하면서 혼자서 흥분하기도 했다.

그리고 이듬해 봄으로 기억하는데, 마침 지라 이야기가 나오 자마자 은사님이신 오가와 데이조[2] 선생님이 천천히 상체를 앞 으로 내밀며 바로 나를 지목해주셔서 이 또한 흥분 그 자체였다. 그러고 보니 선생님이 큰 관심을 가졌던 전설의 히말라야 설인 (雪人)의 발자국 사진을 보여주셨을 때의 일이 떠오른다.

지라와 장 순환의 관계

이렇게 해서 나는 지라 연구를 시작했는데, 처음으로 원시 척추 동물의 지라를 조사하는 동안 다음 가설을 세웠다.

(1) 종족발생 측면에서 보면 지라는 장관 벽을 박차고 나와서 생겼다.

(2) 지라가 혈관계에 삽입된 장기라는 사실은 일반적인 이론

---

2   오가와 데이조: 본문 119쪽, 각주 2 참고.

과 일치하는 견해다.

⑶ 그렇다면 지라는 위 벽의 혈관과 깊은 관련을 맺고 발생해야 한다.

결국 지라의 내력을 알아보려면 위의 혈관 발생 과정을 조사해야만 했다. 그리고 이때 처음으로 그 어떤 교과서나 책에도 내가 궁금해하는 혈관 발생에 관한 설명은 단 한 줄도 없다는 서글픈 현실을 알게 되었다. 요컨대 지라의 유래를 필자의 관점에서 연구하려고 덤비더라도 현실에서는 불가능한 과제임을 깨달았던 셈이다.

그런데 우라 요시하루[3] 선생님의 이름은 《실습 인체 해부 도보》[4]라는 책을 통해 아마도 쉰 살 미만의 전공자는 모두 알고 있으리라. 하지만 우라 선생님이 이룩한 혈관 발생의 역사적인 업적을 아는 사람은 많지 않다. 금세기 초, 쌀알만 한 포유동물 태아의 혈관에 많은 서양 학자가 색소 주입을 거듭 시도했지만 모두 실패했다. 그러나 우라 선생님은 반세기 뒤, 전쟁이 한창이던 시절부터 오늘날까지 양서류, 어류는 물론이고 칠성장어의 좁쌀만 한 유생 혈관에까지 색소를 주입하는 데 성공했고, 더욱이 이를 핀셋으로 해부해서 계통적인 혈관 형성의 규칙을 철저하

---

3   우라 요시하루: 본문 210쪽 참고.

4   浦良治, 《実習人体解剖図譜(실습 인체 해부 도보)》, 南江堂, 1944. 이 책은 판을 거듭해 지금도 일본의 많은 대학에서 해부 실습 교과서로 활용한다. 미키 시게오는 이 책 해부도의 인출선을 그렸다.

게 규명했다. 이는 현대 신경과학의 아버지로 불리는, 스페인의 신경해부조직학자인 산티아고 라몬이카할(Santiago Ramón y Cajal, 1852~1934)의 업적에 버금가는 성과로 보인다.

그럼 다시 지라 이야기로 돌아가 보자. 그해 여름 학회에서 필자의 생각을 즉석에서 이해해주신 우라 선생님은 "나는 지라와의 관계를 거의 추적하지 않았지만, 꼬리 달린 양서류를 연구해 보면 자네 생각은 바로 증명될 걸세." 하는 예언과 함께 장수도롱뇽의 색소 주입 표본을 아낌없이 제공해주셨다.[5]

장관 2차 정맥을 낳는다

[그림 IV-1]이 그 결과물인데, 이는 하나의 위장 토관에서 동맥, 간(Le)으로 들어가는 정맥, 지라 이렇게 세 요소를 표시한 그림이다. 여기에서 지라와 장 순환의 관계가 발생과 함께 아주 빠르게 변모하는 모습을 확인할 수 있다. 먼저 동맥 쪽에 지라의 원기(原基)가 나타나고([Ⅰ]), 지라 원기의 내부에서부터 동반성의 2차 정맥(2VD)이 형성되며([Ⅱ]-[Ⅲ]), 마침내 동맥 가지의 개입과 함께 지라가 독립한다(장 아래에 처음 생겼던 1차 정맥(1VD)은 퇴화[Ⅳ]).

5   이 연구는 미키 시게오의 학위 논문으로 간추려졌다.
三木成夫, 〈オオサンショウウオに於ける脾臓と胃の血管とくに二次静脈との発生学的関係に就いて(장수도롱뇽의 지라와 위의 혈관, 특히 2차 정맥과의 발생학적 관계에 대하여),《解剖学雑誌(해부학잡지)》38卷 4号, 1963.

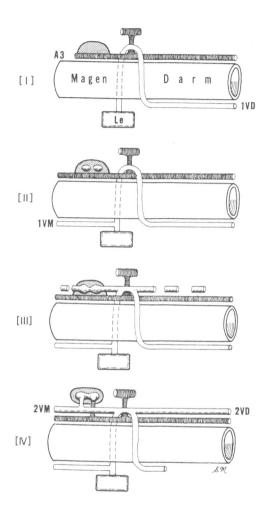

그림 IV-1 장수도롱뇽의 지라와 위의 혈관 개체발생

[Ⅰ]은 유생 33일, [Ⅱ]는 유생 35일, [Ⅲ]은 유생 38~54일, [Ⅳ]는 유생 86일 이후.

A3은 위동맥 제3가지, 1VD는 장의 1차 정맥, 1VM은 위의 1차 정맥, 2VD는 장의 2차 정맥,

2VM은 위의 2차 정맥, Le는 간, Magen은 위.

요컨대 동맥 쪽에 생긴 지라가 동반(2차) 정맥을 '낳고' 차츰 독립해나가는 것이다.

고생대 꿈의 재현

하지만 이런 경과는 어디까지나 양서류에 있어서 지라의 유래를 나타낸 실험 결과로, 그 당시에는 딱 거기까지만 생각했지만, 사실상 이 연구 결과를 통해 고생대에서의 지라 진화 역사의 발생 반복(recapitulation)으로 이어진다는 사실을 점차 깨닫게 되었다.

5억 년이나 되는 머나먼 옛날, 실루리아기 바다에서 탄생한 척추동물의 조상(그 살아 있는 화석이 바로 칠성장어다.)은 장관 동맥 쪽을 따라 묘하게 생긴 지라를 갖추고 있었다. 이는 굴모양 혈관이 발달한 1대 조혈소로 '굴모양 지라'라고 부르는데, 이어지는 데본기의 바닷물과 민물이 섞인 기수(汽水)에서 '문맥 지라', 즉 장관 정맥이 문맥 지라로서 조혈 지라로 유입되는 형태를 갖춘 폐어의 조상이 나타났고, 마침내 석탄기의 고대 녹지 시절에 '독립 지라'를 갖춘 양서류의 조상이 상륙의 첫 발자국을 남기게 되었다. 그리고 이 독립 지라는 조혈 기능을 점점 상실하면서 우리 인간에 이르게 된다. 즉 고생대 1억 년의 시간 동안 척추동물이 바다에서 강을 거쳐 육지에 상륙하는 사이에 지라의 형태도 역시 세 단계를 거쳤다는 사실이 밝혀진 셈이다.

이런 관점에서 장수도롱뇽을 다시 떠올려보면, 그림 Ⅱ→Ⅲ→Ⅳ

의 변화는 지라 역사의 재현임을 알려주는 것으로, 고생대 사건의 '옛 모습'을 우리에게 보여준다(최근 이를 관찰하여 고생대 1억 년의 역사는 동물의 분화와 함께 '주마등'처럼 아주 빠르게 되풀이된다는 사실을 알아냈다).

조혈의 고도

이렇게 해서 지라라는 장기는 먼 과거에 두 번의 폭풍우를 경험했다는 사실이 분명해졌다. 그중에서도 두 번째 비상사태, 즉 지라가 장관의 동맥, 정맥의 굴레에서 독립해서(II III→IV), 이를 계기로 타고난 조혈 기능을 골수에게 위임한 혁명은, 척추동물의 상륙이라는 공전의 대변동이 선사한 하나의 결과물이리라.

이와 관련된 자세한 사정은 아직 충분히 밝혀지지 않았지만, 아가미의 퇴화와 함께 아가미 혈관이 굵은 대동맥활(Aortenbogen)로 바뀌면서 모든 소화관의 동맥압이 갑자기 높아지고, 지라 쪽은 동맥 가지의 새로운 개입이 생겨남으로써 그 조건이 크게 변모했다. 이런 변화된 풍토에서 자라난 조혈의 중심은 때마침 출현한 네발 달린 생물의, 긴 대롱 모양의 뼈 내강(內腔)[6] 쪽으로 새로운 신천지를 찾아서 조금씩 이동했으리라고 추측한다.

말하자면 중생대를 맞이하여 척추동물이 수상생활을 접고 육

---

6   '뼈 내강', 여기서는 골수를 지칭.

지에 정착했을 때 고생대 이래 지라의 조건에 큰 변동이 생기고, 이로써 1억 년에 걸쳐 계속된 조혈 기능이 조금씩 뼈 안으로 이동해갔을 것이다.

애초 장관에서 '피의 섬'으로 모습을 드러낸 조혈소가 유구한 세월과 함께 거처를 옮겨가는 모습을 보면 마치 옛 도읍의 천도가 떠오르는데, 이런 생각을 하는 동안 '조혈의 고도(古都)'로서 지라의 진면목이 생생히 살아나는 듯하다.

'원형'에 관한 시론

인체 해부학의 바탕을 이루는 것들

인체의 구조에는 근원적인 하나의 '틀'이 마련되어 있어야만 한다. 이를테면 손발의 신경을 도려내도, 혹은 위 혈관을 제거해도 해부의 횟수를 거듭하는 동안 개체의 차이와는 무관한 고유의 틀이 뿌리 깊게 자리 잡고 있어서, 가끔씩 만나는 기묘한 변이(Variation)도 결국은 그 틀에서 한걸음도 나올 수 없다는 사실을 사람들은 시간과 함께 조금씩 실감하게 된다.

가만히 생각해보면 이 같은 사실은 굳이 메스를 들고 해부하지 않아도 알 수 있다. 인간의 몸을 외부에서 바라본, 즉 우리 인간의 생김새와 매무새에도 똑같은 원리를 적용할 수 있을 테니까. 예를 들면 길거리에서 아주 별난 기인과 마주치더라도 우리는 그가 인간임을 곧바로 알아챈다. 바꿔 말하면 모든 인간의 꼴에는 원숭이와는 다른 '옛 모습'이 존재하고, 우리 인간은 이를 스스로 인지하고 있다. 이런 '틀' 혹은 '옛 모습'은 모두 인간의 몸이 지닌 이른바 '근원의 형태'에 해당하는 것으로, 이는 때때로 드러나는 '개개인의 형태'에서 또렷이 식별되어야 한다.

1787년, 괴테[1]는 난생처음 접하는 남쪽 나라의 다양한 식물 모습에 자극받아 식물의 문제에 예리하게 접근하기 시작한다. 먼저 식물의 형성과 관련해 종(種)의 독자적인 형태를 보전하는 방향과 조건에 따라 형태를 바꾸는 방향, 이렇게 다른 두 가지의 방향을 지적한다. 이어서 하나의 줄기에서 연속적으로 나타나는 떡잎, 잎, 꽃받침, 꽃잎, 수술, 암술……의 어떤 기관을 선택하더라도 이것은 하나의 근원 기관(Grundorgan)이 '성장-생식'으로 끊임없이 이어지는 파동을 타고 놀랍게 변신(Metamorphose)[2]해나가는 결과임을 단적으로 드러냈다. 즉 식물의 모든 형성 과정에서 '근원의 형성과 개별의 형성(Bildung und Umbildung)'이 엄연히 구별되는데, 결국 삼라만상의 살아 있는 모든 형태와 모습 속에서 이 같은 이중적인 구조의 성립을 관찰한 것이다. 바로 이것이 시인의 눈에 비친 자연의 참모습이 아니었을까?

그런데 '개별 형태'와 그 형상이 저절로 이어지는 '근원의 형태'를 괴테는 Urbild, Urtypus 혹은 단순히 Bild, Typus…… 등의 단어로 표현했는데, 이 글에서 나는 'Urbild'라는 단어의 직역인 '근원 형상'을 '원형(原形)'이라고 줄여 부르겠다.

우리 인간의 몸에는 겉으로 드러나는 모습을 보더라도, 또 내재된 구조를 보더라도 분명 저마다의 원형이 관찰되는데, 후자 즉 내부 구조 측면에서 본다면 인체 해부학은 '내재된 원형'의

---

1   Goethe, *Versuch die Metamorphose der Pflanzen zu erklären*, 1790.

2   'Metamorphose'는 변용, 변태, 변신.

해명을 통해서 지탱되는 학문임을 꼬집어 지적하고 싶다. 더욱이 이런 사실은 조형 예술의 목표가 전자, 즉 '외적인 원형'의 탐구라는 점과 멋진 쌍극을 이루어야만 한다.

일반적으로 생물학의 역사는 인간의 관심 대상이 생물 몸의 '형태'에서 '작동 원리'로 바뀌었다는 사실을 우리에게 다짜고짜 보여준다. 하지만 우리는 어떤 대상에 대해서도 그 형태, 달리 표현하면 원형의 체득 없이는 그 어떤 작동 원리의 해명도 기대할 수 없음을 기억해야 한다.

따라서 지금부터는 생물학이라는 학문의 참모습, 단적으로 말하면 괴테 형태학의 핵심을 이루는 '원형'의 문제를 진지하게 고찰하고자 한다.

원형이란 무엇인가?―'옛 모습'의 의미

만약 어떤 사람의 표정이 평소와는 조금 달라졌다는 사실을 알아차리는 근거가 무엇이냐는 질문을 받으면 과연 우리는 어떻게 대답할 수 있을까? 일상적인 접촉을 통해 꽤 오랫동안 체득한 그 사람의 '평상시 표정'이 근거의 무의식적인 기준이 되었다는 설명밖에 달리 대답할 방법이 없을 것이다. 그렇다면 '평상시 표정'이란 무엇을 의미할까?

우리는 일상생활에서 어떤 특정한 사람과 끊임없이 얼굴을 마주 대한다. 이를테면 집안에서 부모는 자식의, 자식은 부모의,

그리고 부부는 배우자의 얼굴을 서로 오랜 시간에 걸쳐, 온종일 바라볼 때도 있다. 어떤 날은 거의 무의식적으로, 혹은 멍하니, 또 어떤 날은 또렷하게 의식하면서 숨을 죽이며……. 이렇게 해서 기분 좋을 때 표정, 기분 나쁠 때 표정, 기쁠 때 모습, 슬플 때 모습을 비롯해 더할 나위 없는 환희와 절망, 몰입과 허탈의 모습에서부터 좀처럼 보기 힘든 격정의 폭발 상태에 이르기까지, 상상할 수 있는 모든 얼굴 표정을 만나게 된다. 이 끊임없는 접촉을 통해 얼굴 표정의 다양한 변화를 바라보면서 마침내 상대방의 얼굴 생김새, 표정이 지닌 하나의 형태를 뿌리 깊게 체득해 나간다. 이는 우리의 피부를 통해 육체의 깊은 곳까지 파고들어서 더는 뽑아낼 수 없을 정도로 깊이 뿌리를 내린 상태라고 말할 수 있다. 그래서 상대방과 멀리 떨어져 있는 순간에도 상대방이 하나의 '형상'으로 선명하게 눈앞에 떠오른다. 이렇듯 떨쳐낼 수 없는 기억 속의 형상이야말로 인간의 근원 형상, 지금 말하는 '원형' 그 자체가 된다는 사실은 굳이 설명할 필요도 없으리라. 우리는 이를 그윽한 '옛 모습'이라고 부른다.

그런데 '옛 모습', 즉 '원형'에는 사람마다 독자적인 성격을 갖추고 타인과 구별되는 본질(Wesen)이 자리 잡고 있는데, 이를 '다움'이라는 한마디로 표현할 수 있다. 앞에서 소개한 '평상시 표정'도 바꿔 말하면 그 사람다움, 즉 원형 그 자체를 뜻한다.

이렇게 해서 우리는 가까운 가족부터 조금씩 먼 타인으로 다양한 사람의 원형, '다움'을 체득하면서 한 사람 한 사람을 식별한다. 어릴 적 사진을 보더라도, 낯선 분장을 하더라도 바로 그 사람임을 간파하게 된다. '개인의 식별'이란 이런 원형 체득의 과정을 생략하고서는 설명할 길이 없다. 이처럼 개개인을 구별하는 능력은 우리가 흔히 말하는 지각의 기본 바탕이 된다.

한편 원형의 체득이 인간 개인에게만 국한되는 이야기는 아니다. 요컨대 개체에서 종족에 이르기까지 원형의 체득을 적용할 수 있다. 첫머리에서 언급했듯이 길거리에서 누구와 마주치더라도 우리는 그를 '동류'로 인정하는데, 이는 한 사람 한 사람의 얼굴 모습에서 어떤 공통된 근원의 형태, 즉 종족의 원형(Gattungsbild)을 읽어내고, 개별 형태를 이 원형의 변용(Metamorphose)으로 바라볼 줄 알기 때문이다. 우리가 '인간'이라고 명명하는 것은 '종족의 원형'에 이름을 붙인 것으로, 여기에서 '종족 개념'의 추출이 시작되었을 터이다. 사실상 이런 종족의 원형 체득은 어린아이들이 이것은 '개', 저것은 '고양이'라고 부르며, 마침내 여우, 늑대, 호랑이, 사자 등으로 세밀하게 구별하면서부터 이미 시작된다. 우리가 모든 동물의 종을 식별하는 지각의 밑바탕에 이 같은 종족의 원형 체득 과정이 있다는 사실을 결코 간과해서는 안 된다.

물론 동류의 식별은 종(種)의 단계에 머무르지 않는다. 사람들은 종에서 한 발짝 더 나아가 '고양이속(屬)' '개속(屬)'으로 분류하고, 이 두 가지를 포함한 '육식동물'을 소, 말, 양, 염소 등의 '초식동물'과 대비한다. 이처럼 동류가 차지하는 영역은 점차 확대되고, 네발 달린 짐승을 묶어서 '포유류'라고 부르며, 이를 '조류'나 '어류'와는 확실히 구분하고, 오징어나 문어, 거미나 파리

등의 무척추동물에서 본질적으로 떨어져 나온 무리임을 직관하기에 이른다. 생물을 크게 '식물'과 '동물' 두 갈래로 나누고, 이를 계통적으로 분류해나가는 인간의 근원적인 기능이 동류를 구별할 줄 아는 능력에서 유래한다는 사실이 이로써 밝혀졌는데, 이는 생물계에만 적용되는 이야기가 아니라는 점은 말할 필요도 없다. 우리 인간은 땅, 물, 불, 바람의 모든 무생물계를 생물계와 대비해서 삼라만상의 일체를 우주 근원의 형태, 즉 우주 원형의 변형으로 인식한다. 이는 원형 체득의 궁극적인 모습이라고 말할 수 있으리라. 사람들은 우주의 원형을 어떤 때는 '코스모스(kosmos)'라고 부르고, 또 어떤 때는 '하늘'이라고 부른다.《파우스트》의 마지막을 장식하는 '영원히 여성적인 것(Das Ewig-Weibliche)'[3]이라는 표현은 만물 생성의 참모습을 이른바 '위대한 어머

---

3 '영원히 여성적인 것(Das Ewig-Weibliche)'이라는 구절이 등장하는《파우스트》의 대단원인 '신비의 합창'을 미키 시게오는 도미나가 한지로 선생이 옮긴 자필 번역본(아래에 소개)으로 자신의 연구실에 걸어두었다고 한다.

CHORUS MYSTICUS	신비의 합창
Alles Vergängliche	모든 것이 변하는 이상
Ist nur ein Gleichnis;	온통 형형색색으로 비칠 따름이다.
Das Unzulängliche,	전혀 상상도 할 수 없는 것이
Hier wird's Ereignis;	여기에서 생겨나고
Das Unbeschreibliche,	말로 글로 표현할 수 없는 것도
Hier ist's getan;	여기에서는 이루어진다.
Das Ewig-Weibliche	영원히 여성적인 것이여
Zieht uns hinan.	우리를 이끌어주도다, 저 영원한 곳으로.

小谷幸雄,〈ゲーテ・クラーゲスと富永半次郎(序説)—三木成夫思想の源流(괴테, 클라게스와 도미나가 한지로(서설)—미키 시게오 사상의 원류〉,〈モルフォロギア(Morphologia, 형태학)〉第16号, 1994.

니(Magna Mater)'의 모습에 빌려서 나타낸, 말 그대로 '심오한 근원을 향한 찬가'라고 볼 수 있지 않을까?

지금까지 서술한 내용은 눈에 비친 옛 모습, 즉 시각 인상에 한정된 내용이다. 하지만 참된 원형은 인간의 오감을 통해 육체에 각인되므로, 어떤 인상이라도 경험하고 익힐 수 있다. 가족의 발걸음을 구별해서 듣고, 부모님의 체취를 구분해서 맡고, 또는 어머니의 손맛, 고향의 공기 촉감을 혈육의 것으로 느끼는 일상의 지각 과정 가운데 원형의 체득을 전제로 하지 않는 부분은 상상도 할 수 없으리라. 그리고 원형 체득은 지금까지 소개한 수용의 세계에서 더 나아가 행동 실천의 세계까지 미친다. 운동의 숙달, 그러니까 우리가 비결의 습득이라고 부르는 것들은 '운동의 원형'을 체득하는 일이다.

이렇게 해서 우리는 '원형'을 다각도로 분석하고 고찰했는데, 이를 잠시 되짚어보면 원형이 앞에서 서술한 '다움' 혹은 '옛 모습'이라는 단어로 상징되듯이, 원형은 구름 또는 안개처럼 손에 잡히지 않는 이미지로 우리에게 다가온다. 다시 말해 개개인의 용모는 언제나 누구라도 쉽게 표현할 수 있지만, 한 사람의 옛 모습이나 인간다움은 저마다 표현법이 모두 달라서 결코 동일한 규격 용지에 맞추어 오려낼 수 없다. 보편타당한 실증에 주안점을 두는 오늘날의 이성 입장에서 보면 원형은 공허한 하나의 관념(Idee)에 머물러야 하는 운명인지도 모른다. 하지만 괴테는 'Idee'의 본래 의미를 옛 그리스 철학의 '에이도스(Eidos)'에서 찾고, 에이도스는 실제로 '눈으로 볼 수 있는 현실'이라고, 일찍이 이런 의문을 던진 실러[4]에게 답했다.

현대 사회에서 보편타당의 본보기로 여겨지는 '수(數)'의 세계가 실은 가장 비현실적인 관념의 세계임을 떠올린다면, '옛 모습'의 세계야말로 모든 이의 눈에 생생한 모습으로 비추어지는 현실 그 자체임을 실감할 수 있을 것이다. 때때로 사람들은 그 실감을 구체적인 형태로 나타낼 수밖에 없는 절박함을 느끼는데, 예로부터 훌륭한 시인이 시시각각 절감하는 영상을 통해 그윽한 옛 모습, 즉 우리의 원형을 완벽하게 묘사해왔다. 이는 '꿈', 그리고 '환상'이라고 불리는 것이리라.

원형은 자연의 작동 구조가 아닌 형태를 보는 눈을 통해 이루어지며 사물의 뒷면이 아닌 그 내면에 비쳐지는, 말 그대로 몽환의 완성을 뜻한다. 이 원형은 체득의 깊이와 함께 더 선명하게 떠오르는 세계가 아닐까 싶다.

Kunst: Eine andere Natur, auch geheimnisvoll, aber verständlicher, denn sie entspringt aus dem Verstande. (Goethe, 1833)[5]

예술은 두 번째 자연이다. 자연과 마찬가지로 신비하지만, 자연보다 이해하기 쉽다. 왜냐하면 예술은 오성에서 탄생했을 테니까. (괴테, 1833년)

---

4   프리드리히 폰 실러; 본문 201쪽, 각주 7 참고.

5   Goethe, *Maximen und Reflexionen*, 1833. Gedenkausgabe vol.9, p.638.

원형을 체득하기까지—'기억'에 대하여

지금까지의 고찰을 통해 개별 원형을 체득하기까지 기나긴 접촉이 있었다는 점, 나아가 종의 원형 체득에는 동류 개체와의 수많은 교류가 있었다는 사실이 분명해졌다. 이와 같은 사실에 비추어보면 원형 체득에서는 '동류 인상의 부단한 누적'이 필수적인 전제로 떠오를 텐데, 그렇다면 인상이 어떻게 누적되어 원형으로 완성될 수 있을까? 여기에서는 원형 체득의 과정을 먼저 인간의 지각 발생 모습에서 찾아보고자 한다.

유아는 자신을 둘러싼 현상의 대해원 안에서 '동류의 형상'을 자각해나간다. 어떤 형상이 예전의 형상과 동일한가, 또는 비슷한가를 스스로 인지하는 것이다. 난생처음 보는 창가의 참새에서 며칠 전에 본 장난감 작은 새를 떠올릴 줄 알고, 그림책에 등장한 비둘기를 보는 순간 창가의 참새와 장난감 작은 새가 연거푸 떠오르는 식으로……. 언뜻 보기에 다르게 비치는 세 가지 형상이지만, 아이들은 누가 가르쳐주지 않아도 이 형상들에 '근원의 유사성'이 자리 잡고 있다는 사실을 이미 알고 있다. 따라서 창가의 참새 형상을 계기로 작은 새의 옛 모습을 겹치면서 '인상 이미지'와 '회상 이미지'를 서로 포갠다. 결과적으로 아이는 장난감의 회상 이미지를 기준점으로 삼아서 참새의 이미지를 보게 되는데, 만약 며칠 후에 그림책에서 새로운 비둘기를 접하면 이번에는 장난감과 참새의 이미지를 나란히 포개서 참새가 회상 이미지로서 아이의 머릿속에 떠오르는 식이다. 이렇게 해서 회상 이미지가 켜켜이 쌓이고, 이런 누적 이미지는 거듭 되풀이되는 동류 인상의 체득에 따라 조금씩 윤곽을 잡아, 마침내 '작은 새'라고 불리는 완성된 형상으로 발전한다. 더 나아가 완성된 작은 새의 형상을 바탕으로 어떤 조류의 형상을 접하더라도 서로 혼동하지 않고 구별하게 된다.

여기까지 생각이 미친다면, 누적된 회상 이미지가 바로 '원형' 그 자체라는 사실을 눈치 챌 수 있으리라. 사람들은 회상 이미지를 원형으로 바라보았고, 이를 우리는 '옛 모습'이라고 부르는 것이다.

이처럼 우리는 성장과 함께 모든 원형을 다양하게 체득하고, 원형의 식별을 오류 없이 수행하게 되었다. 그런데 여기에서 다음과 같은 잘못된 생각에 사로잡혔으니……. 원형의 체득은 철저하게 인간이 태어난 이후의 사건이라고 생각하는 사람이 나난 것이다. 그들은 갓 태어난 아기의 마음을 '백지(tabula rasa)'에 빗대어, 아무것도 쓰여 있지 않은 흰 종이 위에 원형이 조금씩 채워지는 것이라고 주장한다. 과연 그럴까?

우리는 태어난 지 얼마 되지 않은 신생아가 아무도 가르쳐주지 않아도 어머니의 젖가슴을 찾아내고, 풍요로운 모유에는 아주 흡족한 표정으로 답하는, 흔히 '본능'이라는 단어로 부르는 무수히 많은 사건을 알고 있다. 이는 신생아가 엄마 젖의 감촉과 젖을 빠는 방법, 그리고 만족감 등 그야말로 원형을 이미 체득하고 있지 않다면 결코 설명할 수 없는 일이다.

또한 원형 체득은 단순히 참새와 고양이, 개를 구별하는 것에 머무르지 않는다. 우리가 태어나기 훨씬 이전, 즉 머나먼 원대(遠代)부터 생명과 직결된 무수히 많은 사물의 원형을 체득해왔다. 대를 거듭하면서 외부 세계로부터 자신의 육체에 미치는 적절한 조건을 끊임없이 받아들이고, 이를 피와 살로 바꾸어가는 근원적인 동화(同化)의 기능을 우리 몸은 확실히 갖추고 있다.

'기억'이라는 단어가 지닌 본래의 의미도 바로 이런 기능을 대변하고 있으리라. 원래 '기억(記憶)'이란 '억(憶)을 기록한다(記)'는 뜻으로, '그저 가운데(中)라고 한다'는 '억(憶)'이라는 한자의 풀이에서도 알 수 있듯이, '억'은 춥지도 덥지도 않은, 덜하지도 더하지도 않은 '중간' 상태, 즉 쾌적한 상태를 의미한다. 우리 몸은 여러 육체 조건 가운데 오직 '억'을 구하고, 대부분의 생활을 '억'의 상태로 지내려고 한다. 그러다 보면 어느새 '억'의 쾌적한 상태와 융화되고, 이것을 몸의 '평상시' 상태로 육체에 기록하게 된다. 달리 표현하면 '억'이 자신의 육체 조건의 원형으로서 체득되는 것이다. 따라서 기억이란 최상의 조건을 육체에 새기는 '원형 체득', 이른바 근원의 형태가 된다. 이 같은 생명적인 움직임 때문에 사람들은 근원적인 기억의 참모습을 '생명 기억'이라고 부른다.

물론 기억의 성능은 인간에 국한된 이야기가 아니다. 아메바에서부터 출발해 지구에 서식하는 모든 생물은 생명 기억을 갖고 있다. 어떤 생물이나 생명 기억에 의존해서 자유로운 반응을 보이지 않으면 개체의 생명은 단 한순간도 유지되지 않는다. 더욱이 생명 기억은 한 세대에서 끝나지 않는다. 앞에서 서술한 바와 같이 생물의 조상이 단세포로 지구에 모습을 드러낸 태곳적부터 면면히 전해 내려온 것이다. 그도 그럴 것이 어떤 생물이나 생명 기억을 누대에 걸쳐 전하지 않으면 '종'의 생명은 당장 소멸될 테니까.

'본능'이란 모든 생물이 태어날 때부터 갖춘 기억의 성능에서 유래하는 생명의 근원적인 기능을 뜻하는데, 우리가 본능적으로 기억하는 생활 조건의 원형이라고 하면 땅, 물, 불, 바람 등의 무생물 환경에서부터 자신의 동류와 먹잇감에 속하는 생물 환경에 이르기까지 무수히 많은 것을 꼽을 수 있다. 하지만 그중에서도 자신의 종족, 즉 동류의 옛 모습은 절대적인 물의 존재처럼 모든 생물이 육체의 근원에서부터 기억하는 것이다. 생물의 역사에서 만약 물의 식별을 잘못하거나 동류 인지에 실패한다면 그 순간 어떤 일이 일어날까? 그런 의미에서 각종 생물이 자신의 동료와 나누는 본능적인 교감은 마치 물과의 밀접한 관계처럼 생명의 역사와 함께 뿌리 깊은 것이다.

이쯤 되면 생물이 발생한 이래 우리 조상은 언제나 변함없이 동류의 얼굴을 바라보면서 오늘에 이르렀다는 사실을 충분히 짐작할 수 있다. 아울러 오랜 세월에 걸쳐 시시각각 만들어가는 동료의 얼굴을, 사실상 스스로 똑같이 형성해나가면서 이를 직접 목격해온 역사가 떠오를지도 모른다. 바로 '죽마고우'란 이런 관계를 말하는 것이리라.

인류의 원형은 어느 날 갑자기 지구에 모습을 드러낸 것이 결코 아니다. 분명 유구한 형성의 역사가 원형의 한가운데에 단단히 자리 잡고 있다. 우리 인간은 이 역사의 흐름을 역대 조상의 육체를 매개로 아득히 먼 인류의 기원에서부터 거듭 체득해왔다. 그리고 세상의 모든 소리를 살펴보고, 세상의 모든 것을 자유자재로 바라보는 '관세음(觀世音), 관자재(觀自在)'의 역사적인 안목을 통해 우리는 현실에서도 인류의 원형을 생생히 접하고 있다.

Das Gebildete wird sogleich wieder umgebildet, und wir haben uns, wenn wir einigermassen zum lebendigen Anschauen der Natur gelangen wollen, selbst so beweglich und bildsam zu erhalten, nach dem Beispiele mit dem sie uns vorgeht. (Goethe, 1817)[6]

한번 형성된 것이라도 곧바로 변형된다. 따라서 자연의 생생한 직관에 도달하려면 우리 스스로 자연이 제시해주는 실례를 따라서 형성에 주목하는 움직임이 충만한 상태에 몸을 맡겨야 한다. (괴테, 1817년)

6   Goethe, *Zur Morphologie*, Gedenkausgabe vol.17, 1817, p.14.

원형을 찾는다—종족발생(Phylogenie)[7]의 발자취

인체 해부학에서는 인체의 구조를 규명한다. 이때 주안점은 이미 앞에서 설명한 대로 인체의 구조가 지니는 '원형'을 찾아내야만 한다는 것이다. 바꿔 말하면 '인체 구조의 원형 탐구'가 인체 해부학의 목표가 되는데, 이 목표를 달성하려면 과연 어떤 방법론이 필요할까?

앞에서 나는 겉으로 드러나는 인간의 원형이 만인을 통해 유구한 세월을 거쳐 오롯이 체득되어가는 과정을 소개했다. 그렇다면 '내재된 원형'은 어떻게 형성될까? 이와 관련해서는 일반적으로 널리 알려진 바가 거의 없다고 해도 과언이 아니다. 그도 그럴 것이 '칼로 절개하는' 비상수단에 의지하지 않으면 보통 인체의 안쪽 풍경은 살짝 엿보는 일조차 허용되지 않을 테니까. 따라서 '시각'을 통한 원형 체득의 길은 완전히 막혀 있는 셈이다. 하지만 사람들은 미지의 세계를 향한 탐구를 포기하지 않고, 어떤 때는 '촉각', 또 어떤 때는 '내부 감각'이라고 부르는 둔중한 맹목의 지팡이에 의지해서 내재된 원형 언저리의 모색을 탐색해왔다. 이는 숨겨진 것에 대한 강렬한 호기심이라고 말할 수 있으리라. 마찬가지로 '해부'의 방법론 도입에서 이런 경위를 배제하는 일은 상상도 하기 어렵다. 같은 맥락에서 '잘라낸다(anatemnein)'는 인간의 행위도 파묻힌 '자신의 원형'을 뿌리에서

---

7   'Phylogenie'는 '종족발생' 혹은 '계통발생'이라고도 한다.

부터 발굴하려는 뜨거운 욕구 때문에 어쩔 수 없이 생겼다고 말할 수 있지 않을까?

인체 해부는 이렇게 시작되었다. 머리 꼭대기에서부터 발끝까지, 한손에 메스를 든 채 몸을 조심스럽게 열어젖히고 해부를 통해 드러나는 아주 자잘한 구조도 빠뜨리지 않고 이들을 치밀하게 끄집어내서 묘사하고, 하나하나 다양한 명칭을 부과하고, 인체 해부로 관찰할 수 있는 모든 변이(Variation)를 빠짐없이 기록해나간다. 이런 해부 방식은 베살리우스[8] 이후 인체 해부학이 걸어온 하나의 상식이다.

그런데 우리는 여기에서 필연적인 하나의 문제에 직면한다. 그 문제란, 과연 어떤 방법으로 내재된 원형을 찾아낼 수 있느냐 하는 것이다. 이 질문에 우리는 불가능하다고 대답할 수밖에 없다. 인체 해부만으로 인체 구조의 원형을 찾아내지는 못할 테니까……

앞에서 나는 몸의 '외부 원형'을 알아내기까지 원형 성립의 유구한 역사의 체득이 선행했다는 사실을 소개했다. 같은 맥락에서 이 문제를 생각해본다면, '모든 원형은 원형 성립의 역사와 함께 체득된다. 다시 말해 그 내력을 모르는 원형은 체득할 수 없다.'는 하나의 생각에 이르는데, 이렇게 해서 우리는 지금 문

---

8 안드레아스 베살리우스(Andreas Vesalius, 1514~1564), 벨기에의 해부학자로 근대 해부학의 창시자다. 최초의 인체 해부서이자 의학 근대화의 새로운 기점이 된《인체 구조에 관한 일곱 권의 책(De humani corporis fabrica libri septem)》(1543)을 저술했다. 이 책은《파브리카(Fabrica)》로 알려져 있다.

제가 되는 '내재된 원형'을 찾는 유일한 방법론에 도달하게 된다. 그 방법론이란 내부 구조가 지닌 원형 성립의 역사, 즉 구조의 성립 과정을 더듬어 올라가는 방법이다.

오늘날 지구에는 수많은 생물이 서식한다. 이들은 하루아침에 뚝딱 만들어지지 않았다. 자그마치 30억 년이라는 긴긴 세월 동안 새겨진 형성의 역사가 담겨 있기 마련이다. 이 역사는 태초의 단세포 생물에서부터 수많은 세월을 거쳐 다세포 생물이 점차 다양한 종족으로 갈라져 형성되는 과정을 이르는데, 사람들은 이를 '종족발생(Phylogenie)'이라고 부른다. 종족발생이란 하나의 난세포에서 저마다의 시간을 거쳐 개개의 생물이 발생해나가는 '개체발생(Ontogenie)'과는 대조되는 친숙한 명칭으로, 달리 표현하면 '개체 원형'에 대한 '종족 원형'의 형성 과정을 뜻하는 셈이다. 개인에게 그 개인의 '개체발생'이 존재하듯이, 인류에게는 인류의 '종족발생'이 있기 마련이다. 지금 여기에서 다루는 인체 구조의 원형이란 요컨대 '인류의 종족발생을 몸의 내부 구조에서 찾는' 방법을 통해 얻을 수 있음을 분명히 알아야 한다. 결론적으로 몸의 역사, 즉 성립 과정의 발자취를 더듬는 일이 우리의 최종 목표가 되는 것이다.

그런데 지구의 역사나 민족의 역사가 그러하듯이, 현존하는 인간이 직접 인체의 역사를 들여다볼 수 없다. 말하자면 실증 불가능한 세계다. 따라서 사람들은 다른 세계의 역사를 대할 때와 마찬가지로 인체의 역사도 모든 '사적(史蹟)'을 통해 이를 유추한다. 이때 더 완전한 역사의 발자취가 더 깊이 통찰됨으로써 역사적인 흐름의 윤곽이 더 선명하게 떠오른다는 사실은 굳이 설명할 필요도 없다. 그렇다면 과연 어떤 사적으로 그 역사를 어떻게 그려내야 할까?

먼저 화석을 통해 직접 그 역사를 탐구하는 방법을 생각해볼 수 있다(고생물학). 하지만 이 방법은 너무나 긴 공백에 부딪힌다. 그리하여 현존하는 모든 동물을 계통적으로 해부하고(비교해부학), 나아가 이들 개체발생의 모양을 인간의 발생 모습과 차례로 비교해나감으로써(비교발생학) 고생물학의 역사적인 공백을 간접적으로 메워나간다. 요컨대 한편으로는 '화석'으로, 또 다른 한편으로는 '동물'과 '태아'를 직간접 사적으로 다루는 셈이다.

[그림 IV-2]는 이런 모양을 도식화한 그림이다.

우선 왼쪽 세로축인 OA에는 지질 연대를 새기고, 상단 가로축인 AZ에는 현존 동물의 각 종족을 가계가 오래된 순서대로 왼쪽에서부터 오른쪽으로 채워 넣는다. 그리고 하단 가로축인 OO'에는 개체발생의 각 단계를 체제 분화의 순서대로 똑같이 좌우 방향으로 새겨 넣고, 오른쪽 세로축인 O'Z에는 개체발생의 시간을 적는다.

이때 전자인 OA, AZ의 좌표평면을 생각하면, O는 원초적인 단세포 생물, Z는 오늘날 인류의 위치를 나타내는 점이 되고, 따라서 우리가 찾는 인체의 종족발생은 이 두 점을 연결하는 하나의 곡선에 모습을 드러낸다. 이는 이론적으로 좌표평면에 흩어진 무수히 많은 화석의 십자가가 현존하는 각 종족과 맺어져서 생기는 해초의 가지치기와 흡사한 그림, 이른바 '계통수'라고 불

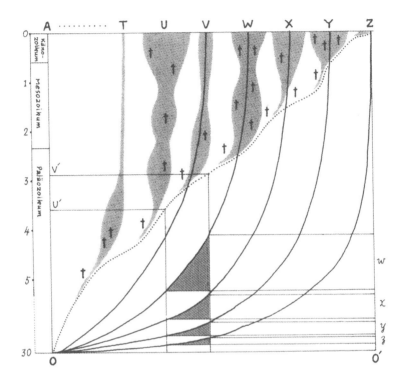

그림 IV-2 종족발생에서 고생물학, 비교해부학, 비교발생학의 세 학문이 차지하는 위치

O→A에 지질 시대를 새겨 넣으면, 인류의 종족발생이 O(원시 생명)에서 Z(현대인)에 이르는 물결 모양의 점선으로 드러난다. †는 각 종족 직계의 화석(고생물학)을 나타낸다. A⋯⋯T U V W X Y Z는 예컨대, 무악류, 어류, 양서류, 파충류, 조류, 포유류, 인류의 각 종족(비교해부학)을 뜻한다.

O′→Z에 종족마다 다른 개체발생을 새겨 넣으면, 이들 개체발생의 과정은 O에서 포물선 모양으로 상승하는 곡선으로 나타난다(비교발생학). 이 곡선에서는 고생대 1억 년(u′v′)이라는 시간 동안 펼쳐진 척추동물의 상륙 역사가 새로운 종족으로 이행할수록 더 빠르게 (w→x→y→z) 재현되는 모양이 도식화되어 있다.

리는 그림의 오른쪽 끝단 우듬지에서 줄기를 따라 내려가며 나타난다. 하지만 그림에서도 알 수 있듯이, 인체의 종족발생은 어디까지나 '꿈의 점선'으로 그려진다. 사람들은 그 꿈을 찾아서, 어떤 때는 꿈에 더 가까운 화석을 발굴하고, 또 어떤 때는 체제가 더 오래된 '살아 있는 화석'을 종마다 선택해서, 결국 이들을 통해 과거의 모습을 재현해나간다.

그다음 후자인 OO'와 O'Z의 좌표평면을 생각해보면, O는 수정란, Z는 성인을 나타내고, 따라서 OZ를 연결하는 하나의 곡선이 인체의 개체발생을 표시하는데, 우리는 이 전체 과정을 완전히 연속된 하나의 실선으로 파악할 수 있다. 하지만 이 곡선은 전자와 동일한 인체 형성 과정의 표현임에도, 앞에서 소개한 종족발생의 점선과는 결코 서로 겹치지 않는다. 우리는 이 어긋남을 '개체발생이 종족발생의 너무나 빠른, 그리고 너무나 상징적인 하나의 재현'임을 대변해주는 것으로 바라볼 따름이다. 요컨대 태아 성장의 모습 가운데 유구한 인체 역사의 이른바 '찰나의 옛 모습'을 통해 감지할 수밖에 없으리라. 여기에서 우리는 '더 완만하게' '더 구체적으로' 역사를 재현하는, 가계가 오래된 종족의 개체발생을 차례로 참조해나가는 방법을 선택한다. 이렇게 한쪽에서는 화석을 통해 직접적으로, 또 한쪽에서는 살아 있는 화석의 형상, 나아가 태아 발생의 상징극을 통해 간접적으로 인체의 역사를 더듬어가는 것이다. 인체 구조의 원형 탐구에서 차지하는 고생물학, 비교해부학 및 비교발생학의 의의가 이로써 명확해지지 않는가? 이 세 학문의 협업은 인체 해부학의 바탕을 이루는 유일한 방법론이라고 말할 수 있으리라.

우리는 다른 동물의 모습에서, 또 어린아이의 모습에서 더할 나위 없는 매력을 느낀다. 그런데 이 끌림의 속내를 들춰보면 인류가 걸어온 머나먼 과거의 옛 모습, 형성의 역사 한 장면 한 장면이 은밀하게 깃들어 있다. 그리고 이 모습들을 통해서 인간은 저마다 자신의 원형을 뿌리 깊게 체득해나간다. 설령 '자아'라는 이름의 거대한 망상이 여지없이 뽑히는 일이 있더라도.

Urbilder sind erscheinende Vergangenheitsseelen (Klages, 1921)
원형이란 현상하는 과거의 심정들이다. (클라게스, 1921년)[9]

글을 마무리하면서 더할 나위 없는 소중한 가르침과 더불어 20년이라는 긴 세월 동안 귀한 조언과 애정 어린 지도 편달을 아끼지 않은 은사님이신 도미나가 한지로[10] 선생님께 진심으로 감사의 인사를 전합니다.

---

9 三木成夫,《生命形態の自然誌(생명 형태의 자연사)》第1巻, うぶすな書院, 1989, p.402.

10 도미나가 한지로(富永半次郎, 1883~1965), 일본 재야의 사상가이자 교육자로, 도쿄여자의 과대학교 교수인 지타니 시치로(千谷七郎, 1912~1992) 선생의 자택에서 도미나가 사숙(私塾)을 개설하여 일본 지식인을 대상으로 동서고금의 고전을 강의했다. 미키 시게오는 도쿄대학원 재학 시절, 지타니 시치로 선생의 소개로 사숙을 다니며 도미나가 한지로 선생에게 지대한 사상적 영감을 받았다. 특히 당시에 공부한 괴테의 형태학은 훗날 미키 시게오 학문 연구의 방향을 결정지었다.

괴테의 형태학과 오늘날의 인체 해부학

현대 과학의 갈림길에 서서

들어가며

오늘날 서양 의학의 세계에서 괴테[1]의 이름을 노골적으로 입에 담는 사람이 있다면 분명 그는 유별난 사람으로 통할 것이다. 이는 의학의 기초를 이루는 해부학의 세계에서도 물론 예외는 아니다.

하지만 의학이라는 학문을 새삼 돌이켜보면 '형태학'이라는 이름이 곧잘 등장하며, 특히 해부학에서는 형태학을 자주 만나게 된다. 아울러 학계에서는 형태학의 창시자가 괴테라는 사실을 소홀히 여긴다는 점도 확인할 수 있을 것이다.

이런 연유에서 괴테가 제창한 'Morphologie', 즉 '형태학'의 본질은 오늘날 일반인의 의식에서 거론되지 않을뿐더러 사람들은 저마다의 처지에서 형태학을 정의하고 게다가 형태학의 본질은

---

1   요한 볼프강 폰 괴테; 본문 24쪽, 각주 3 참고.

도외시한 채 탁상공론을 되풀이한다. 어쩌면 이런 일련의 행동은 현대인의 상징 가운데 하나라고 말할 수 있으리라.

따라서 지금 이 자리에서 괴테의 형태학이 걸어온 운명적인 여정을 필자가 몸담고 있는 인체 해부학의 창을 통해 더듬어보는 일도 결코 헛수고는 아니라고 생각한다.

《파우스트》와 형태학

1831년 12월 1일, 이듬해 1832년 3월 17일, 이렇게 두 번에 걸쳐 괴테는 지기지우(知己之友)를 대표하는 훔볼트[2] 앞으로 친서를 보낸다. 이른바 12월의 편지, 3월의 편지로 세상에 알려진 글들이다. 괴테는 3월의 편지를 보내고 닷새 뒤인 1832년 3월 22일, 여든세 살의 생을 마감한다.

그런데 필생의 대작이자 괴테 스스로 '완성'이라고 부른 《파우스트》의 공개 발표를 단념하는 마음을 두 편지에 드러낸 '사건'은 괴테 전공 학자들조차 문제 삼지 않는 일이지만, 더 깊이 생각해보면 당시 괴테에게도, 또 바이마르(Weimar) 국민에게도 너무나 중대한, 아니 엄청난 대사건임에 분명하다.

"내가 늘 감사히 여기고 존경하는 많은 분에게, 더욱이 살아

---

2   카를 빌헬름 폰 훔볼트: 본문 191쪽, 각주 2 참고.

있는 동안 진심으로 엄숙한 익살(sehr ernste Scherze)을 머금고 재치 있게 분별해서 의견을 들을 수 있다면 나에게 더할 나위 없이 큰 기쁨이 된다는 사실은 전혀 의심할 여지가 없습니다. 그렇지만 요즘은 너무나 어리석은 생각으로 혼란에 빠져 있습니다. 그리하여 나는 이렇게 믿습니다. 내가 아주 오랫동안 해온 노력이, 이 독특한 완성 작품(seltsame Gebäu) 때문에 어설프게 칭찬을 받고 세상에 나올 경우, 마치 파편이 되어 드러누운 난파선처럼 바로 시류의 모래언덕에 파묻혀 버리게 될 테지요. 혼란스러운 사건에 맞서는 혼란스러운 여러 이론이 세상을 어지럽히고 있습니다. 하지만 친애하는 당신이 학교에서 뜻을 이루고 있듯이, 나는 내 처지에서 남아 있는 것을 향상하거나 나의 개성이라고 마땅히 부를만한 것을 거듭 되풀이하고 또 맑게 하는 것 이외에는 서둘러 해야 할 일이 없을 듯합니다."

위의 글은 마지막 절필 편지의 한 구절로, 편지에 등장하는 '엄숙한 익살'과 '독특한 완성 작품'이라는 자평(自評)의 표현과 함께, 구약성서의 문장에 따라 일곱 개의 봉인 상태로 보관된 《파우스트》 작품 자체는 잠시 접어두고, '내 처지에서 남아 있는 것……', 그리고 '나의 개성이라고 마땅히 부를만한 것……'이 도대체 무엇을 뜻하는지 진지하게 생각해보았으면 한다. 이것은 괴테가 전 생애에 걸쳐 마지막까지 부여잡은 시인의 본질을 이루는 듯한데, 우리는 이 본질을 12월의 편지에서 찾을 수 있으리

라. 바로 그 본질이란 'Morphologie(형태학)'의 세계임이 자명하다. 실제로 괴테는 이렇게 고백한다.

　　"……최근 나는 이 자연 현상에 점점 깊이 사로잡히고 있습니다. 이는 나를 최초의 출발점으로 되돌려 놓고, 마침내 그곳에 꼼짝없이 머무르게 합니다."

　　여기에서 그 출발점은 괴테가 40년 전에 관찰한 식물 변신(Metamorphose)[3]의 세계이자, 이 세계야말로 '근원의 형성과 개별의 형성(Bildung und Umbildung)'이라고 표현할 수밖에 없는 대우주 생성의 근본 원리(große productiv Naturmaxime)로, 확고한 인식에 따라 비로소 규명된 취지를 아주 짤막하게, 하지만 단적으로 서술했다.

　　우리가 만약 이 시인의 생애를 진실로 생각한다면 죽음에 다다랐을 때까지 그의 마음을 부여잡고 떠나지 않았던, 대우주의 근원 현상(Urphänomen)을 결코 간과해서는 안 된다. 괴테의 형태학, 아니 괴테의 핵심을 이루는 것은 '근원의 형성과 개별의 형성'이라는 표현 가운데 또렷이 나타나야 한다. 이 표현을 얼마나 제대로 음미할 수 있느냐의 문제는 현대의 형태학자, 나아가 괴테 학자들에게 주어진 막중한 과제가 아닐까 싶다.

　　괴테의 눈에 비친 대우주의 삼라만상, 오늘날의 언어로 표현

3　변신(Metamorphose): 본문 238쪽, 각주 2 참고.

하다면 초대형 성운의 세계부터 초미립자의 세계에 이르기까지, 이들 삼라만상 가운데 어느 하나를 선택하더라도 그것은 예외 없이 '형성되면서 곧바로 변형되어가는(Das Gebildete wird sogleich wieder umgebildet)' 우주 생성의 파동 가운데 어느 순간의 영상으로 포착할 수 있다. 그리고 괴테는 인간의 모습도 이 같은 사실에서 예외가 될 수 없다고 생각했다.

같은 맥락에서 《파우스트》의 시행(詩行)을 통해 집요하게 파헤친 인간의 비극적인 숙명도 인류가 시대와 함께 조금씩 '이성적(vernünftig)'으로 변모해온 역사의 한 단면을 통해 비로소 괴테는 통찰할 수 있었다. 더욱이 이 통찰은 괴테가 만년에 직접 밝힌 '어떤 신비로운 심리학적인 전환점(eine geheime psychologische Wendung)'을 계기로, 선사 시대 이후부터 수많은 세대에 걸쳐 형성된 '오성적인(verständig)' 인류의 타고난 자질을 어느 순간 자각하지 않았다면 그 통찰은 불가능했으리라.

괴테 스스로 성공이라고 지칭한 《파우스트》 제2부에서는 제1부에 비해 훨씬 더 두드러지게 '오성(Verstand)'이 요구된다. 따라서 제2부를 '이성적인(vernünftig)' 독자의 뜻과는 정반대로 매듭지을 수밖에 없었다고 술회하는 시인의 심안(心眼)에는 인류 역사를 통틀어 인간 형성의 전체 여정이 훤히 비춰지지 않았을까 싶다.

문학이란 인간의 진실을 기술하는 장르라고 일컬어진다. 인간의 진실이란 무엇인가? 이는 달리 표현하면 인간 본래의 모습이라고 말할 수 있다. 괴테는 이 '본래의 모습'을 '형성되면서 곧바로 변형되는' 형성의 흐름 속에서 찾아냈다. 요컨대 바로 이것이 형태학의 궁극적인 목표다.

따라서 괴테가 평생 공들인 문예 창작 활동은 자연 관찰과 마찬가지로 형태학의 실습, 그 자체였다고 볼 수 있다. 그리고 괴테의 형태학이 의식의 모퉁이에서 남몰래 싹트기 시작한 그 증거로, 괴테가 불혹의 나이에 발표한 본격적인 자연과학 논문인 《식물 변태론》을 우리는 망설임 없이 꼽을 수 있을 것이다. 식물의 모습을 통해 훌륭하게 그려낸 '생물의 근원 형상과 개별 형상의 형성(Bildung und Umbildung organischer Naturen)'이라는 표현의 행간에 흐르는, 살아 있는 자연의 파동은 이후 괴테의 시작(詩作)을 관통하며 의식의 밑바탕에서부터 든든하게 지탱하고 있었음이 틀림없다.

이 시인은 인간 사회의 아수라 갈등의 회오리 속이 아닌, 어머니 대지와 그 대지가 낳은 나무 한 그루, 풀 한 포기의 감촉에서 인간 생의 근원을 저절로 배우지 않았을까? 《파우스트》의 성공은 바로 이 배움의 결실이라고 필자는 확신한다.

식물의 변신

"식물의 생장을 조금이라도 관찰해보면 각 부분(씨앗과 떡잎, 줄기잎, 꽃받침, 꽃잎, 수술, 암술과 씨앗)이 어떤 때는 빠르게 또 어떤 때는 천천히 그 꼴을 바꾸어 각각 다음 부분으로 이행하는 모습을 금세 눈치챌 수 있으리라."

이는《식물 변태론》의 머리말에 등장하는 기념이 될만한 구절
이다. 여기에서 우리는 괴테 형태학의 출발점을 찾아낼 수 있다.
먼저 씨앗에서 시작해 다시 씨앗으로 생을 마감하는 한해살이풀
의 줄기에서 잇달아 나타나는 식물 각 부분의 '근원적인 동일성
(die ursprüngliche Identität aller Pflanzenteile)'을 발견할 수 있다. 그리고
마침내 이들 각 부분이 '오직 하나의 기관(ein einziges Organ)' 혹
은 '어떤 동일 기관(ein und eben dasselbe Organ)' 등으로 불리는 것의
다양한 변화에서 생겨났다는 사실을 지적할 수 있다. 괴테 형태
학의 핵심을 이루는 '원형(Urtypus, Urbild……)과 그 변신(Metamor-
phose)' 이론이 바로 여기에서 탄생한다.

괴테는 이어서 "최초의 떡잎이 시작되고 최후의 열매를 완성
하기까지 항상 점진적인 움직임을 볼 수 있는데, 이 세계에서
는 하나의 형태가 어떤 눈에 보이지 않는 사다리를 타고 오르듯
이 한 단계씩 상위 형태로 진입하여 마침내 자연의 절정(Gipfel der
Natur)을 이루는 양성 생식에 도달한다."라고 서술하며, 식물의
변신이 나아가는 지향점을 밝힌다. 식물 변신의 본래 방향이란,
모든 식물은 때가 되면 "억누를 수 없는 충동과 강인한 노력으
로 꽃을 피우고 사랑의 행위에 몰두한다."는 것이다. 이 자연의
흐름에는 가끔 정체 현상이 나타나기도 하는데, 괴테는 이를 겹
꽃 현상에서 관찰하고 다음과 같이 묘사했다.

"겹꽃이 켜켜이 나는 것은 암술과 수술 대신 꽃잎만 거듭 나올 때로, 이는 형태와 색상이 꽃잎과 동일한가 혹은 수술과 흡사한가, 이 두 가지 질문 가운데 어느 한쪽으로 귀결된다."

그렇지만 시인의 눈에는 이 망설임이 다음과 같이 비치기도 했다.

"마치 자연은 허탈의 상태가 되어 자신의 작품을 결말 없이 나약하게 내버려둔다. 물론 겉보기에는 좋아 보일지 모르지만, 결국 내적인 힘과 움직임이 부족한 상태로 엉거주춤 방치하는 것이다."

그리고 이런 망설임에서 나아가 하나의 좌절로 더 역행한 모습을 '제대로 피지 못한' 기형 장미와 패랭이꽃에서 접한다. 기형 장미는 미완성된 꽃의 중심에서 줄기가 뻗어 나와 새로운 잎이 탄생하는 사례이고, 패랭이꽃은 완성된 꽃의 일부에서 또렷한 가지가 뻗어 나와서 다시 꽃이 피는 사례라고 한다.

괴테는 이런 '좌절' 혹은 '역행'이라는 자연이 낳은 이상 사례를 통해 식물의 변신이 드러내는 본래의 모습을 오롯이 실감한다. 식물의 세계에서는 우선 싹을 내서 잎을 무성하게 키우고 점차 성장해나가는 '생장 번성'인 '확장(Ausdehnung)'의 위상이 나타나고, 마침내 봉오리를 내밀어 꽃을 피우고 열매를 맺어나가는 '개화 결실'인 '수축(Zusammenziehung)'의 위상이 이어진다. "이는 식물의 생명 흐름이 두 가지 위상으로 나누어져(auf eine doppelte Art) 드러난 것"으로, 이 같은 식물의 생애에서 단적으로 관찰되는 '영양과 생식'의 쌍극적인 위상 교체 현상을 포착한 괴테는, "분명 이런 두 가지의 흐름은 '천명(Vorschrift der Natur)'을 따르기 위해 하나의 기관이 실로 다양하게 변신해서 나타난 것……"이라고 결론 내린다.

고대 그리스의 철학자인 헤라클레이토스(Heracleitos, B.C.540?~B.C.480?)는 '만물 유전(Panta rhei)'이라는 유명한 경구를 남겼는데, 이 '만물 유전'은 '삼라만상은 저마다 독자적인 리듬을 갖추고 끊임없이 변화한다.'라고도 표현할 수 있다. 따라서 지구의 모든 생물은 리듬의 파동에서 단 한걸음도 벗어날 수 없고, 실제로 생물의 몸속에는 다채로운 생리 파동이 인지되고 있다. 이때 생물의 밑바탕을 이루는 공통 파동을 찾는다면 당연히 '영양과 생식'의 위상 교체가 될 것이다.

괴테는 이런 생명 근원의 파동을 타고 식물의 각 부분이 형성되면서 동시에 변형되어가는 모습을 관찰했다. 바꿔 말하면 식물의 '근원 형태'가 '개별 형태'로 변신하고, 여기에서 더 나아가 줄기를 따라 변신의 흔적이 훌륭하게 남는데, 괴테는 근원의 형태를 식물의 원형, 즉 '원형 식물(Urpflanze)'로 포착했다. 물론 원형 식물은 잎도 아니고 꽃잎도 아니다. 당연히 잎과 꽃잎의 평균도 아니다. 원형 식물은 생명의 파동을 타고 어떤 때는 잎으로, 또 어떤 때는 꽃잎으로 변신해나갈 따름이다. 괴테와 늘 함께했던 실러는 원형 식물의 존재를 '공허한 관념의 결과'라고 표현했지만, 괴테의 눈에는 허상이 아닌 '눈으로 볼 수 있는', 말하자면 '옛 모습'으로 또렷이 비춰졌다. 어떤 인물의 옛 모습이란 시시 각각 달라지는 얼굴 표정이 아니라 어느새 많은 사람의 눈꺼풀에 깊이 새겨져 그 모습이 지워지지 않는, 그런 뿌리 깊은 형태를 말한다.

이렇게 해서 괴테의 관심은 식물에서 그치지 않고 동물의 변신으로 확장된다. 그는 먼저 '곤충의 변태(Metamorphose der Insekten)'[4]를 다룬다. 괴테는 "애벌레와 나비의 형태를 비교하면 우리는 둘 사이에 다음과 같은 중요한 차이점을 찾아낼 수 있다."고 소개하면서, 애벌레의 경우 규칙적으로 잘록한 몸마디는 모두 같은 형태를 띠며 가장 꼭대기 머리 부분과 가장 아래 꼬리 부분이 크게 다르지 않지만, 변태를 마친 나비의 경우 전체가 전혀 닮지 않은 머리, 가슴, 배의 세 부분으로 뚜렷하게 구분된다고 설명한다. 하지만 괴테는 나비의 몸 가운데 어떤 부분을 관찰해도 애벌레의 규칙적인 체절 구조의 옛 모습을 간파해내고, 나비의 몸에 생긴 각 체절의 변태(Metamorphose)의 의미를 고찰한다. 그 의미란 애벌레의 경우 '원형 동물(Urtier)'로도 불릴 수 있는 개별 체절이 많든 적든 독립해서 생활의 다양한 기능을 영위하는 데 비해, 나비의 경우 개별 체절이 서로 융합해서 머리, 가슴, 배의 세 부분을 형성하고 이들은 서로 기능을 완전히 분담한

<hr>

4 ゲーテ、〈骨学にもとづく比較解剖学総序説草案の最初の三章についての論説(골학에 기초한 비교해부학 서론 초안의 최초 세 장에 대한 논설)〉,《ゲーテ全集(괴테 전집)》第14巻, 潮出版社, 1980, pp.197~200.

다는 것이다. 이는 지방 분권 체제에서 중앙 집권 체제로 이행하는 모습에 비유할 수 있다.

괴테의 눈은 곤충에서 더 나아가 무척추동물의 체절 변신과 흡사한 모양을, 인간을 포함한 척추동물에서도 고찰해나간다. 물론 척추동물의 개체발생 과정에서는 곤충의 변태와 같은 두드러진 변신을 관찰할 수 없지만, 척추동물의 성체에서는 머리, 목, 가슴, 배, 허리, 꼬리의 여섯 부분이 구별되고, 이런 구분은 고등동물일수록 뚜렷하게 나타난다. 괴테는 척추동물에서 볼 수 있는 체절 변신의 모양을 몸 전체를 관통하는 기둥 즉, 척주(脊柱)의 개별 뼈를 지표로 삼아서 지표의 형태 추이 가운데 변신의 모양을 찾고, 그 변화 양상을 동물 상호 간에 비교 검토했다. 예를 들면 '악간골'[5]의 문제를 제기한 머리뼈의 비교면상학적 연구(1784년), 두개골학의 기틀이 된 척주-두개화의 연구[6](1795년)는

---

5 '악간골(顎間骨)'은 앞니가 박혀 있는 위턱뼈의 부분으로, '앞니뼈'라고도 한다. 인간의 경우 출생 전에 이미 앞니뼈와 위턱뼈(상악골)가 붙어서 태어나기 때문에 앞니뼈가 따로 녹립된 뼈로 분리되지 않지만, 인간 이외의 대부분 척추동물의 이 앞니뼈는 따로 분리되어 있다. 괴테는 동물에게만 보이고 인간에게는 보이지 않던 앞니뼈를 태아의 머리뼈(두개골)를 연구하다가 발견했다. 따라서 이 앞니뼈와 위턱뼈 사이의 봉합(앞니봉합)을 '괴테봉합'이라고 부른다.
ゲーテ, 〈上顎の顎間骨は他の動物と同様人間にもみられること(상악의 악간골은 다른 동물과 마찬가지로 인간에게도 관찰되는 것)〉, 《ゲーテ全集(괴테 전집)》第14卷, 潮出版社, 1980, pp.161~171.

6 두개추골설(頭蓋椎骨說), 괴테는 식물이 기본적인 기관인 잎을 매개로 형성되듯이 동물의 골격도 추골, 즉 척추뼈라는 기본적인 기관으로 구성되어 있다고 생각했다. 이처럼 머리뼈는 척추뼈의 변형으로 생겨난 것으로 몇몇 개의 척추뼈가 머리뼈를 형성한다는 학설을 '두개추골설'이라고 한다. 당시 독일의 해부학자인 카를 구스타프 카루스(Carl Gustav Carus, 1789~1869)는 세 개의 척추뼈, 로렌츠 오켄(Lorenz Oken, 1779~1851, 독일의 자연철학자)과 리처드 오언(Richard Owen, 1804~1892, 영국의 비교해부학자)은 네 개의 척추뼈가 머리뼈를 구성한다고 주장했지만, 1858년 토머스 헨리 헉슬리(Thomas Henry Huxley, 1825~1895, 영국의 생물학자)의 발생학적 연구를 통해 기계론적인 두개추골설 이론은 부정되었다. 그러나 괴테가 이 이론을

모두 동물의 변신을 깊이 연구해온 괴테적인 표현이라고 볼 수 있다.

마지막으로 괴테는 식물의 줄기마디와 동물의 몸마디가 어떻게 변용되는지 식물과 동물을 서로 비교한다. 식물에서는 온전히 독립할 수 있는(접목) 개별 줄기마디가 '영양과 생식'의 두 가지 위상으로 구분되어 마치 인간 사다리를 만들 듯이 '수직 방향'으로 켜켜이 쌓아 올라가지만, 동물에서는 독립할 수 없는 개별 몸마디가 발생 초기부터 모두 갖추어져 이것이 '수평 방향'으로 융합하고 그 전체가 '영양과 생식'의 두 가지 위상으로 구분되어 각각의 형태로 변신해나간다. 더욱이 식물 줄기마디의 수직 구축과 동물 몸마디의 수평 융합은 모두 하나의 '나선(Spiral-tendenz)'을 그리며 이루어진다는 사실을 괴테는 예리하게 통찰해낸다.

결국 괴테는 식물과 동물의 형태 형성을 '원형 식물, 원형 동물의 변신'으로 포착한 셈이다. 이 같은 자연의 조화는 오늘날 우리에게 광활한 대지와 그 땅에 흐드러지게 핀 꽃밭의 아름다운 경치를 선사해준다. 이는 전문가가 전혀 관여할 수 없는, 그야말로 '자연의 세계'가 아닐까 싶다.

제창한 지 200년이 지난 오늘날, 분자생물학의 발달로 머리 부위의 분절 구성을 형성하는 호메오박스(homeobox) 단백질의 유전자가 발견됨으로써 두개추골설은 재평가받고 있다.

ゲーテ, 〈頭蓋が六つの椎骨からできていること(두개골은 여섯 개의 추골로 이루어진 것)〉,《ゲーテ全集(괴테 전집)》第14巻, 潮出版社, 1980, pp.201~202.

三木成夫, 〈脊椎動物のPhylogenie(척추동물의 종족발생)〉,《古生物学各論 · 第4巻 脊椎動物化石(고생물학 각론, 제4권 척추동물 화석)》, 築地書館, 1981, pp.10~29.

해부학의 두 갈래 길

인체 해부학은 인간의 몸 구조를 연구하는 학문(Strukturlehre)이다. 당연한 이야기겠지만, 인체의 내부는 점토 세공처럼 균질한 것이 아니라 다양한 부분이 아주 복잡하게 서로 뒤엉켜 있다. 해부학자는 인체의 여러 부분을 메스와 핀셋으로 분류하면서 거기에서 하나의 구조를 세밀하게 이끌어낸다. 그리고 이 방법은 육안의 세계에서 광학 현미경의 세계를 거쳐 전자 현미경의 세계에 이르기까지 본질적으로 동일하다. 이렇게 해서 몸속에는 각종 장기가, 그 장기 안에는 각종 세포가, 또 그 세포 안에는 다양한 소기관이 잇달아 쪼개져 드러나고, 인체 구조는 아주 조금씩 규명되어가는 것이다.

그런데 구조의 해명은 여기에서 끝나지 않는다. 많은 사람이 구조의 '의미'를 좇는데, 구조의 의미를 추구하다 보면 길이 두 갈래로 크게 갈림을 알 수 있다. 하나는 구조의 '기능'을 분석하는 자연과학의 방향이고, 또 하나는 구조의 '형태'를 체득하는 자연철학의 방향이다.

구조의 기능을 분석하는 길은 달리 표현하면 해당 구조물을 하나의 기계로 파악하는 것이다. 모든 기계는 일정한 목적을 위해, 그리고 하나의 기구를 위해 바쁘게 움직이듯이, 우리가 구조의 '기능'을 생각할 때는 의식이 있든 없든 항상 '~을 위해서'라는 사고법이 기능을 분석할 때 작동하기 마련이다. 바로 이 사고법이 자연과학의 유일한 방법론인 '원인 탐구'의 방식이다. 이때 해당 원인을 어떤 때는 미래에서[미래인(未來因), Causa finalis], 또 어떤 때는 과거에서[과거인(過去因), Causa efficiens] 찾는다는 것은 이미 앞에서 서술한 바와 같다. 이는 '목적론'과 '기계론' 사이를 왕래하는 자연과학적인 생물학의 세계를 슬쩍 스치기만 해도 충분히 알 수 있으리라. 요컨대 기능 분석의 세계는 어떤 구조라도 일정한 '목적', 그리고 그 기능에 부합하는 '기구'와 각각 결부하여 생각하기 마련이다. 인간의 심장을 펌프에, 인간의 뇌를 컴퓨터에 비유하는 일이 전혀 낯설지 않은 오늘날, 우리에게 남은 길은 마이크로 세계에서 새로운 메커니즘을 개발할 수밖에 없다는 최근의 사정은 많은 지식인이 지적한 바이다.

이렇게 해서 자연과학적인 생물학이 20세기 생물학의 주류로 떠오르고, 지금 거론하려는 인체 해부학도 생물학의 격류에 휘말려서 수많은 해부학자가 초미세 기구 분석에만 매달리는 오늘날의 실상은 이미 널리 알려진 사실이다.

그렇다면 지금까지 설명한 '기능'의 세계와 대비되는 '형태'의 세계란 과연 무엇일까? 구조의 '형태'를 체득한다는 것은 도대체 어떤 의미일까? 형태의 세계에서 사람의 눈은 구조가 '만들어진' 과정에 오롯이 주목한다. '형태'를 뜻하는 영어 표현인 'form', 독일어 표현인 'Bild' 등의 단어에 '모양을 만든다'는 동사의 의미가 공존한다는 사실에서도 충분히 짐작할 수 있듯이, 형태의 세계에서는 반드시 구조의 형성을 문제 삼기 마련이다.

이 세상 온갖 '형태'가 '근원의 형성과 개별의 형성(Bildung und Umbildung)', 바꿔 말하면 '원형과 그 변형'에 따라 형성된다는 괴테 형태학의 근본 이론은 바로 여기에서부터 출발한다. 즉 인체의 구조도 자연의 조화로 형성되면서 곧바로 변형되어온, 말하자면 본래 동물의 체제에서 만들어지면서 조금씩 독자적인 인간의 모습으로 변신해왔다고 말할 수 있다.

따라서 형태의 세계에서는 먼저 동물 체제의 원형으로서 괴테가 말한 '원형 동물', 즉 하나의 체절이 등장하고, 이 원형이 인간의 머리, 목, 가슴, 배, 허리, 엉덩이의 각 체절로 어떻게 변신했느냐의 문제를 검토한다. 이미 앞에서 소개했듯이 괴테는 인체의 기둥을 형성하는 척주에 주목하면서 이 문제를 연구했다. 이때 한쪽에서는 동물과 동물을 서로 비교하는 '비교해부학', 다른 한쪽에서는 동물의 발생을 연구하는 '개체발생학'이 연구 방법의 양대 축을 이루며 각각 고찰되었다. 우리는 이 방법론의 본질을 알아내고 이 문제를 몸 전체로 확대해서 살펴야 하는데, 여기에서는 괴테 형태학의 양대 기둥이라고 일컬어지는 '비교해부학'과 '개체발생학'이 형태학을 어떻게 든든하게 떠받치고 있는지, 가장 본질적인 그 문제를 먼저 생각해야 한다.

그런데 하나의 몸마디로 상징되는 동물의 원형이 인체의 각 부분을 향해 어떻게 변신해갔느냐의 문제를 엄밀하게 따지자면, 인류 발생의 역사를 10억 년, 아니 그 너머 무체절동물의 시대까지 거슬러 올라가야 한다. 이는 역사학의 영역에 속하는 문제로, 다른 역사를 되돌아볼 때와 마찬가지로 우리는 철저한 사적 발굴과 정확한 역사 자료를 토대로 자유로운 유추를 신중히 행사해야 한다. 그렇다면 어떤 사적에서 얼마나 먼 과거를 되살릴 수 있을까? 지금 당장 이 문제를 자세히 살펴볼 형편은 못되지만, 대략적인 관계를 [그림 IV-3][7]에 제시해두었다.

그림을 보면 알 수 있듯이, 인류를 비롯해 지구에 살고 있는 어떤 동물의 종족이라도 30억 년의 역사를 거슬러 올라가면 공통적으로 태초의 원형질까지 도달할 텐데, 종족발생의 역사는 각 종족의 개체발생의 역사를 이른바 '찰나의 옛 모습'으로 아득히 그리워할 수밖에 없으리라. 하지만 척추동물의 태아나 유생의 얼굴 생김새를 단 한 번이라도 비교 검토할 수 있다면 정도의 차이는 있겠지만, 어떤 종족이라도 공통의 조상에서 다 같이 갈라져 나왔다고 확실할만한 느낌을 만끽하게 될 것이다. '머나먼 곳'을 보고 이해할 수 있는 것은 어쩌면 인류에게만 주어진 특권인지도 모른다.

여기까지 생각이 미친다면, 현존하는 모든 동물은 성체든 유생이든 구분 없이 그들은 인류 종족발생의 유구한 역사를 하나의 옛 모습으로 떠올리게 하는 일종의 '살아 있는 화석'이 되는 셈이다. 실제로 지금 이 순간에도 '살아 있는 화석'은 세계 각지에서 끊임없이 발굴되고 있으며, 인류 직계의 조상으로 간주되는 각 연대별 '생명 없는 화석'과 함께(고생물학), 머나먼 시대의 저편으로까지 우리를 유혹하는, 사적 그 자체임이 분명하다.

7 미키 시게오가 이 논문을 처음 발표할 당시에는 [그림 IV-2]를 똑같이 실었지만, 이 책에서는 같은 내용의 더 구체화된 그림으로 바꿔 실었다. [그림 IV-3]의 출처는 다음과 같다.
三木成夫, 〈脊椎動物のPhylogenie(척추동물의 종족발생)〉, 《古生物学各論 · 第4巻 脊椎動物化石(고생물학 각론, 제4권 척추동물 화석)》, 築地書館, 1981, p.14.

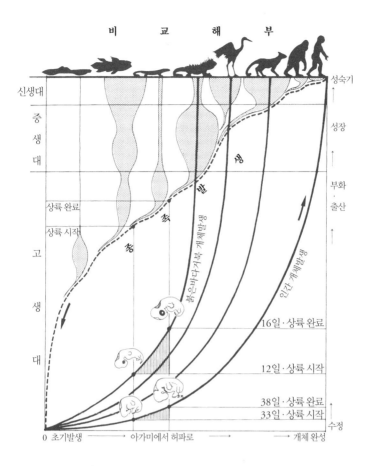

비 교 해 부

신생대

중생대

고생대

상륙 완료
상륙 시작

성숙기

성장

부화·출산

수정

붉은바다거북 개체발생

인간 개체발생

16일·상륙 완료

12일·상륙 시작

38일·상륙 완료
33일·상륙 시작

0 초기발생 ——→ 아가미에서 허파로 ——→ ——→ 개체 완성

그림 IV-3 종족발생의 위치—개체발생과의 관계

인류의 발생 과정을 고생물학적으로 태초의 단세포 생물인 0까지 파고 내려가면서, 이를
점선(----)으로 표시했다. 이 물결 모양의 점선은, 표준 화석을 가계도가 오래된 순서대로
왼쪽에서부터 오른쪽으로 배열한 '해초가 무성한 그림', 즉 계통수의 오른쪽 끝단 우듬지
에서 줄기를 따라 뿌리로 향하는 경로다. 해초 그림의 가장 꼭대기에는 현존하는 척추동물
을 표시했다. 비교해부의 세계는 바로 여기에 위치한다.

한편 비교발생의 세계는 수정란 0에서 포물선을 그리며 각 종족의 정상을 향하는 실선 모
양의 그룹으로 나타냈다. 이때 그림 맨 아래는 왼쪽에서부터 오른쪽으로 개체발생의 분화
정도를 표시했고, 오른쪽 세로축에는 개체발생의 시간을 새겨 넣었다. 고등동물일수록 이
포물선의 시작 부분은 완만한 기울기를 보이며, 고생대 말 상륙 역사의 재현이 찰나의 순간
으로 더 빠르게 진행된다. 이는 개체 성숙까지 시간과의 비례에 따라 표시할 수 있다.

마침내 한쪽에서는 비교해부학 및 발생학, 또 다른 한쪽에서는 고생물학을 통해 우리는 인체 형성의 역사를 괴테가 말한 '원형 동물'까지 확실히 거슬러 올라가게 된다. 이로써 구조 형성의 역사, 달리 말하면 구조가 지닌 '형태'는 이런 방법으로 찾을 수 있다는 사실이 명백해졌다. 물론 이것은 어디까지나 괴테의 형태학을 출발점으로 삼고 있다.

괴테는 〈동물 철학의 여러 원리(principes de Philosophie Zo-ologique)〉[8]라는 논문을 1832년에 완성했다고 한다. 세상을 떠나기 직전까지 이 글이 괴테의 마음을 떠나지 않았던 이유는 아마도 일생의 테마여서가 아닐까 싶다. 괴테는 논문의 마지막을 다음과 같이 장식한다.

"선의 피안(彼岸)과 차안(此岸)은 단 하나의 '발생론적 사고법(genetische Denkweise)'인 형태의 의미를 찾아서 오직 과거로 거슬러 올라가는 기본 태도를 한결같이 지키는 한, 손을 맞잡고 함께 연구를 즐길 수 있으리라."

괴테가 사랑한 비교해부학과 발생학은 훗날 고생물학과 더불어 각각 전문 분화의 길을 거쳐서 오늘날에는 저마다의 창구를 개별적으로 열었다. '형태'의 세계는 이렇게 공중분해가 되고, '기능'의 세계가 기능 해부학이라는 명칭을 달고 세상을 주름잡

---

8   ゲーテ, 〈動物哲学の原理(동물 철학의 원리)〉, 《ゲーテ全集(괴테 전집)》第14卷, 潮出版社, 1980, pp.210~236.

게 되었다. 이는 현대 해부학의 모습이 아닐까 싶다.

나오며

지금까지 우리는 인체 해부학, 즉 인체 구조론이 걸어온 두 갈래의 길을 살펴보았다. 하나의 길은 구조의 '기능'을 분석하는 방향이고, 또 하나의 길은 구조의 '형태'를 체득하는 방향이다. 전자가 수학을 기초로 하는 자연과학적인 생물학의 세계에 속한다면, 후자는 괴테 형태학을 대표로 삼는 자연철학적인 생물학의 세계를 기반으로 둔다. 따라서 전자인 기능의 세계에서는 구조의 인과관계를 수식으로 환산하는 '이해적 사고방식'이 요구된다면, 후자인 형태의 세계에서는 구조의 형태 형성을 과거로 소급하는 '직관적 사고방식'이 필요하다. 결국 양자의 관계는 실증인 '머리'와 유추인 '마음'의 두 가지 대립으로 상성된다고 말할 수 있다.

지금 두 세계를 차례로 대비해보면 해부학은 물론이고 현대 의학, 생물학의 지향점이 저절로 드러날 것이다. 이 같은 시대사조의 도도한 흐름 앞에서 괴테의 형태학은 마치 바람 앞의 등불처럼 흔들흔들 깜박일 따름이다.

하지만 우리가 반드시 기억해야 할 사항이 있다. 하나의 현상에서 기능을 뽑아내기 위해서는 먼저 현상을 측정하는 일부터 시작해야 한다는 점이다. 이처럼 현상을 헤아리려면 측정법을 결정하는 일이 전제되어야 하는데, 형태의 인식 없이는 그 방법을 제대로 끌어내지 못한다. 그도 그럴 것이, 무수히 많은 측정법을 생각할 수 있을 테니까 말이다. 요컨대 '형태'를 모르는 채 '기능'만 따로 떼어 생각하는 일은 애초 불가능하다는 사실을 잊지 말아야 한다. 맹목적인 생물 실험과 마구잡이 의학 검사가 당장의 화를 모면하는 실마리가 되었다 하더라도 실험이나 검사에서 얻을 수 있는 것은 아무것도 없고, 그저 파멸뿐임을 기억해야 한다.

괴테는 이렇게 말했다.

"예로부터 다양한 발견과 발명이 이루어졌을 때, 성공의 밑바탕에는 눈에 보이지 않는 형태 인식의 축적이 선행했다."

'형태'의 체득이 기나긴 세월에 걸쳐 날로 깊어지다 드디어 어느 날 어느 순간에 하나의 역치(閾値)를 아주 미세하게 넘겼을 때, 학자들은 번쩍 번갯불처럼 그 형태를 하나의 법칙으로 고정한다고 말한다. 여기에서 마지막으로 다음 한마디를 덧붙이고자 한다.

'작가는 이 형태를 전광석화처럼 붓으로 캔버스 위에 고정시킨다.'라고.

괴테는 자신의 형태학을 '문예와 과학'에 공통된 가르침이라고 설파했다. 이 말이 오늘날처럼 필요한 시대는 일찍이 없었으리라.

보라, '형태'는 지금 이 순간에도 머물지 않고 쉼 없이 흘러가
지 않는가……

Siehe, er geht vor mir über,

　　ehe ich's gewahr werde,

und verwandelt sich,

　　ehe ich's merke.

Hiob

보라, 그가 내 앞을 스쳐 가시건만

　　그럼에도 보이지 않고

그가 앞으로 나아가시건만

　　그럼에도 알아볼 수가 없네.

(욥기 9장 11절)[9]

이 글을 니시 세이호[10] 선생님께 삼가 바칩니다.

에노시마(江の島) 해안의 송림에 둘러싸여 여든아홉의 평온한
나날을 보내고 계시는 니시 세이호 선생님은 일찍이 독일 예나,

9　　괴테는 잡지 형식의 논문 연구지인《형태학에 대하여(Zur Morphologie)》제1권, 1호 첫머
리에 구약성서 〈욥기〉의 이 구절(9장 11절)을 인용해서 실었다고 한다.
木村直司, 〈自然科学者としてのゲーテ(자연과학자로서의 괴테)〉,《ゲーテ全集(괴테 전집)》第14卷,
潮出版社, 1980, pp.536~549.

10　　니시 세이호: 본문 210쪽, 각주 2 참고.

하이델베르크의 비교해부학 세계에서 동양인으로서는 보기 드물게 척추동물 체간근의 '원형'을 훌륭한 스키마로 세상에 알려주셨습니다. 모든 종족을 망라하는 수많은 해부 소견을 그야말로 형태학(Morphologie)의 안목으로 통찰해주신 선생님의 업적은 비교해부 세계에서는 거의 유일무이하다고 생각합니다.

아무쪼록 스승님의 건승을 진심으로 기원하면서…….

미키 시게오 선생에 대하여

고토 마사토시[1]

미키 시게오 선생은 살아생전보다 세상을 떠난 후에 더 많은 저서가 출간되고, 잡지[2]의 특집 기사로 소개되며, 선생의 학문과 사상을 기리는 '미키 시게오 기념 심포지엄'도 개최되는 등 시간이 지날수록 많은 사람에게 더 널리 알려지고 있는 보기 드문 인물이다. 미키 선생이 공헌한 분야는 전공인 해부학과 생물학에서부터 보건, 교육, 나아가 예술, 철학, 사상에 이르기까지 폭넓게 펼쳐져 있다.

이 책은 선생이 남긴 글 가운데 책으로 정식 발표되지 않은 글을 한데 모아 생명론, 보건론, 인간론, 형태론의 네 개의 부로 분류해서 엮은 책이다. 각 장의 첫머리에는 시처럼 짧은, 선생의

---

1   고토 마사토시(後藤仁敏, 1946~), 일본의 고생물학자이자 해부학자로, 은사인 미키 시게오의 유고집에 여러 차례 글을 기고했다.

2   〈現代思想(현대사상)〉'特集―三木成夫の世界(특집―미키 시게오의 세계)' 第22卷 第3号, 靑土社, 1994年 3月.
〈モルフォロギア(Morphologia, 형태학)〉'特集―三木成夫の思想(특집―미키 시게오의 사상)' 第16号, ナカニシア出版, 1994年 11月.

주옥같은 단문을 실었다. 또한 책으로 꾸리면서 명백한 오자와 탈자를 바로잡는 선에서 최소한의 개정을 마쳤으며, 각 편의 끝머리에는 독자의 이해를 돕기 위해 각주를 달았다.

〈제1부 생명이란 무엇인가?—생명론〉에서는 먼저, 앞으로 간호사가 될 학생들에게 건네는 〈생명에 대하여—간호의 참모습〉이라는 글을 수록했다. 여기에서는 인간이 자연을 보는 관점 가운데 '장치, 시스템'이 아닌 '모습, 형태'를 보는 눈이야말로 생명을 발견할 수 있으며, 간호의 참모습이란 환자의 모습을 지켜보고 보살피는 눈, 즉 생명을 바라보는 눈에서 출발한다고 강조한다. 이는 간호의 세계뿐 아니라 보육과 교육에도 똑같이 적용할 수 있는 진리가 아닐까?

그다음 〈인간의 정신과 자연 파괴〉는 현대 공업화 사회에서 자행되는 자연 훼손이 루트비히 클라게스의 지적대로 '마음'의 버팀목을 상실한, '머리'의 독주에서 기인한다는 사실을 꼬집는 글이다.

이어지는 〈인간 생명의 탄생〉에서는 〈인간의 정신과 자연 파괴〉에서 언급한 인간의 문제를 더욱 심도 있게 고찰한다. 마음의 버팀목을 상실한 인류의 정신이 강력한 자아를 형성함으로써 지구 환경을 함부로 파헤치게 되었고, 결과적으로 이것이 '컬처(culture, 경작→문화)'의 본질이 되었다. 태곳적 사람들 혹은 어린아이의 여유로운 마음을 되찾는 일이 '인간다움'의 완성, 즉 '인간 생명의 탄생'임을 강조한다. 이 글은 클라게스가 주장한 생명철학의 현대적 의의를 밝힌 훌륭한 논문으로 자리매김할 수 있다.

〈제2부 인체와 건강—보건론〉은 본문에서 가장 많은 지면을 차지하는 장으로 동양의학국제연구재단, 조화도협회 등에서의 강연 요지와 여러 기관지나 학술지에 실린 보건, 교육 분야의 글이 소개되어 있다.

먼저 〈급소의 비교해부학적 고찰〉에서는 동양 의학에서 중시하는 체표 자극이 서양 의학에서 규명한 피부-체벽근-내장근을 잇는 중추 신경계의 연결을 이용한 과학적 시술임을 해설한다.

두 번째 〈'상허'의 의학적 고찰에 관하여〉에서는 젊은이들이 주로 호소하는 상복부 결림의 원인을 해부학적으로 고찰한다.

그다음 〈상복부의 구조와 기능에 대해서〉는 상복부의 국소 해부학에서부터 출발하여 인체의 원형을 밝히는 형태학의 방법을 소개하는 글이다.

이어지는 〈아가미 호흡에서 허파 호흡을 향한 역사〉에서는 어류의 아가미 호흡은 내장근을 이용한 호흡으로 지칠 줄 모르는 운동이지만, 육상동물의 허파 호흡은 가로막 등 체벽근을 이용한 호흡으로 순발력은 있지만 쉽게 지칠 수 있는 운동임을, 혈관계의 원형과 가로막의 유래를 통해 해설한다.

〈수다의 기원〉은 교사를 난처하게 하는 학생들의 잡담이 가로막의 긴장에 있다는 사실을 해명하고, 해결책은 긴장을 풀어주는 '웃음'이라고 설법한다.

〈호흡의 파동〉에서는 호흡과 심장 박동 리듬의 기원이 고생대 시절의 해상 생활에 있다고 주장하고, 이는 우리의 몸과 우주 리듬과의 교류임을 알려준다.

〈[대담] 오늘날 아이들의 생활 리듬〉은 당시 초등학교 보건교사인 사카모토 미치코 씨와 나눈 대담을 엮은 글로, 미키 선생이 가르치는 대학생과 사카모토 교사가 가르치는 초등학생의 건강 문제가 인간의 다양한 리듬과 얽혀 있다는 사실을 이야기한다.

〈리듬 불균형이 초래하는 몸의 부조화〉에서는 많은 젊은이가 호소하는 컨디션 난조의 다양한 실태를 소개하고, 그 원인이 인류의 야행성 혹은 동면 체질에 있음을 생물사적으로 고찰한다.

〈저녁형 인간의 생리학적 구조〉에서는 야행성 체질의 원인이 인간의 몸속에 뿌리 깊게 숨어 있는 '바닷물의 리듬'에 있음을 소개하고, 뒤처지는 생체시계를 '낮과 밤의 리듬'에 맞추려는 노력이 필요하다고 지적한다.

마지막 〈과음에 대하여〉는 몽고인종의 경우 알코올을 거부하는 체질이 많기 때문에 과음, 특히 원샷의 위험성을 학생들에게 널리 알리고 있다.

제2부의 기고 글은 오늘날의 보건, 교육에서 관심을 갖고 있는 문제에 대한 근본 대책이다. 미키 선생 자신이 젊은 시절 앓았던 불면증, 우울증의 경험에 기초해서 어린이와 젊은이에게 건네는 따스한 배려가 넘치는 문장으로 가득하다.

〈제3부 현자에게 배운다—인간론〉에서는 아리스토텔레스, 괴테, 클라게스부터 은사인 우라 요시하루 교수, 친구인 이지리 쇼지 교수, 제자인 호리코시 지아키 씨까지 다양한 인물과의 만남을 추억한다. 미키는 스승인 도미나가 한지로 선생에게서 부처, 괴테, 다카라이 기카쿠의 사상을 배우고, 은사인 니시 세이호, 오가와 데이조, 우라 요시하루 교수에게서 비교해부학의 전통을 계승하며, 친구인 시마자키 사부로 씨를 통해 아리스토텔레스의 자연관을 알게 되었고, 지타니 시치로 교수에게서 클라게스의 사상을 배웠다. 더욱이 이지리 쇼지 교수를 통해 고생물학의 세계에 입문하고, 동물학자인 다스미 모토오 씨에게서 사비에르 비샤, 알프레드 로머 등의 생물학자와 고생물학자의 업적을 배우면서 조금씩 자신만의 생명 형태학 세계를 구축해나갔다.

미키 선생의 주변에는 도쿄대학교, 도쿄의과치과대학교, 도쿄예술대학교 시절 함께한 선배, 동료, 제자들로 항상 북적댔고, 선생은 이들과의 인간관계를 소중히 여겼다. 지금도 '미키 시게오 기념 심포지엄'에 많은 참가자가 모이는 까닭도 미키 선생과 추억을 나눈 지인들을 중심으로 더 많은 사람이 결집되기 때문이다.

⟨제4부 생명 형태학을 향한 길―형태론⟩은 이 책의 클라이맥스에 해당하는 부이다. 여기에서는 우선 미키 선생의 자연 연구의 원점인 ⟨지라의 과거⟩에 관한 연구 결과를 소개하고, 이어서 ⟨'원형'에 관한 시론⟩과 ⟨괴테의 형태학과 오늘날의 인체 해부학⟩이라는 두 편의 논문을 수록했다.

⟨'원형'에 관한 시론⟩에서는 인체 해부학만으로는 괴테의 형

태학이 지향하는 원형 규명이 불가능하고 비교해부학, 고생물학, 비교발생학 등 세 학문의 방법론을 통해 인체의 종족발생을 추구하는 것이 원형을 밝히는 유일한 길임을 강조한다. 이 논문은 미키 선생이 도쿄의과치과대학교의 연구 시절을 거의 마무리할 즈음에 작성한 것으로, 당시 선생은 분석적, 환원주의적인 해부학 연구의 현실과 학생들에게 해부학 용어만 달달 외우게끔 강요하는 주입식 해부학 교육에 근본적인 의문을 품었다. 따라서 이 글에서는 선생 자신이 나아가야 할 방향을 진지하게 모색하고 있다. [그림 IV-2]는 그 고뇌의 결과물이라고 말할 수 있으리라.

한편 〈괴테의 형태학과 오늘날의 인체 해부학〉은 도쿄예술대학교로 근무지를 옮긴 직후에 작성한 논문으로, 기능 분석에 몰두하는 자연과학 관점에서의 해부학과 형태를 추구하는 자연철학 관점에서의 해부학을 철저히 비교 분석한다. 아울러 후자야말로 괴테의 형태학을 계승한 학문으로, 원형 추구는 종족발생의 탐구임을 역설한다. 미키 선생은 이때 이미 해부학의 갈림길에서 자연철학의 길을 선택한 듯한데, 이 논문은 선생이 괴테 형태학을 계승한 생명 형태학의 길을 스스로 제시한 글이라고 볼수 있다. 오늘날 돌이켜보면 자연철학의 길이야말로 자연과학이 걸어가야 할 정도(正道)가 아닐까 싶다.

미키 선생은 이후에 '생명의 형태학'의 집필에 전념한다. 〈1. 생의 원형〉〈2. 식물과 동물〉〈3. 동물의 개체 체제〉〈4. 소화계〉〈5.

호흡계〉〈6. 순환계〉까지 열정적으로 작업했지만, 애초 계획했던 분량의 절반만 채운 채 안타깝게도 죽음을 맞이했다. '생명의 형태학'은 미키 선생이 가장 심혈을 기울인 필생의 대작임에 분명한데, 이 저술이 미완성으로 중단된 것은 인류사의 손실이라고도 할 수 있겠다.

하지만 방대한 작품의 원형은《생명 형태학 서설》의 〈해부·생리〉와《인간의 몸—생물학적 고찰》에 정리되어 있고, 초고의 일부도《생명 형태의 자연사》제1권에 수록되어 있다. 또한《태아의 세계》《바다·호흡·고대 형상》에도 미키 선생의 중요한 업적이 소개되어 있으니 선생의 사상을 더 깊이 알고 싶은 독자분에게 이 책들을 꼭 추천하고 싶다.

아무쪼록《생명과 리듬》이 보건, 보육, 교육에 몸담고 있는 많은 분에게도 널리 읽히기를 간절히 바란다.

마지막으로 선생의 다양한 글이 이 책 본문에 실릴 수 있게끔 도와준 여러 관계자와 이 책이 세상의 빛을 볼 수 있게 힘써 준 출판사 편집부에 진심을 담아 감사의 인사를 전한다.

1996년 5월 20일

고토 마사토시

생물은 환경에 적응한다

고노 요시노리[1]

이미 고인이 된 미키 시게오 교수와는 한 번도 만난 적이 없지만, 신기하게도 인연이 많다. 구체적으로 소개하면, 내가 주로 활동하는 쇼세이칸(松聲館) 도장에 20년 넘게 걸려 있는 '石光(석광)'이라는 두 글자는 남다른 재능과 경력의 소유자인 N여사의 작품인데, 바로 N여사가 존경하는 은사이자 여사에게 많은 영감을 불어넣어 준 분이 미키 교수라는 사실을 몇 번이나 들은 적이 있다.

또한 내 인생의 은인이라고 당당히 말할 수 있는 해부학자인 요로 다케시(養老孟司, 1937~) 도쿄대 명예교수는 미키 교수의 이름을 자주 언급했다. 그밖에도 신체와 관련해 독특한 견해를 피력하는 학자들을 통해 미키 교수의 이름을 접했던 터라 기회가 닿으면 미키 교수의 사상에 정통한 분에게 자세한 이야기를 들었던 터라 그의 철학을 직접 접해보고 싶었다.

---

1 고노 요시노리(甲野善紀, 1949年~), 일본 전통 무도 연구가로 독자적인 신체 기법을 일반인에게 널리 전파하며 일본의 스타 무예가로 명성이 자자하다.

그런데 이번에 뜻밖에도 《생명과 리듬》의 해설을 의뢰받고 '드디어 인연을 맺게 되었구나!' 하며 내심 마음속의 숙제가 풀리는 듯했다. 다만 요즘 일이 산더미처럼 쌓여 있어서 원고 의뢰를 받는 순간 '고맙습니다.' 하는 기쁨도 잠시, 시간에 쫓겨 만족할만한 글을 쓸 수 있을지 걱정이 앞섰고, 나의 졸문 때문에 오히려 민폐를 끼칠까봐 주춤한 것도 사실이다. 하지만 미키 교수의 사모님도 내가 해설을 맡아주었으면 한다는 이야기를 전해 듣고 이렇게 용기를 내게 되었다.

해설을 준비하기 위해 출판사에서 보내온 본문 원고를 펼쳤는데 글을 읽을수록 '만약 이 분과 허심탄회하게 대화를 나누며 가깝게 지낼 기회가 있었다면 내가 몸담고 있는 무술의 세계가 훨씬 더 폭넓게 펼쳐지지 않았을까……' 하는 아쉬움이 머릿속에 진하게 남았다.

그도 그럴 것이 2년쯤 전부터 나는 엄지손가락의 관절을 ⊃ 모양으로 구부려 엄지가 붙어 있는 손등을 잡아당기는 순간, 온몸이 호응하는 강력한 힘을 발휘할 수 있다는 사실을 새삼 깨닫고 이와 관련된 몇 가지 기술을 새롭게 발견했는데, 엄지가 붙은 손등 부위를 사용하면 힘이 세지는 이유가 인간의 머나먼 조상이 네다리로 땅을 걷거나 뛰어다닐 때의 흔적일지도 모른다는 생각을 요즘 들어 부쩍 하고 있기 때문이다. 이런 깨달음을 미키 교수에게 말씀드리고 의견을 나눌 수 있다면 밤새도록, 아니 몇 날 며칠 동안 이야기꽃을 피우지 않았을까 싶다.

내가 미키 교수라면 이야기가 통할 것 같다고 느끼는 이유는 무엇일까? 아마도 무술의 상식으로는 불가능에 가까운 동작을 몸에 익힌 대가라면 생물이 기나긴 세월을 걸쳐 이룩해온 진화의 과정과 마찬가지로 대가 스스로 오랫동안 몸을 구사해서 고안하고 수련한 연마 과정을 통해 경지에 이른 동작을 체득했으리라는 생각을 예전부터 해왔기 때문이다. 요컨대 예술의 경지에 이른 기예는 얼마나 정교하게 배움의 환경을 지속적으로 만드느냐에 달려 있다.

예를 들어 향유고래는 수심 2천 미터나 되는 깊은 바닷속을 잠수하는데, 향유고래가 이런 특별한 잠수 행동을 몸에 익힌 이유는 수염고래와 서식지 분할을 위해 대왕오징어와 같은 심해 거대 생물을 먹잇감으로 삼으면서 깊은 바다로 내려가기 때문이다. 말하자면 향유고래는 생명 활동의 필요성으로 향유고래는 특수한 진화를 이룩한 셈이다. 마찬가지로 무술의 세계에서도 달려드는 상대방의 검으로부터 몸을 피할 때 땅을 박차고 이동하면 시간이 부족하기 때문에 지면의 도약 없이 몸통의 움직임만으로 몸을 돌려 피하는 기술이 목숨 보전의 측면에서 반드시 필요하다. 이런 기예가 가능한 무술가 중에서도 훌륭한 검객을 꼽는다면 일본 에도 시대 초기의 검술가인 마쓰바야시 사마노스케(松林左馬助, 1593~1667)가 가장 먼저 떠오른다. 그는 언제, 어떤 상황에서도 자신을 위협하는 사람을 칭찬해줄 것이라며 평소 주위 사람들에게 말하고 다녔는데, 어느 날 강가에서 한가롭게 반딧불이를 구경하던 스승인 마쓰바야시를 제자가 강물로 냅다 밀어뜨렸더니 스승은 떠밀린 기세 그대로 사뿐히 강을 뛰어넘어 아주 기분 좋게 노래를 부르면서 집으로 돌아갔다고 한다. 더욱이 떠밀린 순간 제자의 검을 눈 깜짝할 사이에 빼내서 가져갔다고 하니, 놀라운 신기(神技)임에 분명하다.

물론 요즘은 이런 영웅담이 그저 황당무계한 이야기로 비춰질 테지만, 나는 결코 허풍이라고 생각하지 않는다. 왜냐하면 오늘날의 무도 상식은 전통 무술에 비해서 너무나도 빈약해졌기 때문이다. 예를 들어 묵직한 데다 무게중심도 잡기 어려운 일본도와 검도에서 사용하는 죽도를 비교했을 때, 현대에는 누구나 (여기에서 '누구나'는 검도 전문가나 대가를 포함한다.) 가볍고 무게중심도 기울지 않는 죽도 쪽이 쉽게 휘두를 수 있고 직접 검을 내리쳤을 때 순식간에 변화무쌍한 움직임을 구사할 수 있다고 확신하는 반면, 진검의 경우 관성력을 통제하기 어렵고 빨리 변화시키려고 하면 할수록 급정지와 급발진을 되풀이해서 아무래도 진검에 휘둘리는 상태에 빠진다고 생각하기 쉽지만, 이것이 반드시 진실이라고 말하기는 어렵다.

나도 무술 연구를 파고든 지 30년이 가깝지만, 진검을 사용할 때는 철의 무게가 버겁게만 느껴졌다. 그런데 2010년 8월, 상대방의 검과 비스듬하게 맞부딪치며 싸우는 장면을 연출했을 때, 번쩍 부딪치는 상대의 검을 단박에 뛰어넘으며 반대편으로 빠져나갈 수 있게 되면서부터 그 날 이후 내 무술 연습을 옆에서 지켜본 사람들은 '상대의 검을 교묘하게 빠져나가는 모습이 마치 마술처럼 보이네요.' 하는 말을 건네주었다.

일반적인 무도 상식에서 말하자면, 환갑이 지난 나이는 프로 스포츠 선수와 달리 현역에서 은퇴까지는 아니더라도 30대, 40대에 비해 속도나 반사 신경이 월등히 떨어지기 마련인데, 특히 진검을 사용하는 검술에서 한창 때라고 일컬어지는 20대, 30대에는 흉내도 낼 수 없던 유연한 동작을 예순이 지나서 익히게 된 셈이다.

하지만 이런 움직임도 가만히 생각해보면 그다지 신기한 일이 아니다. 분명 진검은 무겁다. 따라서 손이나 팔로 칼을 휘두르면 죽도에 비해 동작이 지체되는 것도 사실이다. 다만 손이나 팔의 경우 몸통에 비해 훨씬 힘이 약한 신체 부위로, 만약 팔심과는 비교도 되지 않을 정도로 큰 힘을 발휘할 수 있는 등, 허리, 그리고 허벅지까지 이어지는 부위를, 검을 잡는 손과 연결할 수만 있다면 상황은 180도로 바뀐다.

내가 진검을 죽도보다 훨씬 민첩하게 휘두를 수 있게 된 것은 2년 전, 좌우 손을 따로 떨어뜨려서 검을 잡는 검도의 상식을 따르지 않고, 양손을 모아서 검을 잡은 뒤부터라고 생각한다. 현대 검도의 상식대로 양손을 떨어뜨린 다음 손잡이를 잡으면 지렛대의 원리도 적용할 수 있고 확실히 검을 쓰는 일이 한결 수월해지지만, 사용하기 쉬운 만큼 단순히 팔에만 의지함으로써 인체 내부의 힘이 검술에 직접적으로 이어지지 않는 상황을 초래한다. 같은 맥락에서 두 손을 모아서 손잡이를 잡으면 팔을 사용해서 죽도를 다루기가 어려워지고, 어려워진 만큼 몸 내부의 힘을 손에 쥔 죽도나 진검에 직접 전달하는 방법을 우리 몸이 모색하여, 어떻게 해서든 신체의 사용법을 다양하게 고안하려고 힘쓴다.

예로부터 '장점이 곧 단점이 되고, 단점이 곧 장점이 된다'는 말이 있듯이, 검술의 세계에서도 동전의 양면과 같은 장점과 단점의 이치는 통하지 않을까 싶다. 즉 생물의 진화와 마찬가지로, 주어진 환경에서 건설적인 대처법을 마련할 수 있게끔 이끄는 것이 무술을 포함한 모든 기예의 수행에서 가장 중요한 수련법인 듯하다. 체벌 등으로 위협하거나 밀어붙이기 식으로 억지로 강요하면서 기술을 주입시킨들 몸과 마음이 뻣뻣한 방어적인 자세로는 결코 창조적인 기예를 전개할 수 없기 때문이다. 기예 수련에 가장 바람직하면서도 효과적인 환경은 강렬한 호기심과 목숨을 걸고 노력하는 필사적인 행동력이다.

이를테면 내가 관심을 갖고 연구하는 나카이 가메지로(中井亀治郎, 1866~1918)라는 전설의 검객은 깊은 산속에서 생활하면서 중학생에게 검술을 가르쳤다고 한다. 그는 아주 어릴 때부터 야생 원숭이를 뒤쫓으며 놀았는데, 그러다 보니 나뭇가지를 홀쩍 뛰어넘으며 마치 바람처럼 나무와 나무 사이를 이동하는 경지에 이르렀다. 바로 이것이 강렬한 호기심과 목숨을 걸고(골짜기 위의 나무를 건널 때는 지상에서 수십 미터나 올라온 곳도 있었다.) 노력하는 필사적인 행동력의 훌륭한 본보기라고 말할 수 있으리라. 그 결과 나카이의 검술은 인간의 한계를 홀쩍 뛰어넘은 고수의 신기로, 역시 산속에서 그의 가르침을 받고 훗날 도쿄에 와서 검도 전문가를 목표로 삼은 나카이의 제자는 세상에 널리 알려진 대가와 죽도를 겨누어도 자신이 산속에서 배웠던 스승의 절대적인 진검과는 비교도 되지 않음을 고백했다. 그도 그럴 것이 나카이의 수

련은 보통 사람의 상상을 초월하는데, 산사태로 허물어진 가파른 급경사면 위에서 간장통을 굴려 스스로 이 통을 뒤따라 가면서 간장통을 막대기로 때리며 한걸음에 뛰어 내려가는 몸동작을 익힘으로써 기예 연마는 물론이고 공포심을 극복하는 정신력까지 갈고닦았다고 한다. 생물은 환경에 따르고 그 환경에 적응하려고 힘쓰기 마련이다. 오늘날의 스포츠 트레이닝도 과학을 논하기 이전에 생물의 특성을 먼저 살펴봐야 한다.

실제 무예를 곁들이며 '미키 교수와 이런 이야기를 함께 나눌 수 있다면.' 하는 생각만 해도, 이미 이룰 수 없는 희망사항임에도 왠지 가슴속이 뜨거워진다. 언젠가 세상을 졸업하면 미키 교수를 찾아내서 시간에 구애받지 않고 오래도록 도란도란 이야기를 나누고 싶다.

이 글을 써내려가는 동안, 마치 미키 교수가 내 이야기를 듣고 있다는 착각에 사로잡혀서 그만 무술 이야기를 장황하게 늘어놓았다. 결과적으로 해설문이라고 당당하게 내세우기 어려운 글이 되고 말았지만, 내 부족한 면도 미키 교수라면 넓은 마음으로 용서해주지 않을까 싶다.

고노 요시노리

천재 자연철학자의 따스한 위로

1년 넘게 책상 한쪽 귀퉁이에서 나를 끊임없이 채찍질해주고 보듬어준 이가 있다. 지금 이 글을 쓰는 순간에도 우주와 공진하는 듯한 미소를 입가에 엷게 드리운 이, 바로 이 책의 저자 미키 시게오 선생이다. 미키 선생과는 《태아의 세계》 이후 두 번째 만남이지만 여전히 가슴 떨리는 설렘의 시간들이었다.

그럼 미키 선생을 처음 접하는 한국 독자를 위해 먼저 선생의 생애와 업적을 소개하고자 한다.

1925년 12월 24일, 일본 가가와 현에서 태어나 1987년 8월 13일에 세상을 떠난 미키 시게오는 그의 인품에서 품어 나오는 특별한 아우라로 학계 수많은 선후배와 동료들에게 깊은 인상을 남겼는데, 세상을 떠난 이후 유고집이 잇달아 출간되면서부터 일본을 대표하는 지성인들에게 천재 자연철학자로 드높은 평가를 받고 있다.

특히 미키 시게오의 강의와 강연을 접한 사람들은 그의 독특한 세계관에 매료되어 '미키 체험'이라는 표현으로 경의를 표하고, 미키 시게오가 펼치는 심오한 사상은 독자성을 인정받아서 '미키 학(學)'이라고 부르기도 한다. 더 나아가 그의 인간적인 매력에 이끌려 열혈 팬이 된 사람들은 '미키 교(敎)' 신자라는 표현을 스스럼없이 쓴다. 실제로 각계각층에서 활약하는 일본의 지성 가운데 많은 이가 미키 교의 전도사를 자청하며 그의 사상과 업적을 널리 알리는 데에 앞장서고 있는데, 옮긴이 역시 미키 교를 전파하는 첫 번째 한국인 전도사로 무한한 영광과 기쁨을 느끼며 이 글을 쓰고 있다.

그럼 미키 시게오의 사상을 구체적으로 소개하기 전에 그의 사상적 기반이 된 생애를 잠시 훑어볼까 한다.

어릴 적부터 음악, 미술 등 예술 분야에 뜨거운 관심과 남다른 재능을 보였던 미키 시게오는 도쿄대학교 의학부 재학 시절에도 바이올린과 그림에 몰두하며 예술에 심취한 나날을 보냈다. 예술가적인 그의 면모는 훗날 다양한 형태로 되살아나서 그의 세계관을 더욱 풍요롭게 이끌어주었다.

대학원에 진학해서 해부학 공부를 본격적으로 시작할 즈음, 미키 시게오는 심각한 불면 증세를 보이며 우울증 초기라는 진단을 받는다. 이때 미키 시게오를 진찰한 의사는 지타니 시치로(본문 256쪽, 각주 10 참고) 교수로, 미키 시게오는 지타니 교수를 통해 그의 인생에 지대한 영향을 끼친 도미나가 한지로(본문 256쪽, 각주 10 참고) 스승을 만나게 된다. 재야의 사상가인 도미나가 선생에게 사사하며 원시 불교와 노자, 공자 등의 동양 사상, 일본 고전, 괴테(본문 24쪽, 각주 3 참고)의 문학과 자연학, 루트비히 클라게스(본문 18쪽, 각주 1 참고)의 철학을 깊이 연구했는데, 이 과정에서 미키 시게오만의 독창적인 해부학이 조금씩 자리를 잡기 시작했다.

이후 미키 시게오는 도쿄의과치과대학교의 해부학교실로 자리를 옮겨 연구와 교육에 매진하며 해부학자의 길을 공고히 다졌다. 해부학을 전공한 지 10년째 되던 해에는 연구 주제를 확실히 정하고 우라 요시하루(본문 210쪽 참고) 교수의 지도 아래, 종(種)이 다른 여러 동물 태아의 혈관에 먹물을 주입해서 비교 분석하는 '비교발생학'에 몰두했다. 이 연구를 통해 미키 시게오는 당시 수수께끼 장기로 알려져 있던 지라의 성립을 규명하며 관련 논문을 잇달아 발표하기도 했다(본문 229쪽 〈지라의 과거〉 참고).

미키 시게오가 구축한 학문과 사상의 밑바탕에는 괴테의 자연학과 클라게스의 철학이 양대 기둥으로 자리 잡은 가운데, 도쿄의과치과대학교 해부학교실의 동료이자 고생물학자인 이지리 쇼지(본문 214쪽, 각주 1 참고) 교수와의 만남도 미키 시게오의 학문 전개에 지대한 영향을 끼쳤다. 미키 시게오가 고생물학의 세계에 심취하면서 일생의 연구 주제도 비교발생학에서 고생물학을 포함한 '종족발생'으로 나아갔다. 관련 연구의 결과물은 〈'원형'에 관한 시론〉(본문 237쪽 참고)이라는 논문에 정리되어 있는데, 여기에서는 원형을 추구하는 일이야말로 해부학의 기본으로 원형 규명은 비교해부학, 고생물학, 비교발생학의 세 가지 학문을 통해 종족발생을 추구할 때 가능하다고 설법하고 있다.

그즈음 미키 시게오는 도쿄예술대학교의 보건관리센터 소장으로 취임하면서 해부학자에서 '생명철학자'로 거듭나게 된다. 연구실을 옮긴 직후에 발표한 논문인 〈괴테의 형태학과 오늘날의 인체 해부학〉(본문 257쪽 참고)에는 학문 연구의 갈림길에서 스스로 선택한 자연철학의 방향성이 당당히 드러나 있다. 도쿄예술대학교로 자리를 옮기면서 의학적, 실증적 연구를 중시하는 기존 학문의 틀에서 자유로워진 미키 시게오의 사상은 더 넓고 더 깊어지며 독자적인 학문의 세계를 쌓아갔는데, 좁은 의미의 과학을 초월하여 장엄한 생명의 세계를 논하게 되었다. 해부학의 테두리를 훌쩍 뛰어넘어 생명과 리듬의 세계를 강조한 미키 선생의 강의는 학생들의 창작 활동에도 커다란 영향을 끼치며 '식물적인 그리고 동물적인 것' '태아의 세계' 등을 주제로 한 훌륭한 조형 작품과 음악 작품을 탄생시키는 촉매제가 되었다. 이처럼 해부학을 전공한 학자가 예술의 세계에 엄청난 영향력을 행사했다는 사실은 과학과 예술의 관계를 둘러싼 역사에서도 의미 있는 일로 오랫동안 회자되고 있다.

인간의 몸과 마음에 새겨진 진화의 역사를 과학적으로, 또 철학적으로 규명한 《태아의 세계》 출간 이후, 일반인에게도 널리 이름을 알리게 된 미키 시게오는 강연과 집필 활동, 더욱이 강의와 학생들의 건강 상담까지 두루 챙기며 눈코 뜰 새 없이 바쁘게 지내는데……. 그러던 어느 여름날 뇌출혈로 쓰러져 머나먼 세계로 먼 여행을 떠나고 말았다. 갑작스러운 그의 죽음을 안타까워하며 지인들을 중심으로 타오른 추모의 불꽃은 시간이 지나며 사그라지기는커녕 그가 떠난 지 30년이 지난 오늘날에도 다양한 분야의 학자들은 물론이고 수많은 독자의 마음속에 활활 타올라 드넓은 공감대를 형성하고 있다.

'미키 학'의 키워드를 꼽는다면 이 책의 제목이기도 한 '생명'과 '리듬'을 으뜸으로 떠올릴 수 있다. 실제로 미키 선생은 생명이 30억 년 넘게 진화해온 진화의 역사를 '생명 기억'이라고 표현했는데, 생명 기억은 생물이 생존한 유구한 환경 속에서 차곡차곡 만들어져 왔다. 또한 생명 기억에는 바다와 육지, 나아가 우주의 리듬이 새겨져 있다. 형태학자였던 미키 선생은 리듬을 형태의 본질로 인식하고, 만물의 리듬에 배경이 되는 자연·우주의 리듬과 인간의 내적 리듬과의 교감을 끊임없이 탐구했다. 인간의 몸에 우주적인 생명 기억이 선명하게 아로새겨져 있음을 강조한 미키 선생의 학문은 지나치게 세분화된 과학의 대응책으로 살아 있는 학문의 융합과 통합이 절실히 요구되는 오늘날 그 중요성이 자못 높아지고 있다.

이 책은 미키 선생의 사상이 오롯이 담긴 글과 강연 내용을 생명론, 보건론, 인간론, 형태론의 네 가지 주제별로 엮은 모음집으로, 우리 인간은 어디에서 와서 어디로 가는지 미키 생명학의 진수를 맛볼 수 있는 작품이다. 특히 미키 선생의 인간적인 면모를 체험할 수 있는 에세이부터 책 말미에 등장하는 형태학 관련 논문들까지 총망라되어 있어서 이 책을 통해 선생의 깊이 있는 사상과 독창적인 세계관은 물론이고 인간적인 매력까지 충분히 만

끽할 수 있으리라 확신한다.

　고백건대, 지연성 수면주기 증후군을 심하게 앓고 있는 나에게 "괜찮아요. 사람에 따라서는 동면 체질이 확실하게 드러날 때도 있으니 저녁형은 조금이라도 아침형으로 바꾸고 동면 기간에는 사정이 허락하는 한 무리하지 않는 생활을 실천하면 된답니다!"하며 미키 선생이 위로의 말을 건네는 것 같아서 책을 옮기는 내내 입가에 엷은 미소가 떠나지 않았다. 마찬가지로 미키 선생의 다채로운 목소리가 담긴 이 책이 독자들의 마음을 두루 어루만져주기를 간절히 바란다.

　마지막으로 미키 시게오 선생을 한국에 소개하며 좋은 책을 함께 만들어가는 기쁨을 일깨워준 바다출판사 편집부에 진심으로 고마운 마음을 전한다.

미키 시게오 선생이 떠난 지 30년이 되는 해 어느 아침에

미소 번역가 황소연

제1부 생명이란 무엇인가?—생명론

누가 인간을 창조했을까?

　〈ミドリ(미도리)〉 1巻 3号, ミドリ十字, 1986年 7月.

생명에 대하여—간호의 참모습

　〈綜合看護(종합간호)〉 7巻 4号, 現代社, 1972年 12月.

인간의 정신과 자연 파괴

　〈自然保護(자연보호)〉 99号, 日本自然保護協会, 1970年 8月.

인간 생명의 탄생

　〈からだの科学(몸의 과학)〉 55号, 日本評論社, 1974年 1月.

태아의 세계와 '생명의 파동'

　〈ぢてんブックレット(천리교 소책자)〉 第22号, 天理教表統領室 教養問題
　事務局, 1987年 9月.

제2부 인체와 건강—보건론

생활을 좌우하는 생체시계, 첫 번째 이야기—동물도 인간도 빛과 바닷물의 회중
시계를 품고 있다

〈ミドリ(미도리)〉2巻 2号, ミドリ十字, 1987年 4月.

급소의 비교해부학적 고찰─동양과 서양 의학의 기원에 대하여

〈東洋医学(동양의학)〉38号, 東洋医学国際研究財団, 1975年 5月.

'상허'의 의학적 고찰에 관하여

〈調和道(조화도)〉193号, 調和道協会, 1980年 7月.

상복부의 구조와 기능에 대해서

〈調和道(조화도)〉205~206号, 調和道協会, 1981年 9~10月.

아가미 호흡에서 허파 호흡을 향한 역사

〈調和道(조화도)〉175~177号, 調和道協会, 1978年 12月~1979年 1~2月.

수다의 기원─호흡의 의학에서

〈順天堂医学(준텐도의학)〉29巻 4号, 順天堂大学医学部, 1983年 12月.

호흡의 파동─우주 리듬과의 교류

〈調和道(조화도)〉220号, 調和道協会, 1983年 1月.

호흡에 대하여─일과 휴식의 관계

〈健康安全シリーズ(건강안전 시리즈)〉第3巻, 東京芸術大学, 1985.

[대담] 오늘날 아이들의 생활 리듬─학습 부진의 원인은?

〈月刊教育ジャーナル(월간 교육저널)〉19巻 7号, 学習研究社, 1980年 8月.

리듬 불균형이 초래하는 몸의 부조화─하루 주기 리듬의 분석

〈愛育(애육)〉45巻 11号, 恩賜財団母子愛育会, 1980年 1月.

저녁형 인간의 생리학적 구조

〈月刊ベター ホーム(월간 better home)〉258号, ベターホーム協会, 1984
年 12月.

과음에 대하여

〈学生部だより(학생부 소식)〉7号, 東京芸術大学, 1985.

제3부 현자에게 배운다—인간론

생활을 좌우하는 생체시계, 두 번째 이야기—중생대의 생명 기억이 인간에게 동
면을 요구한다

〈ミドリ(미도리)〉2巻 3号, ミドリ十字, 1987年 7月.

괴테와 나의 해부학

〈LOKOMOTIVE(기관차)〉2号, 東京医科歯科大学ドイツ研究会, 1965年 2
月.

우에노의 생물학—《괴테 전집》에 덧붙여

《ゲ—テ全集(괴테 전집)》第14巻〈月報(월보)〉10号, 潮出版社, 1980年 5月.

식물적인 그리고 동물적인—아리스토텔레스에게 배운다

《アリストテレス全集(아리스토텔레스 전집)》〈月報(월보)〉11号, 岩波書店,
1968年 11月.

생각나는 대로—우라 요시하루 선생님을 추억하다

〈浦良治教授退職記念—解剖学教室での四十年(우라 요시하루 교수 퇴직 기
념—해부학교실에서의 40년)〉, 浦良治教授退職記念会, 1967年 5月.

'고대'로 향하는 시선—이지리 쇼지와 이마니시 긴지의 비교해부 시안

《井尻正二選集(이지리 쇼지 선집)》,〈月報(월보)〉2号, 大月書店, 1982年 1
月.

호리코시 지아키에게

〈光源(광원)〉10号, 小川英晴 発行, 1986年 2月.

제4부 생명 형태학을 향한 길—형태론

좌뇌 진단에서 우뇌 진단으로—환자의 얼굴을 순식간에 식별하는 왼쪽 눈, 심장
음의 미묘한 차이를 구별하는 왼쪽 귀!

〈ミドリ(미도리)〉2巻 1号, ミドリ十字, 1987年 1月.

지라의 과거

〈いずみ(이즈미)〉 12巻 11号, いずみ社, 1965年 12月.

'원형'에 관한 시론—인체 해부학의 바탕을 이루는 것들

《うぶすな—千谷七郎敎授還曆記念論文集(고향—지타니 시치로 교수 환갑 기념 논문집)》, 勁草書房, 1972.

괴테의 형태학와 오늘날의 인체 해부학—현대 과학의 갈림길에 서서

〈理想(이상)〉 495号, 理想社, 1974年 8月.

이 책의 원서인 《生命とリズム(생명과 리듬)》은 《人間生命の誕生(인간 생명의 탄생)》(築地書館, 1996)을 바탕으로 〈태아의 세계와 '생명의 파동'〉, 〈호흡에 대하여〉라는 두 편의 글을 곁들여 실은 미키 시게오의 유고집이다.

미키 시게오가 세상을 떠난 지 30년이 가까운 터라 오늘날의 관점에서 보면 다소 차별적인 요소로 느껴지는 표현도 있을지 모르지만, 작품 발표 당시의 시대적 배경을 고려하여 원문을 그대로 실었다.

생명과 리듬
자연철학으로 본 생명의 기원

초판 1쇄 발행   2017년 4월 28일

지은이   미키 시게오
옮긴이   황소연
책임편집   김원영
디자인   정진혁

펴낸곳   바다출판사
발행인   김인호
주소   서울시 마포구 어울마당로5길 17 5층(서교동)
전화   322-3885(편집), 322-3575(마케팅)
팩스   322-3858
E-mail   badabooks@daum.net
홈페이지   www.badabooks.co.kr
출판등록일   1996년 5월 8일
등록번호   제10-1288호

ISBN   978-89-5561-924-9 03100